琼结年鉴 2023

QIONGJIE YEARBOOK

（总第8卷）

琼结县人民政府 主办
琼结县地方志编纂委员会 编

中央民族大学出版社
China Minzu University Press

图书在版编目（CIP）数据

琼结年鉴．2023/琼结县地方志编纂委员会编．—北京：中央民族大学出版社，2024.1

ISBN 978-7-5660-2273-8

Ⅰ．①琼… Ⅱ．①琼… Ⅲ．①琼结县—2023—年鉴 Ⅳ．①Z527.54

中国国家版本馆 CIP 数据核字（2024）第 021583 号

琼结年鉴（2023）

编　　者	琼结县地方志编纂委员会
责任编辑	舒　松
出版发行	中央民族大学出版社
	北京市海淀区中关村南大街 27 号　邮编：100081
	电　话：68472815（发行部）　传真：68932751（发行部）
	68932218（总编室）　68932447（办公室）
经 销 者	全国各地新华书店
排版设计	成都天翔文化传播有限公司
印 刷 厂	成都市前智印务有限责任公司
开　　本	889mm×1194mm　1/16　印张：15　彩插：32
字　　数	400 千字
版　　次	2024 年 1 月第 1 版　2024 年 1 月第 1 次印刷
书　　号	ISBN 978-7-5660-2273-8
定　　价	200.00 元

琼结县地图

西藏自治区测绘院 编制

审图号：藏S（2023）031号

编/辑/说/明

一、《琼结年鉴》是琼结县人民政府主办，琼结县直各部门（单位）、各人民团体、各乡（镇）人民政府共同参与，琼结县地方志编纂委员会负责编纂的年度资料性文献。自2016年起每年出版一卷，本年鉴为总第8卷。

二、《琼结年鉴（2023）》以马克思列宁主义、毛泽东思想、邓小平理论、“三个代表”重要思想、科学发展观、习近平新时代中国特色社会主义思想为指导，坚持辩证唯物主义和历史唯物主义的立场、观点和方法，坚持“实事求是、质量第一、存史资政、服务大众”的办鉴宗旨，力求全面、系统、翔实地记载琼结县的基本面貌和年度经济社会发展情况，为社会各界及广大读者了解、研究县情提供准确可靠的信息资料和基本数据，为琼结县的经济建设和社会事业协调发展服务。

三、《琼结年鉴（2023）》记述时限为2022年1月1日至12月31日。为参考之需和完善事件叙述，一些条目内容和统计表中的数据亦反映2022年之前的情况。

四、《琼结年鉴（2023）》采用分类编辑法，以类目、分目、条目为主要框架结构。个别包含多方面资料的条目，则在段落间加插楷体标题提示，方便读者查阅全书。全书具有比较完善的检索系统，书前设目录，书后设索引。

五、《琼结年鉴（2023）》载录琼结县2022年经济社会发展的基本资料，设有特辑、大事记、县情概况、中共琼结县委员会、琼结县人民代表大会、琼结县人民政府、中国人民政治协商会议琼结县委员会、纪检监察·巡察、受援工作、乡村振兴、军事、人民团体、法治、经济管理、农牧业·水利·林业、商贸·旅游、财税·金融、交通·邮政·通信、城乡建设与环境保护、教育·体育、文化·广电、卫生、气象、民政与社会保障、国网西藏电力有限公司琼结县供电公司、乡（镇）概况、领导名录、荣誉录、附录、索引。

六、《琼结年鉴（2023）》省略称呼的市、县分别指山南市、琼结县；相关单位名称标注简称，则均用简称，如“中国共产党琼结县委员会办公室”简称为“县委办”。

七、《琼结年鉴（2023）》所提供的内容和数据，分别来自琼结县各有关部门和乡（镇）人民政府，经各级领导审核，由于口径和统计方法不同，有不一致之处，使用时以县统计局提供的数据为准。

2022年 数字琼结

SHUZI QIONGJIE

土地面积：1030平方千米

年末常住人口：5473户 18008人

地区生产总值：67842.9万元

第一产业增加值：4741.9万元

第二产业增加值：39339.3万元

第三产业增加值：33761.8万元

农林牧渔业总产值：9066.06万元 增长：8.2%

其中农业：5760.32万元 增长：6.3%

林业：37.72万元 增长：7.7%

畜牧业：2983.02万元 增长12%

粮食产量：1.145万吨

油菜产量：712.23吨

青稞产量：3792.8吨

蔬菜产量：8264.1吨

肉类产量：870吨

奶类产量：1294吨

禽肉产量：2.25吨

禽蛋产量：57.52吨

牲畜出栏率：44.47%

城镇登记失业率：3%

全社会固定资产投资：30441万元

税收收入：5775.58万元

财政收入：2952万元

年末各项存款余额：66010万元

社会消费品零售总额：12903万元

国内外旅游接待人数：10.8万人次

旅游收入：679.8万元

农村居民人均可支配收入：19811元

工业增加值：3417.3万元

国投增速：35.10%

民间投资增速：190.4%

招商引资：6015万元

实现劳务输出：6771人

完成劳务创收：21858.55万元

喜迎二十大

XIYINGERSHIDA

5月27日，琼结县举办“民族团结颂党恩　同心喜迎二十大”文艺演出活动

10月1日，琼结县举行喜迎二十大·欢度国庆节“升国旗、唱国歌”仪式，热烈庆祝中华人民共和国成立73周年，以昂扬向上的精神面貌迎接党的二十大胜利召开

（网信琼结/供图）

10月15日，县自然资源局深入加麻乡特日村、拉玉乡德庆村等四个地质灾害治理项目现场开展“喜迎二十大　奋进新时代”主题党日活动

（县自然资源局/供图）

11月15日，县交通运输局在拉玉乡，开展“二十大精神系你我　交通连着千万家”主题党日活动

（县交通运输局/供图）

疫情防控

YIQINGFANGKONG

8月2日，拉玉乡党员志愿先锋队在强吉村二组帮助村民收割青稞 （多吉/摄）

8月2日，青投公司指派下属客运公司承担为医护人员运输保障车辆的重任。5辆客运车辆作为应急保障车，24小时待命，全力保障医护人员、核酸样本、重点人员转运工作 （网信琼结/供图）

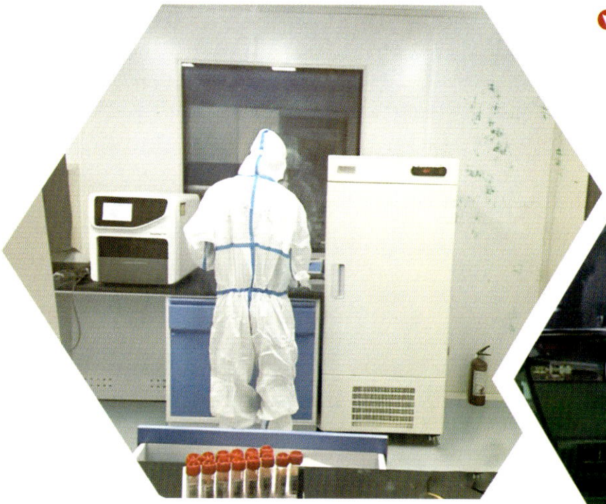

▲ 8月8日，县疾控中心医护人员正在进行核酸检测　（县疾控中心/供图）

▼ 8月11日，县公安局白那警务站警务人员为来往车辆及人员做病毒消杀工作　（熊起樊/摄）

◀ 8月15日，琼结大酒店腾空酒店客房作为集中隔离医学观察点。酒店工作人员每日为隔离人员测量体温、安排餐食，进行分时段消毒消杀，并配合做好隔离设施配备检查维护及后勤保障工作　（网信琼结/供图）

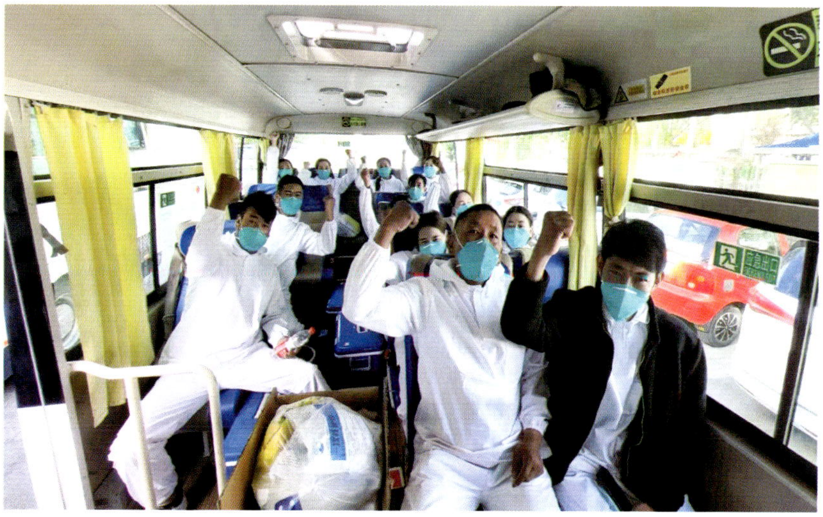

◀ 8月18日至20日，琼结县卫生系统组织40余名骨干医务人员前往扎囊县援助核酸采样工作

8月25日，新冠疫情期间，琼结县双联户、网格员帮助群众加煤气　（县委政法委/供图）

9月27日，县委副书记、县长秦梅鸳宗（右二），县委常委、副县长褚春明（右一）率调研组到拉玉乡各项目点和县城快速通达电梯有限公司，现场办公、调研指导复工复产和常态化疫情防控工作，看望慰问各工程项目一线工作人员　（网信琼结/供图）

重要会议
ZHONGYAOHUIYI

1月8日上午，中国共产党琼结县第十届委员会第四次全体会议召开。全会由县委常委会主持，县委书记韩亮作了讲话

（县融媒体中心/供图）

1月14日，琼结县委召开经济工作会议，贯彻落实中央、区党委和市委经济工作会议精神，总结成绩、分析形势，部署2022年经济工作。县委书记韩亮出席会议并讲话。县委副书记、县长秦梅鸯宗主持会议并作具体安排

（县委办/供图）

1月24日，县委书记韩亮主持召开琼结县党史学习教育总结会议，深入学习贯彻习近平总书记关于党史学习教育的重要指示和区党委、市委党史学习教育总结会议精神，总结成绩、巩固成果，推动党史学习教育常态化长效化开展
（县委宣传部/供图）

2月17日，中国共产党琼结县第十届纪律检查委员会第二次全体会议召开，县委书记韩亮出席会议并讲话。会议由县纪委常委会主持
（县纪委监委/供图）

2月24日上午，中国人民政治协商会议第三届琼结县委员会第二次会议开幕，县委书记韩亮，县委副书记、县长秦梅鸯宗，县委副书记、县人大常委会主任蒋芝辉，县政协主席仁增多吉出席会议，大会由县政协副主席尼玛加措主持

（县委办/供图）

2月25日上午，琼结县第十四届人民代表大会第三次会议第一次全体会议在琼结县大礼堂开幕，韩亮、秦梅鸯宗、仁增多吉等县级领导出席会议，县委副书记、县人大常委会党组书记、主任蒋芝辉主持会议

（县人大办/供图）

11月23日，琼结县召开学习宣传贯彻党的二十大精神集中宣讲工作动员培训会，贯彻落实习近平总书记重要指示精神和上级部署要求，组织动员各级各部门和全县基层骨干宣讲员扎实开展好集中宣讲活动。县委书记韩亮出席会议并作动员讲话，县委副书记、县长秦梅鸳宗主持会议　　（县委宣传部/供图）

12月12日，中国共产党琼结县第十届委员会第五次全体会议召开，全会由县委常委会主持，县委书记韩亮作了讲话　　（网信琼结/供图）

琼结农牧
QIONGJIENONGMU

10月8日，驻村工作队联合县农业农村局“三区”科技人才组织群众一同开展青饲玉米收割和青贮工作

（网信琼结/供图）

11月22日，由县农业农村和科技局主办的农牧业科技巡回培训在琼结镇开班，各专技人员、各社区科技专干、农业农村专干、村级科技特派员和畜牧兽医员共计27人参加培训

（网信琼结/供图）

11月18日,县农业农村局安排雪康、特日、日玛岗等高山畜牧养殖点出栏首批牦牛20头，出栏牛肉2.5吨，价值22.5万元　（网信琼结/供图）

援藏工作

YUANZANGGONGZUO

7月13日，湖北省襄阳市第十批援藏工作队干部、琼结县委常委、副县长褚春明（右）到西藏通达电梯项目一期建设现场开展走访慰问，深入了解项目建设过程中遇到的困难，对企业员工培训、垃圾处理等问题现场出谋划策，纾困解难 （今日襄阳/供图）

7月17日，湖北省襄阳市第十批援藏工作队召开第一次支部（扩大）会议。党支部书记、襄阳市第十批援藏工作队领队王晓静要求，第十批援藏干部人才一要提高政治站位，以民族交往、交流、交融为路径，增强援藏工作的责任感和使命感；二要锚定工作重点，以“三个赋予、一个有利于”为目标，推动第十批援藏工作深入开展，取得实效；三要严格自身要求，以“十个严禁”为安全底线，打造纪律严明的援藏工作队伍 （今日襄阳/供图）

7月17日，在拉玉乡堆巴村乡村振兴示范引领建设人畜分离项目施工现场，因存在高压线阻碍施工，湖北省襄阳市第十批援藏工作队队员、琼结县乡村振兴局副局长程宇（右一）组织设计方、施工方现场核查地块，变更设计方案（今日襄阳/供图）

7月21日，湖北省襄阳市第十批援藏工作队领队、琼结县委常务副书记、县政府常务副县长王晓静（左二）到县教育局、县中学调研教育工作（今日襄阳/供图）

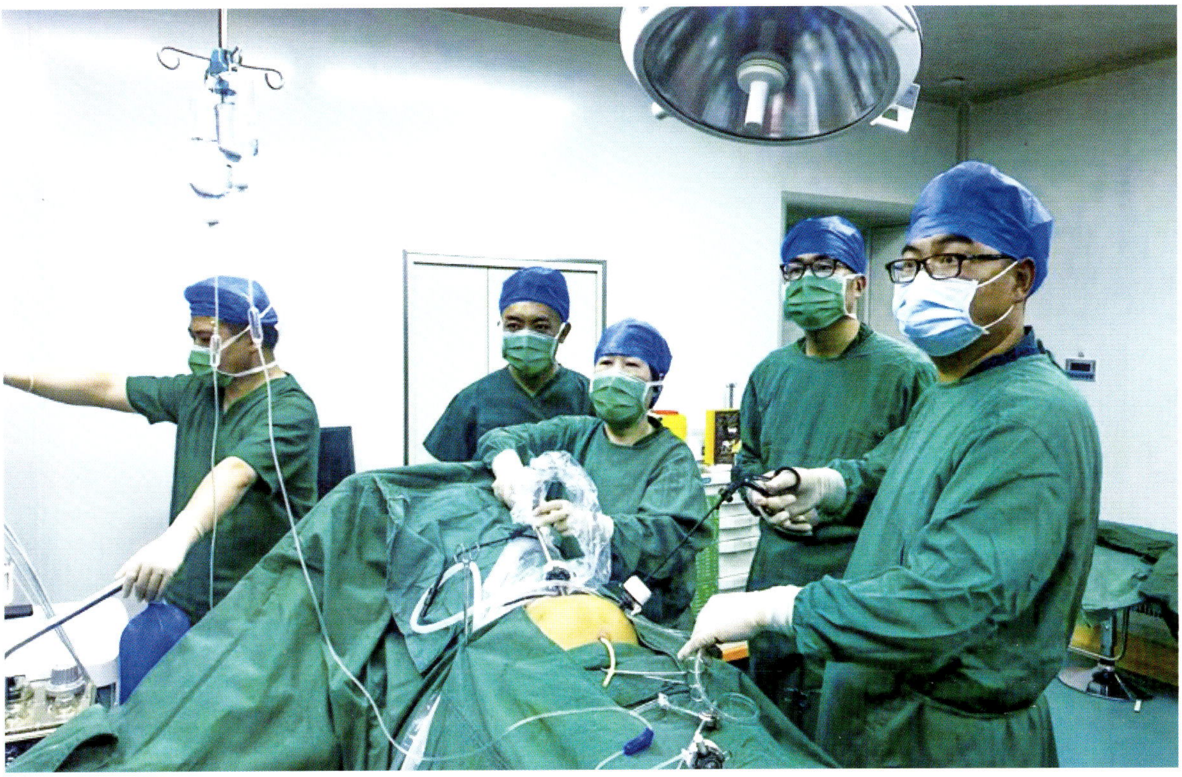

7月21日，在琼结县人民医院，湖北省襄阳市第十批援藏工作队医疗团队经过一个多小时的紧张手术，顺利完成了进藏以来的首例普外科微创手术 （今日襄阳/供图）

7月22日，为科学编制《琼结县关于着力推动高质量发展走在全市前列的实施意见》，湖北省襄阳市第十批援藏干部、琼结县发展改革委副主任（副局长）刘明川（左一），到西藏萨喜钦布实业有限公司手工藏毯生产车间，调研民族特色手工业，认真倾听企业发展情况 （今日襄阳/供图）

党的建设

DANGDEJIANSHE

1月13日，县委书记韩亮主持召开琼结县改进作风狠抓落实工作动员部署会议，传达贯彻全区、全市改进作风狠抓落实工作动员部署会议精神，动员全县党员干部认真开展查作风、查责任、查漏洞、查落实，进一步弘扬优良作风、崇尚真抓实干、汇聚奋进合力 （县委组织部/供图）

4月1日，琼结县委召开2022年党的建设（基层组织建设）工作领导小组第一次会议。县委书记韩亮出席会议并讲话。县领导李国霞、蔡小东、米玛次仁、扎西土登、旦增旺堆、田泽钊出席会议 （县委组织部/供图）

7月1日，琼结县举办“升国旗、唱国歌”仪式，热烈庆祝中国共产党成立101周年。县委书记韩亮（前一）出席仪式并致辞。县委副书记、县长秦梅鸯宗主持仪式。蒋芝辉、仁增多吉、陈永涛等在家县级领导出席仪式

10月16日上午10时，琼结县各族党员干部群众组织收听收看电视直播，聆听习近平总书记所作的工作报告

（县委办/供图）

10月18日，县委书记韩亮主持召开琼结县委理论学习中心组2022年第8次集体学习会议，专题学习研讨党的二十大报告

11月15日，县委常委、宣传部部长、新时代文明实践中心理论政策宣讲员边巴（前一）到加麻乡扎西村调研“传统果谐”文化保护和传承情况，并为村农牧民文艺演出队宣讲党的二十大精神

12月13日，召开琼结县直机关工委2022年度党组织书记抓基层党建工作述职评议会

（县委组织部/供图）

调研慰问

DIAOYANWEIWEN

1月22日，县委书记韩亮前往拉萨看望慰问琼结籍离退休老干部老同志，县委副书记、县人大常委会主任蒋芝辉，县政协主席仁增多吉一同慰问 （县委办/供图）

2月1日，县委书记韩亮（左二）带队看望慰问在白那检查站值班备勤人员 （县委办/供图）

2月27日，县委书记韩亮（前右二）率慰问组开展2022年藏历新年慰问活动，看望慰问坚守基层一线的同志、驻村（社区）干部、乡村专干、“三老人员”和困难党员

2月28日，县委副书记、县长秦梅鸳宗（左一）率慰问组走访慰问下水乡措杰村防返贫监测户和乃东区多颇章乡嘎东团结新村易地搬迁点群众

5月6日至8日，县委书记韩亮（前左二）率党政代表团在湖北省襄阳市考察调研，学习借鉴当地基层党建、招商引资、产业发展等项目 （县委办/供图）

6月1日，县委副书记、县长秦梅鸯宗（中）开展“六一”儿童节慰问活动 （县政府办/供图）

文化遗产
WENHUAYICHAN

2022年县级非物质文化遗产项目雪阿吉拉姆藏戏队开展“戏曲进乡村”巡演活动
（县文化局/供图）

4月12日，国家级非物质文化遗产卡卓扎西宾顿藏戏开展戏曲进乡村巡演活动　（县文化局/供图）

6月1日，自治区级非物质文化遗产拉玉乡德庆铁器制作技艺提升培训班举行开班仪式　（县文化局/供图）

平安琼结

PINGANQIONGJIE

2月10日，琼结县安委会召开2022年第1次全体（扩大）会议暨火灾防控工作会议，贯彻落实习近平总书记安全生产重要论述精神和上级会议精神，安排部署安全生产和火灾防控工作

5月17日，琼结县召开平安琼结建设工作推进会，学习贯彻习近平法治思想和习近平总书记关于平安中国建设的重要指示批示精神，落实党中央、区党委、市委平安建设有关会议精神，部署推动相关工作，为党的二十大胜利召开营造安全稳定的社会环境

（网信琼结/供图）

9月22日，县公安局规划路便民警务站结合夏季治安打击整治“百日行动”，到辖区商铺和居民区开展矛盾纠纷排查化解工作
（琼结公安/供图）

1月21日，拉玉乡强吉村第一书记、调解员杨海迪（左三）和驻村民警一起调解两位村民的矛盾。经过调解，当事人互相握手言和
（《山南报》/供图）

10月7日，琼结县消防救援大队在国庆节期间开展各项消防安全活动　　（西藏山南消防/供图）

2月28日，琼结镇邀请县委政法委、县信访局、县人社局、县应急管理局、县司法局、县交警大队以及镇派出所等单位组织开展了2022年“双联户”户长（网格员）群防群治队伍能力素质提升专题培训会。镇全体“双联户”户长（网格员）群防群治队伍、社区“两委”班子成员、综治中心工作人员等100余人参加培训会

环境治理
HUANJINGZHILI

3月24日，县委书记韩亮，县委副书记、县长秦梅鸯宗等县级干部一起来到植树点参加义务植树活动，以实际行动为琼结县生态文明建设增绿添彩

4月2日，县委书记韩亮（前中），县委副书记、县长秦梅鸯宗（前右二）率调研组深入恒宇新型建材有限公司（商砼站）、县城生活垃圾填埋场、县城污水处理厂、县人民医院污水处理站和医废暂存间，实地检查督导生态环境保护问题整改工作

▲ 6月6日，琼结县开展世界环境日宣传

（县农业农村局/供图）

▲ 7月21日，山南市生态环境局琼结县分局到雅拉香布实业有限公司，对企业生产污水处置情况开展检查

（山南市生态环境局琼结县分局/供图）

10月14日，县林草局开展草原生态修复治理工程
（县林草局/供图）

10月19日，县委书记韩亮（右二）深入各乡镇检查指导农村人居环境整治工作。县政协主席仁增多吉等参加
（县委办/供图）

10月27日，山南市生态环境局琼结县分局到拉玉乡堆巴村开展“美丽庭院”创建活动
（山南市生态环境局琼结县分局/供图）

目　录

特　辑

在中共琼结十届县委第五次全会上的工作报告
　中共琼结县委书记　韩　亮 …………………… 1
琼结县人大常委会工作报告
　——2023 年 2 月 15 日在琼结县第十四届
　人民代表大会第四次会议上
　琼结县人大常委会主任　蒋芝辉 …………… 8
政府工作报告
　——2023 年 2 月 15 日在琼结县第十四届
　人民代表大会第四次会议上
　琼结县人民政府县长　秦梅鸯宗 ………… 15
中国人民政治协商会议第三届琼结县委员会
　常务委员会工作报告
　——在政协第三届琼结县委员会第三次会议上
　琼结县政协主席　仁增多吉 ………………… 23

大事记

1 月 …………………………………… 30
2 月 …………………………………… 31
3 月 …………………………………… 32
4 月 …………………………………… 33
5 月 …………………………………… 34
6 月 …………………………………… 35
7 月 …………………………………… 35
8 月 …………………………………… 36
9 月 …………………………………… 37
10 月 …………………………………… 37
11 月 …………………………………… 38
12 月 …………………………………… 38

县情概况

自然地理 …………………………………… 40
　地理位置 ………………………………… 40
　气候条件 ………………………………… 40
资源概况 …………………………………… 40
　动物资源 ………………………………… 40
　植物资源 ………………………………… 40
　矿产资源 ………………………………… 40
　旅游资源及特产 ………………………… 40
行政区划 …………………………………… 41
人口 · 民族 ………………………………… 41
　人口 ……………………………………… 41
　民族 ……………………………………… 41
经济发展 …………………………………… 41
　国民经济和社会发展 …………………… 41
　农牧业发展 ……………………………… 41
　文化旅游 ………………………………… 41
　产业发展 ………………………………… 41

社会事业 …… 41
教育事业 …… 41
文化事业 …… 42
医疗卫生 …… 43
社会保障 …… 44
社会治理 …… 44
疫情防控 …… 44
生态文明建设 …… 44
生态环境 …… 44
建设成果 …… 45
发展战略 …… 45
乡村振兴 …… 45
强基惠民 …… 45
对口援藏 …… 45

中共琼结县委员会

综　述 …… 46
概况 …… 46
重要会议 …… 46
经济发展 …… 46
产业发展 …… 47
深化改革 …… 47
意识形态 …… 47
对口援藏 …… 47
乡村振兴 …… 47
教育发展 …… 48
文化旅游 …… 48
就业创业 …… 48
生态环境 …… 48
平安建设 …… 49
社会治理 …… 49
宗教管理 …… 49
民族团结 …… 49
疫情防控 …… 49
组织建设 …… 49
队伍建设 …… 49
作风建设 …… 49
巡察监督 …… 50
综合事务 …… 50
概况 …… 50
理论学习 …… 50
办文办会 …… 50
精文减会 …… 50
信息工作 …… 50
督查督办 …… 50
结对帮扶 …… 50
党建工作 …… 50
党风廉政建设 …… 51
机要保密 …… 51
档案工作 …… 51
国家安全 …… 51
概况 …… 51
维护稳定 …… 52
国家安全教育 …… 52
乡村振兴 …… 52
组织工作 …… 52
概况 …… 52
党组织建设 …… 52
建立“三项机制” …… 53
深化结对机制 …… 53
党群小茶馆 …… 53
人才队伍建设 …… 53
离退休干部工作 …… 53
村(社区)干部报酬待遇 …… 54
干部队伍建设 …… 54
疫情防控 …… 54
基层治理 …… 54
强基惠民 …… 55
宣传工作 …… 55
概况 …… 55
理论武装 …… 55
阵地建设 …… 56
精神文明 …… 56
舆论引导 …… 56
网信网评 …… 56
“扫黄打非” …… 56
疫情防控 …… 56
组织保障 …… 56
党建工作 …… 56

党风廉政建设 …… 57
统战民族宗教工作 …… 57
概况 …… 57
民族基本情况 …… 57
宗教界基本情况 …… 57
民族工作 …… 57
宗教工作 …… 57
学教工作 …… 58
党外人士工作 …… 58

琼结县人民代表大会

综 述 …… 59
概况 …… 59
理论学习 …… 59
坚持县委全面领导 …… 59
落实县委工作部署 …… 60
助力民族团结 …… 60
助力经济发展 …… 60
助力生态文明建设 …… 60
助力民生福祉 …… 60
司法监督与宣传教育 …… 60
决定和任免 …… 61
民主参与 …… 61
代表履职平台 …… 61
代表活动 …… 61
意见建议办理 …… 61
服务代表依法履职 …… 62
思想政治建设 …… 62
纪律作风建设 …… 62
能力建设 …… 62
综合事务 …… 62
概况 …… 62
规范办文程序 …… 62
提高文稿质量 …… 62
“三会”(人代会、常委会、主任会)会务工作 …… 63
其他会务工作 …… 63
发挥协调职能 …… 63
车辆管理 …… 63
财务管理 …… 63
培养工作人员 …… 63
提高政治素质 …… 63
提升工作效率 …… 63
组织生活会 …… 63

琼结县人民政府

综 述 …… 64
概况 …… 64
经济建设 …… 64
重要会议 …… 64
重要活动 …… 65
脱贫攻坚 …… 65
项目建设 …… 65
党务建设 …… 66
疫情防控 …… 66
产业发展 …… 66
乡村振兴 …… 66
招商引资 …… 66
民生保障 …… 66
深化改革 …… 66
环境治理 …… 67
兴边富民 …… 67
维护稳定 …… 67
综合事务 …… 67
概况 …… 67
综合协调 …… 67
文件处理 …… 67
会务工作 …… 67
督查工作 …… 68
信息工作 …… 68
外事工作 …… 68
党建工作 …… 68
党风廉政建设 …… 68
行政审批和便民服务 …… 69
概况 …… 69
政务服务 …… 69
政府集中采购 …… 69
信访工作 …… 69
概况 …… 69

矛盾纠纷排查调处 …… 69
信访积案化解 …… 70
联席会议制度 …… 70
《信访工作条例》宣传 …… 70
责任追究制度 …… 70
后勤服务 …… 70
概况 …… 70
公务接待 …… 70
会务服务 …… 70
管理维护工作 …… 71
电梯维保 …… 71
车辆管理 …… 71
消防维保 …… 71
乡村振兴 …… 71
疫情防控 …… 71
藏语文工作 …… 71
概况 …… 71
宣传工作 …… 71
社会用字工作 …… 72
藏汉翻译 …… 72
结对帮扶 …… 72
地方志工作 …… 72
概况 …… 72
《琼结年鉴》编纂 …… 72
《琼结县志》(2001-2010)工作 …… 73
自治区、市年鉴供稿 …… 73
宣传教育 …… 73
业务指导 …… 73

中国人民政治协商会议 琼结县委员会

综　述 …… 74
概况 …… 74
三届二次全体委员会议 …… 74
常务委员会会议 …… 75
提案工作 …… 75
提案交办会议 …… 75
民主生活会 …… 76
委员意见建议 …… 76
“我为群众办实事”实践活动 …… 76
疫情防控 …… 76
维稳工作 …… 76
专题议政性常委会会议 …… 77
协商座谈会 …… 77
民族团结工作 …… 77
“交朋友”活动 …… 77
调查研究 …… 77
民主监督 …… 78
社情民意工作 …… 78
协作交流 …… 78
文史宣传工作 …… 78
“书香政协”工作 …… 78
基层政协工作 …… 78
驻村工作 …… 78
专题学习会议 …… 78
宣讲党的二十大精神 …… 79
改进作风狠抓落实工作 …… 79
宣讲区市“两会”精神 …… 79
走访慰问活动 …… 79
综合事务 …… 79
概况 …… 79
网格包保工作 …… 79
专题学习 …… 79
主题党日活动 …… 80
网上祭英烈活动 …… 80

纪检监察·巡察

纪检监察 …… 81
概况 …… 81
重大纪检会议 …… 81
反腐倡廉 …… 81
巡察督查 …… 82
政治监督 …… 82
监督检查 …… 82
专项治理 …… 82
疫情防控专项监督 …… 82
宣传教育 …… 83
党风廉政建设 …… 83

队伍建设 …… 83
巡察工作 …… 83
概况 …… 83
党建工作 …… 84
巡察工作 …… 84
日常监督 …… 84
信息化建设 …… 84
“改进作风狠抓落实”专题教育活动 …… 84
成果运用 …… 85

受援工作

概况 …… 86
队伍建设 …… 86
项目建设 …… 86
协助推进行政体制改革 …… 86
援藏抗疫 …… 86
教育医疗援藏 …… 86

乡村振兴

概况 …… 87
国家乡村振兴示范县创建 …… 87
创建全区树立农牧民新风貌行动示范县 …… 87
防止返贫 …… 88
项目建设和涉农统筹整合资金使用 …… 88
稳岗就业增收 …… 88
易地扶贫搬迁后续扶持 …… 88
人居环境整治 …… 89
乡村建设信息采集 …… 89
工作培训及宣传 …… 89
帮扶行动 …… 89

军　事

人民武装 …… 90
概况 …… 90
党风廉政建设 …… 90
思想政治建设 …… 90
“和平积习”大起底大扫除活动 …… 90
国防动员 …… 90
双拥工作 …… 91
武　警 …… 91
概况 …… 91
思想政治建设 …… 91
执行任务 …… 91
练兵备战 …… 91
军民共建 …… 92

人民团体

总工会 …… 93
概况 …… 93
“迎新春　送温暖”慰问 …… 93
“关爱女职工　情暖妇女节”活动 …… 93
法律服务 …… 93
“弘扬劳模精神　展现劳模风采”宣讲活动 …… 94
花艺比赛 …… 94
新就业形态劳动者集中入会仪式 …… 94
劳动技能竞赛 …… 94
疗休养活动 …… 94
有奖知识竞答 …… 94
宣传贯彻《工会法》 …… 94
抗击疫情 …… 94
“五送”系列活动 …… 94
困难职工帮扶 …… 95
学习宣传贯彻落实党的二十大精神 …… 95
共青团 …… 95
概况 …… 95
基层组织建设 …… 95
思想政治引领 …… 95
教育实践活动 …… 95
关爱青少年群体 …… 95
志愿服务行动 …… 95
西部计划志愿者管理与服务 …… 96
维护青少年合法权益 …… 96
妇　联 …… 96
概况 …… 96
妇女儿童权益保障 …… 97
文体活动 …… 97

妇女儿童关爱行动 …… 97
家庭教育 …… 97
妇儿工委工作会议 …… 97
工商联 …… 98
民营经济工作 …… 98
民营企业招聘 …… 98
非公有制经济发展 …… 98

法　治

政法委及综治 …… 99
概况 …… 99
政法工作会议 …… 99
维护社会稳定 …… 100
平安建设 …… 100
普法宣传教育 …… 101
乡村治理 …… 101
“双联户”工作 …… 102
扫黑除恶 …… 102
国家安全人民防线 …… 102
队伍建设 …… 102
公　安 …… 103
概况 …… 103
维稳工作 …… 103
科技兴警 …… 103
“食药环”工作 …… 103
“道路交通安全百日整治” …… 103
“大走访、大调研、大化解” …… 104
打击违法犯罪 …… 104
疫情防控 …… 104
扫黑除恶 …… 104
检　察 …… 104
概况 …… 104
政治建设 …… 104
党的建设 …… 105
刑事检察 …… 105
民事检察 …… 105
行政检察 …… 105
公益诉讼检察 …… 105
未成年人检察 …… 105
维护社会稳定 …… 106
疫情防控 …… 106
乡村振兴 …… 106
法治宣传 …… 106
检务公开 …… 106
法　院 …… 106
概况 …… 106
理论武装 …… 107
党的建设 …… 107
党风廉政建设 …… 107
刑事审判 …… 107
民商事审判 …… 107
执行案件 …… 107
诉讼服务 …… 108
司法服务 …… 108
法庭工作 …… 108
接受监督 …… 108
普法宣传 …… 108
队伍建设 …… 109
疫情防控 …… 109
司法行政 …… 109
概况 …… 109
全面从严治党 …… 109
普法依法治理 …… 109
法治政府建设 …… 110
矛盾纠纷排查化解 …… 110
特殊人群监管 …… 111
公共法律服务 …… 111

经济管理

发展和改革 …… 112
概况 …… 112
产业发展 …… 112
项目建设 …… 112
市场监督管理 …… 113
概况 …… 113
登记注册 …… 113
监管措施 …… 113
诚信建设体系 …… 113

食品药品监管 …… 114
品牌建设 …… 114
消费维权 …… 114
专项治理 …… 114
行政执法 …… 114
应急管理 …… 114
概况 …… 114
安全生产 …… 115
自然灾害 …… 115
火灾事故 …… 115
地震灾害 …… 115
落实安全生产责任 …… 115
防范化解安全风险 …… 115
执法检查 …… 115
自然灾害预防 …… 115
减灾救灾 …… 116
抗击疫情 …… 116
驻村帮扶 …… 116
宣传教育 …… 116
行政许可 …… 116
消防救援 …… 116
概况 …… 116
灭火救援 …… 116
监督执法 …… 117
实战实训 …… 117
消防宣传 …… 117
基础建设 …… 117
统　计 …… 117
概况 …… 117
业务培训 …… 117
监测分析 …… 118
统计法培训 …… 118
编纂统计资料 …… 118
队伍建设 …… 118
统计执法 …… 118
结对帮扶 …… 119
自然资源管理 …… 119
概况 …… 119
项目用地征地 …… 119
挂牌国有建设用地 …… 119
项目手续 …… 119
“三区三线”划定 …… 119
“十四五”时期矿产规划编制 …… 120
增减挂钩项目 …… 120
审批宅基地及设施农用地 …… 120
确权登记 …… 120
地质灾害治理项目 …… 120
土地矿产卫片执法 …… 120
“我为群众办实事”活动 …… 120

农牧业 · 水利 · 林业

农业农村 …… 121
概况 …… 121
农业产业结构调整 …… 121
农业现代化 …… 121
基础设施建设 …… 121
科技科普 …… 122
农村劳动力转移 …… 122
水　利 …… 122
概况 …… 122
资源管理 …… 122
水利规划 …… 122
基础设施建设 …… 122
农田水利建设 …… 123
农村饮水安全 …… 123
防汛抗旱 …… 123
河湖长制 …… 123
行政执法 …… 124
水利工程质量安全与管理 …… 124
党的建设 …… 124
党风廉政建设 …… 124
林业和草原 …… 124
概况 …… 124
森林资源管理 …… 124
森林草原防火 …… 125
森林病虫害防治 …… 125
生态效益补偿 …… 125
重点工程建设 …… 125

商贸·旅游

商　贸 …… 126
概况 …… 126
供销合作社 …… 126
社会销售品零售总额 …… 126
项目建设 …… 126
物资交流会 …… 126
市场监管 …… 126
为企业办实事 …… 127
结对帮扶 …… 127
市场保供 …… 127
市场监测 …… 127
疫情防控 …… 127
服务保供企业 …… 127
复商复市 …… 127
促进消费活动 …… 128
旅　游 …… 128
概况 …… 128
旅游资源 …… 128
项目建设 …… 128
旅游宣传 …… 129
景区创建 …… 129
乡村旅游 …… 129
增收工作 …… 129

财税·金融

财　政 …… 130
概况 …… 130
财政收支 …… 130
体制改革 …… 130
财务管理 …… 131
市场经济调控 …… 131
重点保障 …… 131
财务培训 …… 131
疫情防控 …… 131
盘活存量 …… 131
财政决算 …… 131
税　务 …… 132
概况 …… 132
税费收入 …… 133
税收法治 …… 133
减税降费 …… 133
征管改革 …… 133
纳税服务 …… 133
中国农业银行股份有限公司琼结县支行 …… 133
概况 …… 133
经营情况 …… 133
服务实体经济 …… 134
服务乡村振兴 …… 134
疫情防控 …… 134
结对帮扶 …… 134
金融知识宣传 …… 134

交通·邮政·通信

交通运输 …… 135
概况 …… 135
公路建设 …… 135
项目建设 …… 135
养护工程 …… 135
日常养护 …… 135
快递“下乡进村”工程 …… 135
主题党日活动 …… 136
路政执法 …… 136
公路应急抢险保通 …… 136
党的建设 …… 136
邮　政 …… 136
概况 …… 136
目标完成情况 …… 136
业务开展 …… 136
中国电信集团有限公司琼结电信局 …… 136
概况 …… 136
主要经营指标完成情况 …… 137
宽带网络覆盖和无线网络覆盖情况 …… 137
疫情防控 …… 137
成立党支部 …… 137
维稳和通信保障 …… 137

琼结县移动分公司 …… 137
概况 …… 137
脱贫攻坚 …… 138
疫情防控 …… 138
市场运营 …… 138
提升网络质量 …… 138
提升服务水平 …… 138

城乡建设与环境保护

住房和城乡建设 …… 139
概况 …… 139
党的建设 …… 139
党风廉政建设 …… 139
项目建设 …… 139
工程质量和安全生产监管 …… 139
农村住房安全保障工作 …… 140
保障性住房建设 …… 140
住房公积金 …… 140
城市管理和综合执法 …… 140
生态环境保护 …… 140
概况 …… 140
生态文明高地建设 …… 140
环境移动执法检查 …… 140
环境保护宣传 …… 141
生态环保督察整改 …… 141
环境质量检测 …… 141

教育·体育

教育体育 …… 142
概况 …… 142
学前教育 …… 142
基础设施 …… 143
师资队伍 …… 143
教育经费 …… 143
教育扶贫 …… 143
党建及党风廉政建设 …… 143
德育工作 …… 144
教学研究 …… 144
教育教学 …… 145
校园安全 …… 145
体育卫生艺术 …… 146
教育发展 …… 146
教育信息化 …… 146
招生工作 …… 147
内地办学 …… 147
琼结县中学 …… 147
概况 …… 147
基础设施 …… 147
党的建设 …… 147
制度建设 …… 147
队伍建设 …… 148
安全工作 …… 148
思政教育 …… 148
助力乡村振兴 …… 148

文化·广电

文　化 …… 149
概况 …… 149
大型活动 …… 149
文化艺术 …… 149
公共文化服务体系 …… 150
市场监管 …… 150
对外文化交流 …… 150
文化产业 …… 151
市场安全 …… 151
非物质文化遗产 …… 151
文物管理与保护 …… 153
博物馆接待 …… 153
广播电视 …… 153
概况 …… 153
自办节目 …… 153
安全播出 …… 153
有线和无线电视 …… 154

"户户通""寺寺通" …… 154
应急广播 …… 154

卫 生

卫生与健康 …… 155
概况 …… 155
疫情防控 …… 155
项目实施 …… 156
助力乡村振兴 …… 157
卫生惠民工程 …… 157
队伍建设 …… 157
疾病预防控制 …… 157
卫生监督 …… 158
重大会议及活动 …… 158
卫生体系改革 …… 158
医疗保障 …… 158
概况 …… 158
城乡居民基本医疗保险 …… 158
城镇职工医疗保险 …… 159
医疗救助 …… 159
医保政策宣传 …… 159
医保基金宣传检查 …… 159
卫生服务 …… 160
概况 …… 160
疫情防控 …… 160
人才培养 …… 160
援藏工作 …… 160
传染病医院 …… 161
医疗业务 …… 161
护理工作 …… 161
疾病预防控制 …… 161
地方病和寄生虫防治 …… 161
慢性病和精神卫生工作 …… 161
鼠疫防治 …… 162
妇幼保健 …… 162
"两癌"筛查 …… 162
妇女儿童保健 …… 162
大病救治 …… 162
健康体检 …… 162
党建工作 …… 163
党风廉政建设 …… 163

气 象

概况 …… 164
气象要素 …… 164
监测站网布局 …… 165
气象服务 …… 165
人工影响天气 …… 165
防雷安全监管 …… 166
气象灾害普查 …… 166
灾情数据采集及承灾体信息收集 …… 166
气象灾害致灾因子信息 …… 166
科普宣传 …… 166
脱贫攻坚 …… 166
党建工作 …… 166
党风廉政建设 …… 166

民政与社会保障

民 政 …… 167
概况 …… 167
社会救助 …… 167
福利事业 …… 168
残疾人事业 …… 168
行政事务管理 …… 169
疫情救助 …… 169
党建工作 …… 169
平安边界联检 …… 170
天葬台管理 …… 170
项目建设 …… 170
退役军人事务 …… 170
概况 …… 170
机制创建 …… 170
帮扶援助 …… 171
待遇保障 …… 171
荣誉奖励 …… 171
党建工作 …… 171
纪念活动 …… 171
人力资源和社会保障 …… 171

概况 …… 171
转移就业 …… 172
技能培训 …… 172
高校毕业生就业创业 …… 172
人才人事 …… 172
劳动监察 …… 173
社会保险 …… 173

国网西藏电力有限公司琼结县供电公司

概况 …… 174
电网建设与发展 …… 174
安全生产 …… 174
营销工作 …… 175

乡(镇)概况

琼结镇 …… 176
概况 …… 176
经济建设 …… 176
项目建设 …… 176
乡村振兴 …… 176
综治维稳 …… 177
举办活动 …… 177
召开会议 …… 177
新闻宣传 …… 178
党风廉政建设 …… 178
代表工作 …… 178
镇第十五届人民代表大会第二次会议 …… 178
下水乡 …… 178
概况 …… 178
农牧业发展 …… 178
经济建设 …… 179
基础设施 …… 179
维稳工作 …… 179
社会事业 …… 179
脱贫攻坚 …… 179
生态环保 …… 179
党的建设 …… 179
拉玉乡 …… 180
概况 …… 180
疫情防控 …… 180
产业发展 …… 180
农牧业发展 …… 181
乡村治理 …… 181
脱贫攻坚 …… 181
民生保障 …… 181
宣讲活动 …… 181
主题实践活动 …… 181
文化事业 …… 182
安全生产 …… 182
加麻乡 …… 182
概况 …… 182
疫情防控 …… 182
产业发展 …… 182
农牧业发展 …… 182
乡村治理 …… 183
经济发展 …… 183
社会保障 …… 183
就业培训 …… 183
教育事业 …… 183
文化事业 …… 183
安全生产 …… 183

领导名录

县级各部门 …… 184
中共琼结县委员会 …… 184
琼结县人民代表大会常务委员会 …… 184
琼结县人民政府 …… 184
中国人民政治协商会议琼结县委员会 …… 184
纪检、巡察办、人民法院、人民检察院 …… 184
琼结县纪委监委 …… 184
中共琼结县委巡察工作领导小组办公室 …… 185
琼结县人民法院 …… 185
琼结县人民检察院 …… 185
党群系统工作部门 …… 185
中共琼结县委组织部 …… 185
中共琼结县委宣传部 …… 185
中共琼结县委统战部(琼结县民宗局) …… 185
中共琼结县委政法委员会 …… 185

中共琼结县委办公室 …… 185
中共琼结县委国家安全委员会办公室 …… 185
琼结县总工会 …… 186
共青团琼结县委员会 …… 186
琼结县妇女联合会 …… 186
琼结县工商联 …… 186
政府工作部门 …… 186
琼结县人民政府办公室 …… 186
琼结县人力资源和社会保障局 …… 186
琼结县文化局 …… 186
琼结县发展和改革委员会 …… 186
琼结县统计局 …… 186
琼结县教育局 …… 186
琼结县公安局 …… 186
琼结县民政局 …… 186
琼结县退役军人事务局 …… 187
琼结县司法局 …… 187
琼结县财政局 …… 187
琼结县自然资源局 …… 187
山南市生态环境局琼结县分局 …… 187
琼结县住房和城乡建设局 …… 187
琼结县交通运输局 …… 187
琼结县水利局 …… 187
琼结县农业农村局 …… 187
琼结县商务局 …… 187
琼结县卫生健康委员会 …… 188
琼结县医疗保障局 …… 188
琼结县市场监督管理局 …… 188
琼结县应急管理局 …… 188
琼结县旅游发展局 …… 188
琼结县林业和草原局 …… 188
琼结县乡村振兴局 …… 188
琼结县行政审批和便民服务局 …… 188
琼结县信访局 …… 188
琼结县创先争优强基础惠民生活动领导小组办公室 …… 188
人大常委会工作部门 …… 188
琼结县人大常委会办公室 …… 188
琼结县人大常委会法制委员会 …… 189
琼结县人大常委会财经委员会 …… 189
琼结县人大常委会教科委 …… 189
政协工作部门 …… 189
政协琼结县委员会办公室 …… 189
政协琼结县委员会专门委员会(综合委员会) …… 189
直属事业单位 …… 189
国家税务总局琼结县税务局 …… 189
琼结县气象局 …… 189
琼结县藏语文工作委员会办公室(编译局) …… 189
琼结县卫生服务中心 …… 189
琼结县机关后勤服务中心 …… 189
琼结县广播电视台 …… 189
军　事 …… 189
西藏琼结县武装部 …… 189
武警琼结中队 …… 189
金融系统 …… 190
中国农业银行琼结县支行 …… 190
县直以上企事业单位 …… 190
琼结县中学 …… 190
邮政公司西藏自治区琼结分公司 …… 190
琼结县移动公司 …… 190
琼结县电信局 …… 190
各乡(镇) …… 190
琼结镇 …… 190
拉玉乡 …… 190
下水乡 …… 190
加麻乡 …… 191

荣誉录

集体荣誉 …… 192
个人荣誉 …… 195

附　录

统计数据 …… 202

索　引

A-Z …… 221-227

特 辑

在中共琼结十届县委第五次全会上的工作报告

中共琼结县委书记　韩　亮

2022 年 12 月 12 日

各位委员、同志们：

受县委常委会委托，我向全会作工作报告，请予审议。

今年以来，在以习近平同志为核心的党中央亲切关怀下，在区党委和市委的坚强领导下，在襄阳人民援助支持下，全县各族干部群众凝心聚力，高举习近平新时代中国特色社会主义思想伟大旗帜，全面贯彻落实党中央、区党委和市委决策部署，锚定“四件大事”，奋力推进“四个创建”“四个走在全国前列”和“六个走在全区前列”目标任务，统筹新冠疫情防控和经济社会发展，建设团结富裕文明和谐美丽的社会主义现代化新琼结各项事业取得新成效。

一年来，我们始终把深入贯彻落实习近平总书记视察西藏重要讲话重要指示精神、习近平总书记关于西藏工作重要论述和新时代党的治藏方略作为全部工作的鲜明主题和贯穿始终的突出主线，落地落实落细自治区第十次党代会和市第二次党代会会议各项安排部署，在奋力推进“四个创建”中找到有力载体，取得了全方位进步。

——树牢总体国家安全观，逐步推进社会治安综合治理现代化、时代化。圆满完成全国“两会”、党的二十大维稳安保攻坚战，全年社会和谐稳定。

——铸牢中华民族共同体意识，逐步推进民族团结事业向纵深发展。国家通用语言文字推广普及，民族团结情感纽带更加牢固。第十批“全国民族团结进步示范县”创建工作顺利通过国家级考核验收。

——深入实施乡村振兴战略，逐步推进农业

农村现代化。前三季度，地区生产总值预计43920万元，增长3%；全县农村居民人均可支配收入13180元，增长10.4%。截至11月，固定资产投资22955万元，增长36%；在全区74个县区中率先入选第一批国家乡村振兴示范县创建名单。

——坚持绿水青山就是金山银山发展理念，逐步推进绿色琼结建设。林长制、河长制全面落实，琼结县、三乡一镇、95%村（社区）有序完成自治区生态文明建设示范区创建工作。成功创建第六批全国生态文明建设示范县。

一年来，我们始终以习近平新时代中国特色社会主义思想为指导，着力筑牢党员干部政治忠诚。深入贯彻落实习近平总书记“坚持把党的政治建设放在首位”重要指示精神，始终忠诚核心、拥戴核心、捍卫核心。一是用党的二十大精神统一思想和行动，旗帜更加鲜明。把学习宣传贯彻党的二十大精神作为当前和今后一段重要时期的首要政治任务，研究制定《琼结县学习贯彻宣传宣讲党的二十大精神工作方案》和《琼结县学习贯彻党的二十大精神宣讲团成员名单和职责分工》，对学习宣传党的二十大精神作出全面部署。各级各部门组织各界干部群众组织学习研讨120余场次、制作宣传短视频37个，开展专题宣传宣讲240余场次、1.6万余人次受益，为推动琼结县各项事业取得新成就提供了遵循、指明了方向。二是坚决捍卫“两个确立”、坚决做到“两个维护”，核心意识更加坚定。始终把坚决捍卫“两个确立”、坚决做到“两个维护”作为最高政治原则和根本政治责任，落实到实际工作中、体现到一言一行上，不断提高政治判断力、政治领悟力、政治执行力。今年，县委共召开1次全会、25次县委常委会会议贯彻上级决策部署，主动向市委请示报告重大事项12件次，聚焦政治铸魂，确保了党的路线方针政策在琼结落地见效。三是用习近平新时代中国特色社会主义思想武装头脑，初心使命更加坚定。紧紧围绕学懂弄通做实习近平新时代中国特色社会主义思想，深入学习贯彻《习近平谈治国理政》（第4卷），学习贯彻党的十九届历次全会、中央第七次西藏工作座谈会精神以及习近平总书记关于西藏工作重要论述和新时代党的治藏方略。召开8次县委理论学习中心组学习会议、4次县委专题会议学习贯彻习近平总书记重要讲话指示批示精神。切实把学习成果转化为推动琼结县高质量发展的生动实践。四是常态化开展“三个意识”教育，共圆伟大复兴梦想的精神动力更加强劲。及时动员部署全县“三个意识”群众性教育实践活动。通过增强宣传高度、拓宽课堂广度、提升教育深度、强化督办力度四个维度，使“三个意识”教育更加立体化。积极探索“线上+线下”“课堂+基地”“集中授课+单独辅导”等学习宣讲模式，掀起全县“三个意识”教育学习热潮，全面提升广大农牧民群众、寺庙僧尼国家主人翁责任感、自豪感和归属感，引导教育对象更加爱党、爱国，感党恩、听党话、跟党走。

一年来，我们持续推进社会稳定和长治久安，着力提升社会治理体系和治理能力现代化水平。深入贯彻落实习近平总书记“社会稳定是国家强盛的前提”重要指示精神，持续巩固平安琼结县“金字招牌”。一是牢固树立总体国家安全观，建设更高水平平安琼结县。进一步精准推进反分裂斗争。牢牢把握寺庙这个影响稳定的“牛鼻子”，县委主要领导先后5次调研寺庙，敏感时期，安排7名县级领导包保寺庙，确保绝对安全。进一步优化维稳体系。坚持“大小适中、方便管理、界限明晰、动态调整”的原则，将全县划分为72个网格，配齐网格长72名，网格员72名，72名科级干部包保网格，网格民警23名，信息员582名，风险治理效能显著提升。进一步完善社会治安综合治理措施。坚持和发展新时代“枫桥经验”，探索打造新时代“枫桥派出所”和群防群治“平安义警”；继续推进“先进双联户”创建活动，推广矛盾纠纷“点单式调解”，通报表扬县级“先进双联户”6个。进一步抓好安全生产。严格落实安全生产“十五条硬措施”和“三管三必须”，有效化解全县重大安全风险。全年全县未发生各类安全生产事故，生产安全继续保持“零伤亡”。进一步夯实意识形态领域安全。对照《中国共产党宣传工作条例》推动意识形态双向述职、“一岗双责”、目标责任等制度落实。举办“琼结讲堂”“法律讲堂”“专题辅导报告”等4场次。充分利用“网信琼结”“琼结融媒”“文化银行”等平台传播党的政策理论，弘扬社会主义核心价值观，牢牢掌握意识形态主动权。二是牢固树立法治思维，建设更高水平法治琼结。制定印发《中共琼结县委员会关于贯彻落实〈法治中国建设规划（2020-2025年）〉实施方案》，对全县法制建设工作进行全面部署。成立琼结县行政复议咨询委员会，设立行政复议咨询窗口，完成琼结县行政复议体制改革工作。切实发挥人大职能，听取和审议“七五”普法工作总结及“八五”普法规划和实施情况的报告，做出《关于在全县开展第八个五年法治宣传教育的决议》。先后对国家安全法、监察法、国旗国徽国歌法、残疾人保障法等开展执法检查10余次，有效推动了法治政府和法治社会建设。组织开展各类法治宣传活动60余场次，受教育人数达3.8万余人次，开展网上普法知识竞赛，深受好评。三是坚持党建引领，着力提升乡村治理水平。围绕“自治、法治、德治”，积极开展党建引领乡村治理试点工作，构建党委领导、政府负责、社会协调、公众参与、法治保障、科技支撑的现代化基层治理体系，全面提升基层治理能力。充分发挥县委“一线指挥部”作用，完善“1+4+20”党建引领乡村治理工作领导体系，形成党委抓、书记抓、班子成员抓、有关部门抓的工作格局。以示范点创建、深化基层网格化管理、基层法治建设、德治“教化”、干部能力素质提升等重点工作为抓手，将党的领导贯穿基层治理的全过程和各方面。充分发挥基层党组织战斗堡垒作用和党员干部先锋模范作用，迅速组成党员突击队30余个，确保全县秋收工作圆满完成，全面提升基层党组织引领力、凝集力、战斗力。

一年来，我们全面深化产业振兴，着力推动经济高质量发展。深入贯彻落实习近平总书记“要走出一条符合西藏发展实际的高质量发展之路”的重要指示精神，完整准确全面贯彻新发展理念。一是全力确保主要经济指标完成。前三季度，地区生产总值预计43920万元，增长3%；全县农村居民人均可支配收入13180元，增长10.4%。社会消费品零售总额9595万元，同比下降2.8%。截至11月，固定资产投资22955万元，增长36%。二是充分释放传统农业活力。建设种子田基地1540亩，建立测土配方示范田及绿色高质高效示范田2.12万亩，良种推广面积达1.5万亩，黄牛改良配种率达98.07%。用好用活农机购置补贴资金，购置农机具200台套，受益户125户，全县农业机械化水平提升至85%。三是不遗余力发展特色产业。总投资1.3亿元的“菜篮子”二期工程投入运行，依托内地企业种植技术及运营管理经验，建设高原现代农业示范样板。2022年，通过就业、分红、提供原材料等途径带动群众1791人，增收900万元。投入1300万元开发建设雪康、日玛岗、特日等高山畜牧养殖业，年增加村集体经济16万元。以中石油“格桑泉”天然矿泉水项目为依托，加快绿色食饮品业发展，至11月累计生产3.7万吨，实现销售收入6319万元。投资8000万元的西藏首个电梯生产项目通达电梯开工建设，投产后将成为琼结县又一支柱产业。此外，全力推动生命之水二期、华能“光伏+液氧液氮”源荷储一体化、丰华（琼结）能源开发有限公司丰华储能项目、琼结县整县屋顶光伏等清洁能源业产业；深入打造萨喜钦布手工藏毯、达娃卓玛服饰等民族手工业；以绿色产业园、江北双创产业园、援藏农产品加工园三大园区建设为契机，加强冷链、仓储、物流及商品交易中心建设，加快商贸物流业发展。四是蹄疾步稳加快项目实施。建立项目包保推进工作机制，完善《琼结县工程项目管理流程及制度》，主动对接落实，狠抓项目落地，扩大有效投资。全年计划实施项目共37个，计划总投资53202万元。截至目前，除6个资金未到位的项目外，全县31个项目中，5个已完工，26个项目均已复工。其中，总投资500万元的县域商业体系建设项目有望于明年4月份启动建设。五是及时跟进招商引资任务。紧盯1亿元招商引资目标，认真落实招商引资专班推动机制。投资650万元的屋顶分布式光伏项目已开工建设；投资5800万元的医疗用水生产及医疗器械经营、高争民爆股份、丰华储能3个项目已签约落地；投资2亿元的“光伏+液氧液氮”源荷储一体化项目正在对接洽谈。截至目前，已完成招商引资投资6015万元。六是着力发挥文化旅游优势。持续推进藏王墓景区申报国家4A级景区创建，投入2000万元实施拉玉乡强钦庄园片区乡村振兴项目，大力发展乡村旅游；投入650万元打造全区有影响的新旧西藏对比教育基地，将强吉村、藏王墓、藏王陵博物馆、吐蕃故都等景区纳入旅游路线，与30多家旅行商签订了合作协议。今年，累计接待区内外游客10.8万人次，实现旅游收入679.8万元。

一年来，我们以切实铸牢中华民族共同体意识为抓手，着力拓展新时代民族团结进步成果。深入贯彻落实习近平总书记关于加强和改进民族工作的重要思想，全面推进民族团结进步事业。一是全面加强党对民族团结进步工作的领导。坚持把民族团结进步示范县创建工作作为“一把手工程”，全面加强党的领导，制定印发了《琼结县创建全国民族团结进步示范市实施方案》《琼结县民族团结进步模范区创建五年规划》，抽调3名干部成立工作专班，预算90万元创建专项经费，民族团结进步事业向纵深推进。二是多元化打造民创特色亮点。创新开展以“党建结对、群众认亲”为主题的“高原乡亲襄阳走亲戚”活动、党外代表人士赴襄阳“交往交流交融”参观学习考察活动，32名各族群众到内地交往、交流，有效增进了襄琼情谊。进一步提档升级打造民族团结主题公园、步行街，形成了“串点连线成片”的宣传氛围，得到了上级部门及兄弟地（市）、县（区）的高度评价。三是加强民族团结宣传教育。以民族团结政策街头宣传、专题宣讲、主题文艺会演为载体，组织开展宣传党的民族理论、民族政策和国家法律法规等各类宣传活动740余场次，设立“民族团结”宣传墙45面、墙体宣传标语330条，使民族团结进步政策法规知识随处可见、随处可学，民族团结的情感纽带更加牢固，思想基础更加坚实。

一年来，我们坚持以人民为中心的发展思想，着力提升各族人民生活品质。深入贯彻落实习近平总书记“必须把改善民生、凝聚人心作为经济社会发展的出发点和落脚点”的重要指示精神，着力解决群众急难愁盼问题。一是切实办好人民满意的教育。教育政策有效落实。落实15年免费教育政策、营养改善计划、“三包”经费、大学生资助政策，做实控辍保学，巩固教育扶贫成果，发放各类专项补助资金1501.42万元。本级投入300余万元实施中小学、幼儿园维修改造、设备添置、调整充实教师队伍等工作，持续改善办学条件，优化师资结构。5个100%成果巩固拓展。全县义务教育阶段适龄儿童入学率和巩固率实现“双百”目标，学前适龄幼儿三年入园率达到99.67%以上。先后有10所幼儿园通过市级一类、二类评估认定，在全市12县区率先实现学前三年普及教育目标。顺利通过了自治区学前教育普及普惠过程性督导评估。统筹做好新冠疫情防控和线上教育教学任务。因地制宜形成操作性强的线上教学实施方案，切实做到“一校一方案”。新冠疫情期间县中学学生线上教学参与比率达到98.01%，各小学线上教学平均参与比率达95.10%，目前除幼儿园外已全部复学复课。

二是切实发挥社会保障作用。落实基本医疗保险、大病保险、医疗救助三重制度。2022 年全县城乡居民基本医疗保险参保率 99.8%，重点救助对象参保率 100%。医保系统直接结算报销 1.3 万余人次、313.15 万元，医疗救助 139.58 万元，有效预防因病返贫、致贫。持续推进全民参保计划。城乡居民养老保险参保率达到 95%以上。完成基础养老金、个人账户清退及丧葬补助发放工作，兑现 640 万元。2022 年，城乡居民养老保险缴费 154.85 万元，完成目标任务的 93%。健全防返贫监测帮扶机制。全县机关干部结对帮扶 624 户建档立卡脱贫户和 8 户监测户，以买代帮 14.6 万余元，办实事 190 件次，并对在监测期内识别的 8 户 33 人落实医疗保障、社保兜底、就业帮扶等各项措施，确保动态清零，坚决守住不发生规模性返贫的底线。三是多措并举稳就业保就业。农牧民转移就业稳步推进。农牧民转移就业 6504 人，完成年度目标任务 101.6%，实现创收 6502.2 万元，完成年度目标任务 116.1%。区外就业 30 人，完成年度目标任务 30%；完成城镇新增就业 540 人，完成年度目标任务 100.2%。采取项目带动、组织化外出务工等措施，全县组织化转移就业 3907 人，完成目标任务的 101.7%。高校毕业生就业创业成效明显。开展线上线下招聘会共 13 次，共开发 885 个就业岗位，其中为高校毕业生提供 568 个就业岗位，岗位开发率 125.1%，现场签约 129 人。针对就业困难高校毕业生开发政府购买岗位，录用 42 人，均已上岗。截至目前，2022 年 231 名应届高校毕业生已就业 225 人，就业率达 97.4%。共举办农牧民技能培训 22 期、800 人，完成年度任务的 106%，培训后就业率均达 40%以上。落实就业创业奖补资金。对符合条件的 22 名农牧民兑现了创业奖励资金 4.2 万元，对符合条件、发挥作用明显的 6 家农牧民工联队兑现就业补贴资金 4.24 万元，对 22 名符合条件成功创业的高校毕业生兑现奖励资金 112.2 余万元。四是切实提升政务服务能力和水平。以深化“放管服”改革为抓手，优化服务平台，梳理完成全县行政许可事项 174 项，梳理政务服务高频事项 100 项，发布村（社区）服务事项 60 项，全县事项网上可办数 720 个。政务服务中心开设便民服务窗口 22 个，进驻部门 12 家，结合群众企业高频事项办理做到政务服务事项应进必进。线上服务能力显著提升，全县事项网上可办率 93.25%。五是不断推动文化事业繁荣发展。非物质文化遗产保护力度不断加强。国家级非物质文化遗产琼结县久河卓舞传承人尼玛老人荣获 2021“中国非物质文化遗产年度人物”称号。今年，琼结县中学被正式公布命名为第二批西藏非物质文化遗产进校园示范基地，自治区级非物质文化遗产德庆铁器制作技艺被评为“西藏自治区非物质文化遗产项目传习基地”。截至目前，开展各类非物质文化遗产演出活动 50 余场次，实现非物质文化遗产促增收 40 余万元。文物保护协调推进。针对藏王墓、雪康庄园、邦嘎遗址等局部塌方、漏水、墙体开裂等问题，投入 31.64 万元进行修复，全力保护文物、遗址。争取 750 万元坚叶寺壁画修复项目，计划 2023 年年初实施。兑现野外文物看管人员保护补助资金 45 万余元，实现保护文物和增收“双赢”。“文化银行”工程全面铺开。充分发挥自治区树立农牧民新风貌试点县优势，投入 42 万元开展“文化银行”建设工作，将学习国家通用语言文字、人居环境整治、移风易俗、遵守村规民约等情况纳入“文化银行”个人账户，推广线上线下积分奖励兑换，充分调动群众树立新风貌的积极性，全县已注册 1800 户 9600 人。公共文化服务体系建设更加完善。开展各类文化活动 224 场次，服务 2.2 万余人次，建立 20 个村（社区）的公共文化服务平台专网，实时精准掌握群众满意度和参与率。通过国家公共文化云平台、网信琼结、文化琼结等网络平台开展线上文化活动 20 余场次，参与人数 20 余万人次。完成第七次全国县级以上公共图书馆评估定级申报工作，公共文化服务水平不断提升。

一年来，我们坚持生态优先绿色发展理念，着力推动生态文明高地建设。深入贯彻落实习近平总书记“保护好青藏高原生态就是对中华民族生存和发展的最大贡献”重要指示精神，始终站在中华民族生存和发展的战略高度，加强生态保护与建设。一是全面推行琼结县林长制工作。根据区、市全面推进林长制工作要求，共设立县级林长2人、副林长20人，划分责任区域20个，县、乡、村三级林长体系已初步建立。全县人工造林9300亩，完成城乡道路绿化110千米，全县林草覆盖率达93.32%。二是多领域推动人居环境整治。接续实施人居环境整治5年提升行动，围绕“人畜分离、排污管道、道路硬化、立面改造、村庄绿化美化亮化”目标任务，全县户厕改造共改造完成2940户，普及率92%；村内主要道路硬化率、农村安全饮水率均达100%；扎实开展“美丽庭院”创建工作，已创建示范户共88户。三是持续深化整治城乡环境综合治理。全面推进河长制工作，强化饮用水源地保护，设置9处地表水环境质量监测点位，划定农村饮用水水源地62个，县城集中式饮用水水源地2个。推进大气防治重点项目建设，完成生态红线划定及污染源普查工作，实现排污许可在线登记，污染物排放控制在指标范围内。以保障农产品质量和人居环境安全为核心，扎实开展违规建筑物专项清理行动，持续加强未利用土地监管。

我们秉承人民至上、生命至上，着力打赢新冠疫情防控阻击战。深入贯彻落实习近平总书记“疫情要防住、经济要稳住、发展要安全”的总要求，持续加强党的领导，主要领导靠前指挥，迅速部署，圆满完成了疫情防控阻击战。一是狠抓组织领导。1288名党员干部积极响应、向“疫”而行，设立疫情防控卡点54个，成立临时党支部4个，组建党员先锋队82支，设立党员先锋岗70个，划分党员责任区82个。完善细化应急预案，及时调整充实核酸检测、物资保障、社会稳定、宣传引导、新冠病毒疫苗接种等17个专项组，实行4名县委常委包乡（镇），20名科级干部包村（社区）工作机制，细化压实工作职责，确保各项工作落到实处。二是狠抓外防输入。持续抓牢并不断优化县域各卡点、监测哨等关键点，紧盯重点场所、重点人群、重点环节，常态化开展疫情防控各项措施，从严从实做好静态管理各项要求。其间，共检查人员3.6万余人次、车辆2万余辆，劝返车辆452辆、人员892人，持续向500余名滞留人员提供饮食和生活所需。三是狠抓核酸检测。全县设立29个核酸检测点，安全有序推进核酸检测工作。聚焦“采、送、检、报、管”等关键环节，优化核酸检测标本提取、扩容、检验等流程，新冠疫情发生以来核酸检测效率提升50%。截至11月5日，累计采样检测611759人份，日最大监测单管量为3000管，切实做到全员核酸检测无遗漏。此外，累计派遣医技人员93人次赴拉萨、乃东、扎囊开展核酸采样和隔离点管控，支援兄弟县（区）疫情防控工作。四是狠抓新冠病毒疫苗接种。强化宣传教育，使广大农牧民群众充分认清接种疫苗是有效减少因疫死亡的最有效途径，引导广大农牧民群众应接尽接。截至目前，第一剂接种率为100%，第二剂接种率为91.38%，加强针接种10776人次，接种率为68.98%。五是狠抓防疫“保障线”。充分发挥援藏医疗工作队的专业优势，积极协调湖北省襄阳市紧急援派2名核酸检测专业人员、6名院感及医护人员，指导参与疫情防控；统筹财政拨付抗疫专项资金170万元、社会各界捐款32.83万元等各类资金，优先保障一线防疫资金需求；启动疫情期间生活必需品市场供应应急响应机制，安排物资运输车27辆，设生活必需品保供单位19家，确保各类生活物资供应充足。六是狠抓复工复产。9月，基本实现应复尽复、应开尽开，复工复产率达100%。11月5日至6日，分区域分批次安全有序完成全县中小学毕业班开学复课工作。11月2日，召开专题部署会议研究应对接收拉萨滞留人员返县相关事宜，统筹安排各项转运工作，目前已经转运168人。

一年来，我们落实全面从严治党要求，着力营造风清气正的政治生态。深入贯彻落实习近平总书记“全面从严治党永远在路上，党的自我革命永远在路上”重要指示精神，全面落实新时代党的建设总要求，全面打造忠诚干净担当的高素质干部队伍。

——从严从实加强党风廉政建设。始终站在战略和全局的高度，重视党风廉政建设、重视预防腐败，更加重视惩治腐败，切实将持续深入推进党风廉政建设作为一项长期而远大的目标，绵绵用力、久久为功。组织150名余基层干部参观“身边事教育身边人”主题廉政展览。开展党员领导干部旁听庭审警示教育活动，“零距离”接受警示教育，增强廉洁自律意识，提高廉洁从政能力。今年，受理问题线索24件，给予党纪政务处分7人。巡察7个党组织，反馈问题97条。

——树立鲜明选人用人导向。实施“干部能力提升工程”，坚持学习培训和实践锻炼相结合，聚焦“思想铸魂”“专业强基”“实战练兵”，让干部开阔视野、增长见识、提升能力。加强干部选拔任用监督。在落实“凡提四必”的前提下，坚持凡提必看干部实绩考核、凡提必通过领导干部应知应会考试，全面实行干部选拔任用工作全程纪实，坚决防止干部“带病提拔”。目前，将有担当作为的30余名干部纳入优秀干部信息库，作为今后评优评先和选拔任用依据。

——驰而不息推动作风建设。立足琼结实际，因地制宜建章立制，制订方案、细化工作任务，层层压实责任。坚持以上率下，发挥好“头雁”作用。县委、县政府主要领导带头践行“一线工作法”，在特殊时期、重点时段深入基层督导调研疫情、维稳各项工作，用心用情研究解决具体问题。转变作风、狠抓落实，建立针对全县广大干部职工特别是领导干部的“红黑名单”制度，激励干部担当作为，为干事创业者撑腰鼓劲，让敷衍塞责者红脸出汗。截至目前，共有8名党员干部被列入“红黑名单”，其中“红名单”3名，“黑名单”5名。

今年是极不寻常的一年，面对重重挑战，我们审时度势、积极作为，各项事业取得了阶段性胜利。这些成绩的取得，根本在于以习近平同志为核心的党中央坚强领导，根本在于习近平同志党中央的核心、全党的核心地位的领航掌舵，根本在于习近平新时代中国特色社会主义思想和习近平总书记关于西藏工作重要指示及新时代党的治藏方略的科学指引，也离不开市委的坚强领导，离不开湖北省襄阳市人民的大力支持，离不开全县党员干部和各族群众的奋力拼搏，离不开各位委员和社会各界的鼎力支持。在此，我代表县委常委会，向同志们表示衷心的感谢！

请同志们对常委会的工作提出意见建议。

琼结县人大常委会工作报告

——2023年2月15日在琼结县第十四届人民代表大会第四次会议上

琼结县人大常委会主任　蒋芝辉

各位代表：

我受县人大常委会委托，现向大会报告工作，请予审议。

2022年工作回顾

一年来，县人大常委会在县委的坚强领导和市人大常委会的精心指导下，以习近平新时代中国特色社会主义思想为指导，深入学习贯彻党的十九大及十九届历次全会和党的二十大及二十届一中全会精神，全面学习贯彻中央和区党委、市委、县委人大工作会议精神，坚持党的领导、人民当家做主、依法治国有机统一，依法履行法定职权，共召开党组会议7次，理论中心组学习会11次，常委会会议6次，主任会议12次，听取审议“一府一委两院”专项工作报告25个，组织开展专项审查4次、专项检查6次、执法检查5次、专题调研6次、代表视察6次，履职评议8人次，满意度测评11项，专题询问1次，重大事项决定6项，依法任免干部18人次，补选县十四届人民代表大会代表4人，圆满完成县十四届人大三次会议确定的各项目标任务，为琼结县长治久安和高质量发展、民主法治建设贡献了人大力量。

一、坚持党的领导，在永葆政治本色上提升新境界，彰显政治机关的绝对忠诚

牢牢把握政治机关的定位，始终强化政治理论武装，筑牢政治忠诚，把坚持党的全面领导贯穿人大工作全过程、各方面。

一是筑牢政治忠诚。常委会旗帜鲜明讲政治，坚持以党的政治建设为统领，把学习党的政治理论作为党组会议“第一议题”、理论学习中心组会议“第一议程”、干部学习“第一主题”，深入学习贯彻党的十九大及十九届历次全会和党的二十大及二十届一中全会精神，以习近平新时代中国特色社会主义思想凝心铸魂，全力推动习近平法治思想、习近平总书记关于坚持和完善人民代表大会制度的重要思想、关于西藏工作的重要指示和新时代党的治藏方略，以及党中央和区党委、市委、县委人大工作会议精神走心、走深、走实，在常学常新中筑牢做好新时代人大工作的思想根基，不断提高政治判断力、政治领悟力、政治执行力，在政治立场、政治方向、政治原则、政治道路上同以习近平同志为核心的党中央保持高度一致，把坚持人民至上、紧紧依靠人民、不断造福人民、牢牢植根人民的要求贯彻到依法履职行权的全过程、各方面，以实际行动和工作成效捍卫“两个确立”，以及增强“四个意识”，坚定“四个自信”，做到“两个维护”。

二是坚持县委全面领导。把坚持党对人大工作的全面领导作为最高政治原则和根本政治规矩，自觉把人大工作融入县委工作大局，把县委的决策主张作为确定人大工作目标、讨论决定重

大事项的政治依据、行动方向和指导原则，人大工作中的重要事项、重要会议、重要活动、重要情况和拟通过的重要事项、拟作出决议决定等及时主动向县委请示报告37次，遵照县委指示批示要求，按照人大法定程序推进工作，确保人大工作正确政治方向，确保县委决策部署、主张意图在人大工作中全面体现。

三是落实县委工作部署。常委会立足中心、服务大局，自觉听从县委工作安排，扎实做好维稳带班值班备勤、蹲点督导，妥善处理群众来信来访，大力开展法治宣传教育，积极参与乡村振兴、人居环境整治工作，切实做好强基惠民驻村、脱贫群众结对帮扶、大学生就业扶持等工作，推动全县大局工作有力有效开展。

二、服务中心大局，在依法履职上书写新答卷，彰显权力机关的使命担当

牢牢把握权力机关的定位，始终聚焦党委决策部署，围绕全县中心大局，严格依照法定权限，落实法定程序，行使法定职权，提升人大工作质效。

一是助力民族团结进步。听取审议县政府关于办理落实2021年民族团结进步创建工作情况报告的审议意见的情况报告，并进行满意度测评。开展《国家通用语言文字法》《西藏自治区民族团结进步模范区创建条例》执法检查，形成相应报告，提出审议意见，交县政府及相关部门研究办理。开展“民族团结进步雅砻行”“民族团结从我做起”和铸牢中华民族共同体意识教育实践活动，把“民族团结进步岗”作为人大代表设岗定责必选岗位，要求每名代表每年至少做一件实事。

二是助力经济高质量发展。听取县政府关于办理落实2021年行政事业性单位国有资产管理情况报告的审议意见的情况报告，并进行满意度测评。开展重点项目开复工及安全生产、春耕备耕情况专项检查。开展村（社区）财经财务管理专项检查和审计查出问题整改情况、自然资源资产管理情况专题调研，听取审议国有自然资源资产管理情况报告、计划执行情况报告、预算执行情况报告、预算调整方案的报告、2021年财政决算报告、审计查出问题整改情况的报告，提出审议意见或作出决定，交县政府及相关部门研究办理。

三是助力生态文明建设。听取县政府关于办理落实2020年环境质量状况和环境保护目标完成情况报告的审议意见的情况报告，并进行满意度测评。配合全国人大常委会副委员长张春贤一行执法检查组莅临强吉村开展环境保护法执法检查。开展森林法、西藏自治区国家生态文明高地建设条例执法检查，开展森林法暨林长制工作专题调研，开展“雅砻环保行”活动，听取审议县政府关于2021年环境质量状况和环境保护目标完成情况的报告，提出审议意见，交县政府及相关部门研究办理。

四是助力增进民生福祉。听取县政府关于办理落实2021年巩固拓展脱贫攻坚成果同乡村振兴有效衔接工作情况报告的审议意见的情况报告，并进行满意度测评。开展卫生事业发展情况、巩固拓展脱贫攻坚成果同乡村振兴有效衔接、最低生活保障专题调研。配合自治区人大常委会开展国家安全法执法检查和大学生就业创业专题调研。对9件人大代表票决的民生实事项目实施情况进行了代表视察。对《食品安全法》《残疾人保障法》《未成年人保护“一法一办法”》进行执法检查。听取审议县政府关于卫生事业发展情况、巩固拓展脱贫攻坚成果同乡村振兴有效衔接工作情况的报告，并进行专题询问，提出审议意见，交县政府及相关部门研究办理。

五是助力提升治理效能。推动普法宣传教育。听取审议了县政府“七五”普法总结暨“八五”普法规划及实施情况的报告，作出在全县开展第八个五年普法宣传教育的决议；利用人大干部、人大代表培训之机和重大节点，大力开展《宪法》《组织法》《监督法》《代表法》《选举

法》等法律法规宣传，并将执法检查的过程变为宣传法律法规的过程。推动宪法法律正确实施。弘扬宪法精神，树立宪法权威，开展宪法宣誓4场次。对《食品安全法》《森林法》《国家通用语言文字法》《西藏自治区国家生态文明高地建设条例》《民族团结进步创建条例》5部法律法规开展执法检查，积极协助参与市人大立法项目调研，配合市人大开展《国旗法》《国歌法》《国徽法》《残疾人保障“一法一条例”》《文物保护“一法一办法”》《山南市文明行为促进条例》执法检查。推动法治政府建设。听取县政府关于办理落实2021年法治政府建设情况报告审议意见的情况报告，并进行满意度测评。开展法治政府建设专题调研，听取审议法治政府建设工作情况报告，提出审议意见交县人民政府及相关部门研究办理。推动公正司法。听取县人民法院关于办理落实2021年民事审判工作情况报告审议意见的情况报告、县人民检察院关于办理落实2021年适用认罪认罚从宽制度工作情况报告的审议意见的情况报告，听取审议法院民商事审判工作情况的报告和检察院关于公益诉讼工作开展情况的报告，提出审议意见，交法检“两院”研究办理。

六是助力强化组织保障。坚持党管干部与人大依法任免干部有机统一，坚持和完善拟任命人员提请及情况介绍、任前法律知识考试、拟任职表态发言、审议表决、颁发任命书和公开向宪法宣誓等制度和程序，认真贯彻县委人事任免意图，通过法定程序使县委推荐的人选成为国家机关工作人员。一年来，县人大常委会共依法任命干部12名、免职6名。强化任后监督，对“一府一委两院”8名被任命干部进行履职评议和满意度测评，提出评议意见并抓好整改落实。

三、聚焦人民民主，在凝心聚力上取得新成效，彰显代表机关的为民本色

牢牢把握代表机关的定位，始终践行发展全过程人民民主，深化民主民意表达渠道，保障代表依法行使职权，切实发挥代表作用，广泛凝聚推动琼结县建设发展的智慧力量。

一是有序扩大民主参与。拓宽代表和群众知情知政渠道，利用融媒体等各类平台，及时公开人大工作计划、工作进展情况，既让人大代表、人民群众知情知政，又调动他们参政议政的积极性、主动性。深化“双联系”制度，人大常委会组成人员将人大工作重要情况及时通报联系代表，听取代表对人大工作的意见，人大代表又及时将人大工作有关情况通报选民，收集反映选民的意见建议。邀请代表参加常委会组织的立法调研、专题调研、代表视察、执法检查等活动130余人次，邀请代表列席常委会会议24人次，邀请人民群众旁听常委会会议24人次，使人大工作的各环节都能听到人民群众的声音，使人大每项监督工作都紧扣百姓关切、映射人民主体观念。

二是提档升级代表履职平台。严格落实市人大常委会44号文件精神，按照“九有三备九制度”要求，提档升级1个县级“人大代表之家（联络站）”、4个乡（镇）级“人大代表之家（联络站）”和20个村（社区）级“人大代表联络站”，为代表开展学习培训、联系接待选民、掌握社情民意、履职交流活动等搭建了良好平台。

三是常态化开展代表活动。认真开展人大常委会组成人员联系代表、代表联系选民“双联系”活动。深入开展以“每月5日的学习培训日、每月10日的联系选民日、每月20日的代表议事日”和“3月集中研讨周、6月建议督办周、9月视察检查周、11月调研献策周”以及组织代表“学好一部法律、开展一次走访、化解一个矛盾、解决一个问题、宣讲一次政策、办好一件实事、提出一条建议”为主要内容的“三日四周八个一”活动。扎实开展从“民族团结岗、综合治理岗、乡村振兴岗、文明新风岗、为民纾困岗、生态文明岗、环境治理岗、稳边兴边岗”中认领

3—5 个岗位，按照岗位职责开展活动，以及走访“离任代表、困难户、上访户、和谐稳定带头人、发家致富者”和“与选民、困难户、上访户结对子”为主要内容的“八岗五访三结对”活动。积极开展以“读一本民族团结的好书、唱一首民族团结的歌、看一部民族团结为内容的电影、讲一个民族团结的故事、写一篇民族团结进步的文章、办一件民族团结进步的实事”为主要内容的铸牢中华民族共同体意识教育实践活动和学习使用国家通用语言文字、“民族团结进步从我做起”活动。响应市人大常委会倡议，发动代表积极参与新冠疫情防控和“人大制度宣传月”系列活动。既较好地发挥了代表闭会期间的作用，又凝聚了推动琼结县建设发展的智慧和力量。

四是抓牢代表意见建议办理。把代表意见建议“内容高质量”和“办理高质量”作为解决事关全县经济社会发展和人民群众普遍关心的热点难点问题的重要渠道，及时召开交办会、督办会，通过采取实地查看、听取汇报、召开座谈交流会等形式，详细了解代表建议办理情况，抓好跟踪落实，推动办理工作从“答复型”向“落实型”转变，县十四届人大三次会议代表意见建议立案 14 件，11 件已办理完毕，近三年内能够基本解决的有 2 件。

五是服务保障代表依法履职。落实年度培训和学习考察计划，精心组织开展 2 次共 215 人次的代表培训，组织部分代表前往日喀则、桑日、隆子、措美、乃东、加查等地学习考察，与来我县学习考察的区内外代表座谈等，有效提高了代表的履职能力。及时兑现代表履职补助和参加人代会、常委会等会议和活动的误工补贴等，有效激发了代表的履职热情。

四、注重固本强基，在自身建设上展现新形象，彰显工作机关的务实高效

牢牢把握工作机关的定位，始终大力加强自身建设，保持政治上的清醒与坚定，不断锤炼严而实的作风，提升做好新形势下人大工作能力水平。

一是强化思想政治建设。健全学习机制，强化理论武装，把学习贯彻习近平新时代中国特色社会主义思想作为首要政治任务，突出党的思想政治建设引领作用，以理论上的清醒确保政治上的坚定。贯彻落实新时代党的建设总要求，及时总结和安排部署党建、党风廉政建设和意识形态工作，强化全面从严治党主体责任、第一责任人责任和“一岗双责”，推动全面从严治党向纵深发展，严明政治纪律和政治规矩特别是反分裂斗争纪律，每名干部职工签订不信仰宗教承诺书，确保了在大是大非问题上始终做到旗帜鲜明、立场坚定、行动坚决。

二是强化纪律作风建设。按照班子成员分工，层层签订党风廉政责任书，坚持从严控制管理“三公”经费支出、坚持个人重大事项报告制度、坚持带头开展述责述廉、坚持强化县人大机关党费收缴管理。严肃民主生活会、组织生活会，认真查找、切实整改存在的问题不足，每名干部职工签订不酒驾承诺书，并扎实开展改进作风狠抓落实工作，组织开展“作风怎么看、工作怎么干”大讨论活动 4 场次，聚焦“四查四问”“八个落实”“六个表率”查摆问题 33 个，制定整改措施 45 条，所有问题现均已整改完成。

三是强化工作能力建设。从走在前列的要求出发，持续开展以“查看思想认识差距，增强人大制度自信的坚定性；查看职能实施差距，增强依法履职尽责的有效性；查看代表工作差距，增强闭会期间活动的主动性；查看制度规范差距，增强纪律规矩执行的约束性；查看能力素质差距，增强激励奖惩机制的真实性”为主题的“五查五增、质效提升”活动。认真开展“走在前列谱新篇、人大奋力做贡献”大讨论大实践活动，着力打造政治坚定、服务人民、尊崇法治、发扬民主、勤勉尽责的人大干部队伍。在“琼结人大”微信公众平台开设“书香人大、读书学法”专栏。每次主任会议、常委会会议都把学习法律

法规作为“第一课题”，进一步提升了人大干部依法履职能力水平。

各位代表，一年来，县人大常委会各项工作成绩的取得，根本在于习近平新时代中国特色社会主义思想的科学指引，是市人大常委会精心指导、县委坚强领导的结果，是全县人大代表、常委会组成人员、各专门委员会成员以及机关工作人员履职尽责、扎实工作的结果，是县“一府一委两院”密切配合、大力支持的结果，是广大人民群众和社会各界充分信任、积极参与的结果。在此，我代表县人大常委会，向大家表示衷心的感谢！

回顾一年来的工作，我们清醒地认识到，常委会工作与新时代新任务新要求相比、与人大的法定职责职能相比、与人民群众和各位代表的期望相比，还存在一定的差距，主要是监督方式有待深化，监督的精准性和实效性有待增强；人民群众、人大代表参与人大工作的渠道有待拓宽；人大在发展全过程人民民主中的优势有待进一步放大；人大干部服务中心大局的能力需要进一步提升。对此，我们将自觉接受人民的监督，虚心听取代表和各方面意见建议，在今后的工作中不断加强和改进。

2023 年主要工作安排

2023 年是全面贯彻落实党的二十大精神的开局之年，是全面建设社会主义现代化国家、谱写中国式现代化推进中华民族伟大复兴琼结新篇章的重要一年，人大肩负着神圣使命、重要职责。今年常委会工作总体要求是：高举中国特色社会主义伟大旗帜，坚持以习近平新时代中国特色社会主义思想为指导，深刻领悟“两个确立”的决定性意义，增强“四个意识”，坚定“四个自信”，做到“两个维护”，全面贯彻党的二十大和二十届一中全会精神，深入贯彻习近平法治思想、习近平总书记关于坚持和完善人民代表大会制度的重要思想、关于西藏工作的重要指示和新时代党的治藏方略，按照中央和区党委、市委、县委人大工作会议决策部署、工作要求，坚持党的领导、人民当家做主、依法治国有机统一，聚焦“四件大事”，聚力“四个创建”“四个走在前列”和山南“六个走在全区前列”，围绕全县中心工作大局，严格履行法定职责，依法做好各项工作，全面提升人大工作质量和水平，为全面建设社会主义现代化新琼结提供有力法治保障。

一是进一步坚持党的全面领导，矢志不渝坚定人大制度自信。毫不动摇坚持党的全面领导这一最高政治原则，坚持以党的政治建设为统领，胸怀“两个大局”，心系“国之大者”，坚决拥护“两个确立”，增强“四个意识”，坚定“四个自信”，做到“两个维护”，确保人大各项工作始终在党的领导下推进。持续强化思想理论武装。坚持“第一议题”制度，深入学习贯彻习近平新时代中国特色社会主义思想，全面贯彻习近平法治思想、习近平总书记关于坚持和完善人民代表大会制度的重要思想，以及党的重要会议、文件精神，努力做到学思用贯通、知信行统一，坚定人大制度自信，在思想上政治上行动上同党中央保持高度一致。始终坚持党的全面领导。毫不动摇坚持党的全面领导这一最高政治原则，自觉置身于党委领导下依法行使职权，严格执行请示报告制度，依法行使重大事项决定权，确保党的主张通过法定程序成为全县人民的共同意志，确保党委推荐的人选通过法定程序成为地方国家机关领导人员。坚决落实县委部署要求。全面落实县委十届五次全会部署，坚持做到县委有部署有要求、人大就抓推进抓落实。发挥常委会党组把方向、管大局、保落实的作用，保证县委各项安排部署在人大工作中不折不扣得到全面贯彻落实。

二是进一步在全县大局中谋划推进人大工作，助推社会主义现代化新琼结建设。始终坚持围绕中心、服务大局这一人大工作的根本任务，主动融入、积极作为，服务全局促发展、履职尽责抓落实。围绕推动县委决策部署的贯彻落实，把事关全县改革发展稳定和直接关系人民群众切身利益的重大事项、重大问题适时列入常委会议题，在深入调查和审议的基础上，依法作出决议决定。坚持围绕中心、突出重点、增强实效，综合运用法定监督方式，打好监督“组合拳”，打通监督“最后一公里”。加强对“一府一委两院”的法律监督和工作监督，寓支持于监督之中，紧扣法律规定、县委决策部署，坚持问题导向、目标导向和效果导向，加强对“十四五”规划纲要实施、计划执行、预算执行、预算调整、财政决算、债务管理、县属国有企业资产管理、重大项目建设、粮食安全、农牧民增收、巩固拓展脱贫攻坚成果同乡村振兴有效衔接、生态环境保护、教育事业发展、社会救助、“八五”普法宣传教育等的监督。加强对监委监察工作、法院立案诉讼服务、检察院控诉案件工作情况等的监督。加强对《国防教育法》《统计法》《预算法》《乡村振兴促进法》《民族团结进步模范区创建条例》《国家生态文明高地建设条例》贯彻落实情况等的监督。加强预算联网审查监督。加强对2022年县人大常委会下发的各项报告的审议意见办理落实情况的监督。加强规范性文件备案审查工作，将县乡人大、“一府一委两院”规范性文件全部纳入备案审查范围予以审查。持续开展“雅砻环保行”和“民族团结进步雅砻行”两大品牌活动。扎实做好工作评议、专题询问、满意度测评和干部任后监督。依法做好人事任免工作。积极配合上级人大常委会认真开展立法调研、法律法规修订征集意见、专题调研、执法检查、代表视察等活动。

三是进一步扩大人民有效政治参与，坚定不移践行全过程人民民主。深刻认识和把握坚持党的全面领导这一最高政治原则，发展社会主义民主政治、坚定不移走中国特色社会主义政治发展道路这一根本方向，高举人民民主的旗帜、发展全过程人民民主这一社会主义民主政治的本质要求。贯彻落实宪法法律规定，在民主选举、民主决策、民主协商、民主管理、民主监督等各个环节，落实保障全过程人民民主的各项举措。拓宽民主渠道，打造数字化“智汇民情”系统，搭建线上线下联络平台，不断拓宽民意表达渠道，广泛征求吸纳人大代表、人民群众的意见建议。加强与代表和群众的联系，持续深化“双联系”制度，支持和引导人大代表汇聚民意、反映民情、回应民声。继续组织代表参加常委会组织的立法调研、专题调研、代表视察、执法检查、专项检查、述职评议、工作评议、满意度测评、征集意见建议等活动，邀请代表列席常委会会议，邀请人民群众旁听常委会会议，落实常委会领导同志与列席人大常委会会议的基层代表座谈机制。使人大监督工作从监督议题的确定、监督活动的开展，到监督实效的评价、监督结果的处置，更加符合人民意愿、更好回应社会关切。

四是进一步尊重代表主体地位，一以贯之服务代表依靠代表。毫不动摇坚持和完善人民代表大会制度这一根本政治制度，进一步加深对人民代表大会制度的政治认同、思想认同、情感认同。严格代表履职管理、激发代表履职活力、强化代表履职实效，真正做到顺民心、听民意、集民智，凝聚起建设社会主义现代化新琼结的磅礴力量。提高代表履职能力水平。增强代表建议和票决制民生实事项目办理实效，推进代表意见建议、票决制民生实事项目“高质量提”和“高质量办”，完善其交办、督办、向社会公开制度，切实提高代表建议、票决制民生实事项目办理质量和进度，持续提升人大代表为民代言、为民履职质效。健全代表服务保障机制，拓宽代表知情知政渠道，加强代表培训，保障代表活动必要经费，支持代表依法履职。拓展代表闭会期间活动，充分利用“人大代表之家”（联络站）履职平台，持续深化“三日四周八个一”“八岗五访三结对”、铸牢中华民族共同体意识教育实践、学习使用国家通用语言文字、“民族团结进步从我做起”“五查五增、质效提升”等活动，探索开展“法在我身边”“走在前列谱新篇、人大代表做贡献”“建设宜居宜业和美乡村、人大代表在行动”等活动。健全履职监督机制，推进代表履职档案规范化建设，不断完善代表履职登记，推动代表履职情况逐步向社会公开。完善代表述职制度，组织代表向选举单位或选民述职并进行满意度测评。建立健全代表届中调整和退出机制，严格纪律约束。教育引导人大代表始终站稳政治立场，忠实代表人民利益和意志，依法行使国家权力，做依法办事的模范、履职尽责的表率。

五是进一步对标“四个机关”定位，持之以恒提升人大系统塑造变革能力。对标“四个机关”新定位和新时代人大干部新标准新要求，整体谋划推进政治、思想、组织、作风、纪律、制度建设，努力打造有信念的政治机关、讲民主的权力机关、懂变革的工作机关、有情怀的代表机关。铸魂固本强党建。认真履行全面从严治党主体责任，完善人大常委会党组工作制度与议事规则，严格落实“三重一大”事项决策制度。落实意识形态工作责任制，着力加强机关党组织建设，充分发挥党组织战斗堡垒和党员先锋模范作用。树立担当实干的用人导向，把有干劲、有思路、有办法、有活力的“四有”干部选出来、用起来。持之以恒转作风。扎实推进党风廉政建设和反腐败工作，严格执行中央八项规定及其实施细则精神和区党委实施办法、市委实施意见，深入整治各种不良风气，提振干部队伍的精气神。大力弘扬“脚上有土、心中有谱”的务实作风，积极践行“一线工作法”，谋实事、出实招、求实效，确保“说一件、做一件，做一件、成一件”。提质增效树形象。加强工作统筹协调，坚持和完善人大工作制度，努力构建“各司其职、各负其责，整体协同、高效运转”的工作格局。深化人大工作理论与实践研究，管好用好“琼结人大”微信公众平台等宣传阵地，唱响人大声音、讲好人大故事、展现人大作为。

各位代表，新故相推，日生不滞；行而不辍，未来可期。让我们更加紧密地团结在以习近平同志为核心的党中央周围，高举习近平新时代中国特色社会主义思想伟大旗帜，在县委的坚强领导下，自信自强、守正创新，踔厉奋发、勇毅前行，不负韶华、只争朝夕，不断开创新时代人大工作新局面，为推进社会主义现代化新琼结建设而团结奋斗！

政府工作报告

——2023 年 2 月 15 日在琼结县第十四届人民代表大会第四次会议上

琼结县人民政府县长 秦梅鸯宗

各位代表：

现在，我代表县人民政府向大会报告工作，请予审议，并请各位政协委员和列席的同志提出意见。

2022 年工作回顾

2022 年是党的二十大胜利召开之年，是实施“十四五”规划、全面建设社会主义现代化国家的重要之年，也是琼结县发展进程中极具挑战、极不平凡的一年。一年来，我们坚持以习近平新时代中国特色社会主义思想为指导，在市委、市政府和县委的坚强领导下，在人大、政协监督支持下，全面落实“疫情要防住、经济要稳住、发展要安全”重要要求，聚焦“四件大事”“四个确保”，聚力“四个创建”“四个走在前列”和“六个走在全区前列”，深入实施“四四战略”“六大攻坚战”，高效统筹疫情防控和经济社会发展，和全县各族干部群众一道攻坚克难，扎实工作，在严峻形势的考验下稳中求进，各项事业稳中向好。

一年来，全县工作亮点纷呈、成绩斐然。全面铸牢中华民族共同体意识，扎实推动民族团结进步事业高质量发展，成功创建第十批全国民族团结进步示范县；全面推进乡村振兴，加快农业农村现代化，在全区 74 个县中率先入选第一批国家乡村振兴示范县创建名单；坚持绿水青山就是金山银山理念，加快推进生态文明建设，成功创建第六批国家生态文明建设示范县。

——经济基础更加坚实。完成地区生产总值 67843 万元，增长 1.7%。农村居民人均可支配收入达到 19811 元，增长 7.7%。固定资产投资完成 30441 万元，增长 35.1%，增速位居 12 县（区）前列，其中招商引资完成 6015 万元，同比增长 216%。全面落实稳经济一揽子政策措施，制定 8 条补充性措施，安排落实政策性惠民资金 1382 万元，减免 101 万元，退、减、缓、免税费 2710 万元，推动政策红利直达市场主体、困难群体和消费末端。市场主体同比增长 10.2%。

——发展势头更加强劲。粮食产量稳中有增，达到 1.145 万吨。蔬菜产量 8264 吨，其中“菜篮子”二期工程投产，年产量 2154 吨。国营牧场改制顺利完成，高山畜牧产业项目扎实推进，肉、奶产量分别达到 870 吨、1294 吨。110 千伏输变电工程开工建设。全区首个整县屋顶分布式光伏项目加快实施。全区首个电梯生产制造项目通达电梯建成。雅拉香布天然饮用水实现产值 9258 万元，丰华能源、萨喜钦布手工藏毯等企业有序发展。新增社会消费品零售总额限额以上企业 1 家。绿色产业园、江北产业园、农产品加工产业园“三园齐驱”格局初步形成。

——城乡建设更加宜居。持续巩固脱贫攻坚成果同乡村振兴有效衔接，顺利完成国家综合考核评估。动态监测预警、稳岗就业增收、搬迁后续扶持等措施全面落实，坚决守住不发生规模性返贫的底线。脱贫人口、易地扶贫搬迁群众人均纯收入分别达16465元、15260元，分别增长16.3%、20%。实施涉农资金统筹整合项目14个、总投资1.58亿元。树立农牧民新风貌行动扎实推进，谋划实施5大类20个项目，打造了“文化银行”“绿色银行”等特色亮点。农村人居环境持续提升，人畜分离加快推进，农村户用卫生厕所普及率达95%，250户家庭创建为“美丽庭院”示范户。村组主要道路硬化率100%。农村饮水安全成效持续巩固提升。加麻村入选第六批中国传统村落名录。

——民生福祉更加殷实。确保惠民政策应享尽享，资金应兑尽兑。保障重点群体就业平稳，农牧民转移就业6506人、创收6502万元，应届高校毕业生就业率达到98.7%。聚焦群众“急难愁盼”，本级投入资金900余万元实施民生实事项目19个。大力实施教育教学质量提升三年行动，5个100%成果持续巩固拓展，学前教育普及普惠工作走在全市前列。医疗服务水平持续提升，公共卫生管委会实现村（社区）全覆盖。开展各类文化惠民活动305场次，创作文艺作品16个，挖掘非物质文化遗产项目19项，久河卓舞传承人荣获中国非物质文化遗产年度人物称号。社会保障覆盖面不断扩大，全民参保率保持在97.5%以上。

——生态环境更加优良。完成“三区三线”划定。河湖长制深入落实。林长制全面推行，历年森林督察整改任务圆满完成，中央环保督察和其他各类检查反馈问题扎实整改。国土绿化持续推进，完成植树造林952.7亩、城乡道路绿化110千米，全县林草覆盖率达93.3%。空气质量优良率、饮用水水源地和主要江河湖泊水质达标率均达到100%。

——社会大局更加稳定。平安建设成果持续巩固提升，各项综合性维稳措施全面落实，为党的二十大胜利召开，营造了和谐稳定的社会环境。坚持和发展新时代“枫桥经验”，建立“吹哨报到”机制，基层治理网格化信息管理平台县乡村全覆盖。宗教界“三个意识”教育全面开展。信访积案化解、双拖欠治理专项行动取得成效，信访案件同比下降88%。安全生产保持零事故、零死亡。

——防疫成果更加巩固。面对突发新冠疫情，始终坚持人民至上、生命至上，精准防控、科学应对、高效处置，广大干部群众特别是医务人员、公安干警、志愿者、网格员，不畏艰辛、勇毅坚守，众志成城打赢了疫情防控阻击战。疫情防控进入新阶段后，迅速将工作重心转向“保健康、防重症”，全力筹备医疗救治资源，保障药品供应，加快提升老年人新冠病毒疫苗接种率，实现由防到治的平稳转换，最大限度保护了人民生命安全和身体健康，最大限度减少了疫情对经济社会发展的影响。

——自身建设更加严实。始终把政治建设摆在首位，以“学习二十大，政府‘是什么、干什么、怎么干’”学习实践活动为抓手，深入学习宣传贯彻党的二十大精神。强化法治政府建设，主动接受人大法律监督、政协民主监督、审计监督和社会监督，人大代表建议、政协委员提案办复率100%。“放管服”持续深化，政务服务事项网上可办率达100%，政府服务效能不断提升。落实全面从严治党主体责任，强化审计监督结果运用。坚持不懈改进作风，践行“六个表率”“八个必须”，重实干、抓落实的氛围更加浓厚。

各位代表！回顾过去一年，成绩来之不易，根本在于习近平总书记把舵领航和党中央国务院亲切关怀，根本在于习近平新时代中国特色社会主义思想科学指引，离不开区市党委、政府和县委的坚强领导，离不开全县人民的团结奋斗和湖北省襄阳市人民的无私援助。在此，我代表县人民政府，向各位人大代表、政协委员和全县各族人民，向关心支持琼结县发展的援藏省市和社会各界人士，致以崇高敬意和衷心感谢！

安不忘危，兴不忘忧。我们也清醒地认识到，按照现代化建设的新要求，县域经济社会发展还存在一些矛盾和问题，主要有：重大项目支撑不足，产业层次和创新能力有待提升；城乡统筹发展还需加强，乡村振兴、乡村治理任重道远；民生领域还存在不少短板，群众还有不少“急难愁盼”问题亟待解决，政府系统作风能力建设需要进一步深化。对此，我们将坚持系统思维，突出问题导向，全力破解前进道路上的难题和挑战。

2023年重点工作

2023年是全面贯彻落实党的二十大精神的开局之年，也是实施“十四五”规划承上启下的关键一年。做好今年工作，要坚持以习近平新时代中国特色社会主义思想为指导，全面贯彻党的二十大精神，深入贯彻习近平总书记关于西藏工作的重要指示和新时代党的治藏方略，在县委坚强领导下，坚持稳中求进工作总基调，完整、准确、全面贯彻新发展理念，服务和融入新发展格局，着力推动高质量发展，聚焦“四件大事”，聚力“四个创建”，围绕“六个走在全区前列”，更好统筹新冠疫情防控和经济社会发展，更好统筹发展和安全，全面深化改革开放，大力提振市场信心，突出做好稳增长、稳就业、稳物价工作，有效防范化解重大风险，促进经济稳中向好、好中求快，保持社会大局稳定，为全面建设社会主义现代化新琼结打下坚实基础。

今年工作的主要预期目标是：地区生产总值增长8%以上，固定资产投资增长13%以上，农村居民人均可支配收入增长12%以上，社会消费品零售总额增长10%以上，城镇调查失业率控制在5.5%以内，能耗、碳排放强度和污染减排指标控制在核定范围内。

围绕上述目标，我们将做好以下重点工作：

（一）强化“三个支撑”，推动经济稳步发展

强化投资支撑。深入开展“狠抓投资落实年”活动，强力推动项目建设。完善领导包保抓项目机制，实行“五个一”工作法和目标落地“五步法”，扎实做好项目前期工作，加强项目全周期服务和全要素保障。加快实施“十四五”规划项目，重点做好年度计划实施的55个项目。抓住“十四五”中期评估调整机遇，聚焦交通、水利、能源、城镇建设、乡村振兴、文化旅游等重点领域，加大衔接跑办力度，争取一批补短板、强功能、利长远、惠民生的项目落地琼结，力争将G560泽当至琼结段改造升级项目列入“十四五”中期调整。

强化消费支撑。充分发挥消费的基础作用，把恢复和扩大消费摆在优先位置。实施扩大消费专项行动，提高消费能力，改善消费条件，增加消费场景，提振市场信心。繁荣发展商贸经济，完善县域商业体系，加快推进标准化冷链物流项目和商贸服务中心建设，建立县级供销合作社，新增入统限额以上企业1家以上。打出促进线上线下消费融合发展“组合拳”，发放消费券，举办消费节、农特产品展销会，开辟“假日经济”“夜间经济”等新热点，通过多种方式把消费留在琼结县，实现消费回暖、供需两旺。

强化产业支撑。坚持把做大做强特色产业作为推动高质量发展的重要支撑，持续优化一产、壮大二产、提升三产，加速提质增效转型升级。全力推动华能“光伏+液氧液氮”项目、生命之水二期项目落地实施。加快推动通达电梯投产运营。完成整县屋顶分布式光伏项目建设。支持萨喜钦布藏毯、达娃卓玛服饰做大做强。积极推动天然饮用水、菜篮子高原果蔬等特色产品走向更广阔市场。持续推进东嘎、强吉景区市场化运营，加快琼结宗宫堡酒店项目建设，加强智慧景区和景区标准化建设，力争完成藏王墓大景区国家4A级旅游景区创建和强吉、东嘎3A级旅游景

区创建，力争全年旅游接待人次和收入分别增长30%、25%以上。

各位代表！产业是经济发展的命脉，项目是经济发展的支撑，消费是经济增长的持久动力。我们将着力扩投资、促消费、强产业，推动经济实现质的有效提升和量的合理增长。

（二）紧盯“三个促进”，全面推进乡村振兴

促进农业高质高效。坚持“稳粮、兴牧、强特色”，全力稳住农牧业基本盘。全面落实粮食安全党政同责，严守耕地底线红线，加快高标准农田建设进度，加大优势良种推广力度，大力实施粮食产能提升行动，确保粮食种植面积和产量分别稳定在1.9万亩、1.2万吨以上。大力发展现代设施农业，加快实施“菜篮子”基地产业提升和一期工程大棚改造升级项目，打造现代农业产业示范园区。因地制宜推动高山畜牧业提档升级，探索发展农畜产品深加工，试点发展蜜蜂养殖产业。积极推进“三品一标”认证，拓展线上线下营销渠道，走特色化、品牌化、标准化、高端化发展路子。规范发展农牧民专业合作社。

促进乡村宜居宜业。启动新一轮村庄规划编制。瞄准“农村基本具备现代生活条件”目标，扎实有序推动乡村建设，认真实施6个乡村振兴产业发展项目和4个美丽宜居村庄建设项目，不断提高乡村基础设施完备度、公共服务便利度、人居环境舒适度。深入推进农牧区人居环境整治和树立农牧民新风貌行动，加快人畜分离、生活污水垃圾治理、村容村貌提升，积极开展美丽村庄和美丽庭院示范创建，确保农村户用卫生厕所普及率达到100%。分类引导小城镇发展，培育壮大新型农村集体经济，盘活农牧区资源资产，围绕特色优质资源因地制宜有序有效发展乡村产业，提升强钦青稞酒、高山牦牛肉、平若糌粑、巴扎益酸奶、藏家民宿等乡村特色产业品质效益。

促进农民富裕富足。坚持把促进农牧民增收作为“三农”工作的中心任务，落实好各项强农惠农富农政策，千方百计拓宽农牧民增收致富渠道，确保农牧民转移就业6400人以上、创收7000万元以上。扎实做好常态化监测和及时帮扶工作，坚决守住不发生规模性返贫底线。增强发展内生动力，以就业促增收，深入开展精准化培训、组织化转移，提升农牧民群众就业竞争力，进一步增加工资性收入；以产业促增收，向农产品要收入，向产业链要收入，向降成本要收入，进一步拓宽经营性收入；以改革促增收，通过盘活闲置资源，土地流转，采取资本联营等方式进一步提高财产性收入。充分发挥乡贤能人的示范引领作用，激发广大农牧民群众参与乡村振兴的积极性。

各位代表！乡村振兴是实现共同富裕的必经之路。我们将紧紧抓住创建国家乡村振兴示范县重大机遇，全力打造乡村振兴典型样板，努力实现农业强、农村美、农民富。

（三）加强“三个保障”，提升人民幸福指数

加强教育教学保障。坚持教育优先发展，保持教育经费投入“两个只增不减”。坚持质量立教，深入实施教育教学质量提升三年行动，优化教育资源配置，科学调整学校布局，办好学前教育，优质均衡发展义务教育，持续巩固“五个100%”成果。加强国家通用语言文字教育教学，推进“五项管理”和“双减”工作。持续改善办学条件，加快实施高海拔学校供暖全覆盖项目。推进教育数字化，加快“互联网+教育”示范校创建。加强师德师风建设，完善教师队伍管理体制、考核评价机制，培养高素质教师队伍。

加强医疗卫生保障。推进健康琼结县建设，加快实施县域医共体信息化建设、疾控中心能力提升等项目，持续改善乡村医疗服务条件。深化医药卫生体制改革，构建县、乡、村三级一体化管理模式，着力推动优质医疗资源扩容下沉。加强疾病预防体系建设，持续抓好新冠疫情防控工

作，严格落实“乙类乙管”要求，抓好常见病、地方病、慢性病综合防治。加快医保信息化建设，建立村卫生室门诊即时结算系统，推动实现医保24小时“不打烊”自助服务。广泛开展爱国卫生运动和全民健身行动。倡导低盐饮食。

加强社会兜底保障。保持城乡居民基本养老、基本医疗、失业、工伤等保险全覆盖，全民参保率保持在98%以上。做好“一老一小”、特殊群众关爱、社会救助等工作，保障残疾人、妇女儿童合法权益，健全完善退役军人服务保障体系。深入实施中长期青年发展规划。加强住房供给保障，新建公租房和周转房156套。加强基本养老服务设施建设，丰富养老服务供给，加大老年人日间照料服务。强化民生兜底保障和困难群众救助，做到应保尽保，应助尽助。

各位代表！为民造福是立党为公、执政为民的本质要求。我们将坚持在发展中保障和改善民生，努力让发展成果更多更公平惠及全县人民。

（四）抓好“三个持续”，不断增进人民福祉

持续搞好就业创业服务。落实落细就业优先政策，坚持政府、市场、援藏“三向发力”，提供全方位就业服务，持续实施岗位开发、就业创业指导、职业介绍、招聘活动等专项行动，推动就业向市场转移、向产业靠拢、向企业倾斜、向区外延伸，确保应届高校毕业生就业率达到95%以上、区外就业率保持在10%以上。大力加强就业技能培训，合理安排培训计划，不断提升培训质量，完成农牧民技能培训750人以上。激励全民创业，鼓励引导各类人才返乡创业。做好城镇困难人员、残疾人、退役军人等重点群体就业援助，实现未就业家庭动态清零。

持续抓好公共文化建设。坚持文化惠民，实施公共文化服务薄弱乡村提升行动，持续提升公共文化服务水平。举办文化培训班2次以上、开展文艺下乡活动60场以上，新创优秀文艺作品12部以上。加强文物和文化遗产系统性保护利用，让文物“活”起来，实施好坚叶寺壁画修复、平若庄园维修保护工程；做好非物质文化遗产挖掘、保护、传承、利用、传播，建设好非物质文化遗产传习展示馆；培育文化产业，繁荣文化市场，开发有“琼结标识”的系列文创产品，提升文化传播力影响力。积极开展文化产业赋能乡村振兴试点创建工作。

持续办好重点民生实事。不折不扣落实好上级民生实事政策。持续开展访民情、察民意、解民忧、聚民心大走访大调研活动，坚持问政于民、问需于民、问计于民，聚焦“群众急难愁盼”，着力解决出行难、灌溉难等问题，在基础设施提升、老化电路维修改造、公共服务设施、防灾减灾建设等方面补短板、强弱项，不断提升人民群众获得感。自觉接受人大监督，开展好民生实事代表票决制工作。坚持尽力而为、量力而行，围绕重点继续精心谋划实施一批民生实事项目，切实为群众排忧解难。

各位代表！民生无小事，枝叶总关情。我们将把党的关怀送到千家万户，用心用情把好事办好、实事办实。

（五）做到“三个主动”，深入推进改革创新

主动靠前服务。加快优化营商环境，深化“放管服”改革，推进政务服务标准化规范化便利化建设，积极推广“一窗受理”服务，设置“办不成事”窗口，全面梳理县、乡、村三级标准化事项清单，减少审批事项、缩短审批时限、优化审批流程、改善审批服务。不折不扣落实稳经济政策措施，保护民营企业家合法权益，优化民营经济发展环境，促进民营经济发展壮大。建立领导干部、行业部门联系服务企业制度。严格落实助企纾困政策，力争市场主体增长7%以上。

主动改革创新。深化财政预算改革，完善预算绩效管理，做好“三保”工作。做强做优做大国有资本和国有企业，支持县属国有企业不断提升管理运营水平，参与特色优势产业发展，依托

主业做大实体经济。建立完善园区体制机制和考核评价体系，强化考核结果运用，激励入园企业争先进位，园区提档升级。持续深化农村承包地、宅基地“三权分置”改革，完成草原确权以及农村宅基地“房地一体”颁证工作。深入开展科技体制机制改革三年攻坚行动，推动科技同经济深度融合，力争在智慧农牧业发展上取得新进展。

主动开放合作。积极融入拉萨山南一体化发展和全区“一核一圈两带三区”新格局，积极承接产业转移，拓展发展空间。大力实施“招商引资百日攻坚行动”，建立“党政主抓、四大班子齐抓”招商机制，加大项目招商、产业招商、援藏招商、专班招商、代理招商、园区招商等工作力度，不断提高项目的履约率、落地率和资金到位率，力争完成招商引资到位资金1亿元以上。拓展智力援藏、产业援藏、就业援藏、民生援藏，深化教育卫生组团式援藏，持续开展好村（社区）群众赴湖北省襄阳市“走亲戚”活动。

各位代表！改革创新是高质量发展的动力源泉。我们将坚持创新发展，深化改革，扩大开放，交流合作，着力激发经济发展新活力。

（六）坚守“三条底线”，营造良好发展环境

坚守生态环境底线。巩固国家生态文明建设示范县创建成果。实行最严格的水资源管理制度、生态环境保护制度。高质量推进国土空间规划编审。深化河长制、林长制，推行田长制。深入开展国土绿化行动，加快推进草原生态修复治理和重点区域造林项目。加快补齐生态环保基础设施短板，提升垃圾转运处理能力，谋划城乡污水处理等环保项目。加强固体废物特别是医疗废物处置。抓好中央生态环保督察反馈问题整改，做好自治区生态环保督察迎检工作。

坚守安全生产底线。巩固“零事故、零死亡”成果。大力推进应急管理体系和能力现代化建设，推动公共安全治理模式向事前预防转型，持续开展安全生产隐患排查治理、各类灾害风险隐患整治，落实落细安全生产“十五条硬措施”，提高防灾减灾救灾和重大突发公共事件处置保障能力水平。加强食品药品监管，压紧压实食品安全属地管理和企业主体两个责任，全力保障人民群众“舌尖上的安全”。

坚守和谐稳定底线。巩固全国民族团结进步示范县创建成果。以铸牢中华民族共同体意识为主线，深化“民族团结一家亲”活动，促进各民族交往交流交融。依法管理宗教事务，认真落实“五个有利于”要求，持续深入开展“三个意识”教育，完善寺庙长效管理机制。深化平安建设，常态化推进扫黑除恶，严密防范和依法坚决打击各类渗透分裂破坏活动。推进社会治理现代化，提升网格化管理服务水平。扎实开展信访问题源头治理三年攻坚行动，加强矛盾纠纷排查化解。

各位代表！环境就是生产力，抓环境就是抓发展。我们将牢固树立和谐发展、安全发展理念，坚持底线思维，着力防范化解各类环境风险，为推动经济社会高质量发展增添靓丽底色。

各位代表！新时代、新形势、新目标、新任务对政府工作提出了更高要求。我们将始终坚持以习近平新时代中国特色社会主义思想武装头脑、指导实践、推动工作，深入开展“学习二十大，‘政府是什么、干什么、怎么干’”学习实践活动，引导政府系统干部坚决拥护“两个确立”，增强“四个意识”，坚定“四个自信”，做到“两个维护”，牢记“三个务必”，不断增强政治判断力、政治领悟力、政治执行力。加强法治政府建设，深入开展“八五”普法，规范行政执法监督，严格落实行政执法“三项制度”，积极创建全国法治政府建设示范县。严格执行民主集中制和“三重一大”决策机制，主动接受人大法律和工作监督、政协民主监督，高质量办好人大建议和政协提案。坚持以人民为中心的发展思想，多谋民生之利，多解民生之忧，让改革发展

成果更多更好更公平地惠及人民群众。突出“四敢”导向，切实改进作风狠抓落实，营造比学赶超、争先进位浓厚氛围，激发全社会干事创业活力，以新担当新作为展现新气象。持之以恒推进全面从严治党，严格履行主体责任和“一岗双责”，严肃党内政治生活，时刻绷紧纪律规矩这根弦，营造风清气正的政治生态，不断实现干部清正、政府清廉、政治清明、社会清朗。

各位代表！大道至简，实干为要。让我们更加紧密地团结在以习近平同志为核心的党中央周围，在县委的坚强领导下，以更加饱满的热情、更加昂扬的斗志、更加务实的作风，自信自强、守正创新，踔厉奋发、勇毅前行，干在先、走在前，为建设团结富裕文明和谐美丽的社会主义现代化新琼结县而努力奋斗！

名词解释

（以文中出现先后为序）

1. “四件大事”：稳定、发展、生态、强边。

2. “四个确保”：确保国家安全和长治久安，确保人民生活水平不断提高，确保生态环境良好，确保边防巩固和边境安全。“四个确保”是新时代党的治藏方略的重要遵循。

3. “四个创建”“四个走在前列”：2021 年 11 月 27 日，西藏自治区第十次党代会上提出，要着力创建全国民族团结进步模范区，努力做到民族团结进步走在全国前列；要着力创建高原经济高质量发展先行区，努力做到高原经济高质量发展走在全国前列；要着力创建国家生态文明高地，努力做到生态文明建设走在全国前列；要着力创建国家固边兴边富民行动示范区，努力做到固边兴边富民行动走在全国前列。

4. “六个走在全区前列”：2021 年 11 月 1 日，山南市第二次党代会上提出，要在筑牢政治忠诚上走在全区前列、在推进社会治理体系和治理能力现代化上走在全区前列、在推动高质量发展上走在全区前列、在提升各族人民生活品质上走在全区前列、在加强生态文明建设上走在全区前列、在强边固防兴边富民上走在全区前列。

5. “四四战略”“六大攻坚战”：2021 年 6 月 26 日，琼结县第十次党代会上提出，以“和有序、富而强、绿成态、治固本”目标为引领，以“藏源文化旅游核心共建区、山南产业发展绿色示范区、山南中心城市功能联动区、山南乡村振兴实施先行区”四区共建为抓手，打好乡村振兴提速发力、产业发展提质增效、文化旅游提档升级、城镇发展提品扩容、社会治理提质遵规、干部作风提能担责“六大攻坚战”。

6. 树立农牧民新风貌行动：坚持“塑形”与“铸魂”并举，通过树文明新风、改陈规陋习、建村规民约、兴优秀文化、美村容村貌，培树农牧民群众健康文明新风。

7. 美丽庭院：美丽庭院是人居环境整治的重要构成部分，具体包括居室美、庭院美、厨厕美、家风美。

8. “三区三线”划定：城镇空间、农业空间、生态空间三个区域，分别对应划定的城镇开发边界、永久基本农田、生态保护红线三条控制线。

9. “枫桥经验”：浙江诸暨枫桥干部群众创造的矛盾纠纷排查调处经验。其内涵是坚持和贯彻党的群众路线，在党的领导下，充分发动群众、组织群众、依靠群众解决群众自己的事情，做到“小事不出村、大事不出镇、矛盾不上交”。

10. “吹哨报到”：2022 年全县集中推进党建引领乡村治理网格化工作模式，执行县、乡、村三级干部包保机制，推行“网格吹哨，干部报到”“村居吹哨，部门报到”的“双报到”机制，将疫情防控、政策宣传、移风易俗、便民服务等工作纳入网格治理体系，及时解决网格内群众急难愁盼问题。

11. “三个意识”：国家意识、公民意识、法治意识。

12. “六个表率”：2021 年 12 月 1 日，十届区党委第一次常委会议上，王君正书记指出，全区党员领导干部要坚持对党绝对忠诚，带头做坚定践行“两个维护”表率；要坚持群众路线，带头做勤政为民的表率；要坚持求真务实，带头做勇于担当的表率；要坚持民主集中制，带头做团结干事的表率；要坚持怀德自重，带头做清正廉洁的表率；要坚持从严治党，带头做管党治党的表率。

13. “八个必须”：2021 年 11 月 30 日，在区党委十届一次全会上，王君正书记指出，必须旗帜鲜明讲政治；必须时刻心系“国之大者”；必须践行初心使命；必须坚持人民至上；必须勇于担当作为；必须扎实改进作风；

必须不断提升本领；必须全面从严治党。

14.“五个一”工作法和目标落地“五步法”：实行一个项目、一个领导、一个责任清单、一个推进计划、一抓到底的工作方法和日跟踪、周调度、月小结、季分析、年考核的目标落地工作机制。

15.“三品一标”：无公害农产品、绿色食品、有机产品和农产品地理标志农产品。

16.“五个100%”成果：中小学双语教育普及率100%，小学数学课程开课率100%，中学数理化生课程教学计划完成率100%，中学理化生实验课程开出率100%，职业技术学校国家目录规定课程开出率100%。

17.“五项管理”：中小学生作业管理、睡眠管理、手机管理、读物管理和体质管理。

18.“双减”工作：减轻义务教育阶段学生作业负担、减轻校外培训负担。

19.“乙类乙管”：将乙类传染病采取乙级的管理措施。2022年12月26日，国家卫生健康委员会发布的《关于对新型冠状病毒感染实施“乙类乙管”的总体方案》指出，2023年1月8日起，对新型冠状病毒感染实施“乙类乙管”，是疫情防控进入新阶段实施的新政策新举措。

20.“一老一小”：“一老”指60岁以上的老年人。“一小”指义务教育阶段内及以下的儿童

21.“一窗受理”服务：一个窗口统一受理一类审批事项，具体的模式是“前台一窗受理、后台分类审批、统一办结出件”。

22.“办不成事”窗口：针对民众线上或线下提交办事申请后，未能成功受理、成功审批或民众多次到大厅而未能解决问题的相关情形，专门设置的处理疑难办事情的窗口。

23.“三保”工作：保基本民生、保工资、保运转。

24.“三权分置”：农村土地集体所有权、农户承包权、土地经营权，“三权”分置并行。

25.“房地一体”：农村宅基地和集体建设用地使用权及地上房屋的所有权，实行统一权籍调查、统一确权登记、统一颁发证书的新规。

26.“五个有利于”：习近平总书记在中央第七次西藏工作座谈会上指出，要以有利于维护祖国统一和社会稳定、有利于增进“五个认同”、有利于团结宗教界人士和信教群众、有利于藏传佛教健康传承、有利于减轻信教群众负担为标准，积极引导藏传佛教与社会主义社会相适应，不断推进藏传佛教中国化。

27.“两个确立”：确立习近平同志党中央的核心、全党的核心地位，确立习近平新时代中国特色社会主义思想的指导地位。

28.“三个务必”：党的二十大报告中提出，全党同志务必不忘初心、牢记使命，务必谦虚谨慎、艰苦奋斗，务必敢于斗争、善于斗争。

29.“三项制度”：行政执法公示制度、执法全过程记录制度、重大执法决定法制审核制度。

30.“四敢”：2022年12月6日，习近平总书记在中央政治局会议上指出，要坚持真抓实干，激发全社会干事创业活力，让干部敢为、地方敢闯、企业敢干、群众敢首创。

中国人民政治协商会议
第三届琼结县委员会常务委员会工作报告

——在政协第三届琼结县委员会第三次会议上

琼结县政协主席 仁增多吉

2023 年 2 月 14 日

各位委员：

我代表中国人民政治协商会议第三届琼结县委员会常务委员会，向大会报告工作，请予审议。

2022 年工作回顾

过去的 2022 年极不平凡，全县上下凝心聚力、奋力拼搏，全面打响了新冠疫情防控战、热烈欢庆党的二十大胜利召开，全县各项工作取得了可喜的成绩。一年来，县政协常委会在县委的坚强领导下，高举习近平新时代中国特色社会主义思想伟大旗帜，坚持团结和民主主题，认真履行政治协商、民主监督、参政议政职能，充分发挥专门协商机构作用，在建言资政和凝聚共识上双向发力，为建设“和有序、富而强、绿成态、治固本”新琼结作出了积极贡献。

一、夯实思想根基，确保政协工作正确政治方向

始终把思想政治建设摆在首位，团结引导广大政协委员和各族各界人士筑牢衷心拥护“两个确立”、坚决做到“两个维护”的思想政治根基，确保政协工作沿着正确的方向推进。始终把学习作为更新观念、夯实思想基础的根本抓手，推进理论学习常态化制度化。深入学习习近平新时代中国特色社会主义思想，学习党的二十大精神，学习贯彻区、市、县各项会议精神，用以武装头脑、指导实践、推动工作，进一步夯实思想政治基础，确保政协工作始终与党委同频共振。2022 年，召开党组会议 12 次、党组理论中心组学习会议 12 次。同时，不断探索构建以党组工作要点为统领，以协商议政、民主监督、参政议政和凝聚共识为配套的“1+4”制度框架，高标准推进政协党的建设，加强党对政协工作的领导，严格执行党对政协工作领导的各项制度，做到重要工作主动报告、重大事项及时汇报、重要议题及时请示。2022 年，主动向县委汇报政协重点工作、重要活动 12 次，县委常委会议研究政协重点工作 7 次。注重用党的创新理论对各族各界人士的思想引领，教育引导各族各界人士不断增进对中国共产党领导和中国特色社会主义的认同；组织委员利用自身影响力主动发声，讲好党的历史伟绩，传播民族团结、和谐进步的好声音。2022 年，组织政协委员深入基层、深入群众开展宣讲活动 15 次，受教育群众 1500 余人次。

二、奋力投身抗疫，有力彰显人民政协责任担当

常委会按照全县统一部署，发挥自身优势，

积极采取有效措施，在聚力打赢疫情防控阻击战中展现了政协的责任与担当。2022年8月，面对全区突发新冠疫情，县政协领导班子成员率先垂范，投身疫情防控值守，深入疫情防控一线，宣传指导党委政府疫情防控决策部署的落实；转发市政协倡议书，号召全县政协委员和政协工作者立足岗位，投身抗疫战斗。政协委员同声响应，勇做“逆行者”，用实际行动彰显责任形象，抒写出了许多可歌可泣的感人事迹。如疫情防控期间，县政协委员、西藏达娃卓玛实业有限公司董事长阿旺曲扎主动为奋战在县城抗疫一线的150余名工作人员免费配送疫情爱心餐，折合人民币16余万元，着力解决了隔离酒店、职工住宿小区、医护人员的吃饭问题；这样的事例不胜枚举。县政协机关干部主动请缨参加志愿服务、流调等各类疫情防控工作，及时收集基层疫情防控工作中遇到的困难、存在的问题，并报告县疫情防控领导小组，得到及时交办落实。据不完全统计，战“疫”期间全县政协委员和政协工作者累计出动人力290余人次，捐赠医用口罩3.03万只、免洗手液800瓶、乳胶手套4000副、消毒液900瓶、垃圾袋5000条、糌粑260袋、方便面500件、矿泉水1700件、各种饮料860件，折合人民币近20万元。

疫情防控成了全县政协委员和政协工作者践行初心使命、体现责任担当的试金石和磨刀石，会战中也汇聚了同心抗疫的信心、共识、智慧和力量。

三、聚焦协商议政，充分发挥专门协商机构作用

紧紧围绕县委协商民主工作意向，紧扣群众关心、社会关注的热点难点问题，制定年度协商计划，科学有序地开展协商民主工作，充分释放基层协商民主的潜力和效能。

一是总体协商广泛深入。县政协三届二次会议上，委员们分别围绕农村老化电线改造、农村人居环境整治、农村公路扩建改造、特色产业发展、改善民生等人民群众普遍关心的热点难点问题提出了30条意见建议，得到县委、县政府主要领导及县直有关单位的高度重视，大多意见建议被吸收采纳。

二是专题协商效果明显。积极探索建立“党委领导、政协搭台、各方参与”工作机制，激活基层协商民主的活力，在全县重大决策、重点工作做出之前，开展专题协商，为县委科学决策建言献策。2022年3月、10月，组织召开“畜牧业发展现状与未来前景”专题议政性常委会会议，就全县畜牧业发展提出了具有较高的参考价值的意见建议。

三是提案协商更加深入。坚持把协商民主贯穿提案工作全过程，努力做到全流程、多维度、开放式协商，提案办理协商更加活跃有序。2022年5月，组织政协委员深入提案涉及各承办单位，开展了提案办理面对面协商工作，相关承办单位与委员们在“有事好商量，有事多商量，众人的事情由众人商量”的民主氛围中增进理解、形成共识。

2022年6月，自治区政协调研组莅临琼结县进行专题调研，对县政协的许多经验做法予以首肯，并在调研报告中大篇幅介绍了琼结县的典型做法，推广全区。

四、广泛凝聚共识，倾力营造和谐稳定社会环境

坚持把维护祖国统一、加强民族团结作为履职着力点，把维护稳定作为第一政治责任，坚守前沿阵地，以实际行动凝聚起共同团结奋斗的智慧和力量。

一是助力民族团结事业。组织政协委员深入学习《自治区民族团结进步模范区创建条例》等相关文件精神，结合琼结县政协实际，开展“创建民族团结进步模范区政协委员‘八个一’行动”，教育引导各族各界牢固树立“三个离不开”思想，增强“三个意识”，增进“五个认同”，自觉维护祖国统一、加强民族团结，促进各民族

交往交流交融，铸牢中华民族共同体意识。2022年7月，组织开展了“夏日联谊·民族团结一家亲”系列活动，得到相关部门高度重视，在学习强国、山南政协、山南市民族团结创评等媒体予以广泛宣传；为创建全国民族团结示范县、助力全区创建全国民族团结进步模范区、实现中华民族伟大复兴的中国梦贡献了人民政协的智慧和力量。

二是促进社会和谐稳定。认真贯彻落实区党委、市委和县委维稳决策部署，不折不扣落实维稳责任，特别是党的二十大胜利召开期间，县政协领导班子成员按照县委统一部署，蹲点乡村、寺庙，开展维稳督导，为全县全面稳定做出了积极的贡献。同时，充分发挥政协专门协商机构作用，搭建社会各方联通桥，辅助调处化解矛盾纠纷，积极投身于维护社会和谐稳定的工作之中。2022年，政协班子成员蹲点督导维稳工作60余天，带班值班100余天，政协委员巡逻1800余人次。

三是广泛凝聚人心力量。在广大政协委员中深入宣传党的二十大精神，学习宣传区、市、县党的会议精神；特别是紧密结合“三个意识”教育活动，在民族宗教领域宣传党的民族宗教政策和利寺惠僧政策，积极引导藏传佛教与社会主义社会相适应，以获得解疑释惑、凝聚人心实效。同时，广泛开展机关干部与政协委员、党员委员与党外委员、委员与委员、委员与界别群众等多层次的“交朋友”活动，通过交换看法、沟通思想来密切感情、凝聚人心。2022年，开展各类“交朋友”活动170余人次，组织学习宣传党中央、区党委、市委和县委有关重要会议精神和上级最新政策560余人次。

五、坚持守正创新，推动政协日常工作提质增效

常委会坚持在传承中创新，在创新中发展，不断探索政协工作新机制，扎实做好政协经常性工作，力求出彩出新。

一是政协提案工作重点开展。积极探索“五定三包”提案工作新方法，切实提高提案质效。全年共收到提案18件，审查立案18件，截至2022年12月底，所有提案均已办复，办复率为100%。驻琼结的区市级政协委员在区市“两会”期间，共提交了7件提案；特别是在市政协会上提交《关于解决我市野生动物毁坏农作物问题的提案》后，市政协高度重视，给予大力支持，从有限的提案办理专项资金中拿出184万元，将用于琼结县农田防护网围栏建设，为部分村社修建农田防护网围栏，解决群众燃眉之急。

二是调查研究工作深入开展。2022年5月中旬，组织政协委员，深入各乡（镇）卫生院和各村（社）卫生室，通过实地走访、查阅资料、座谈交流等形式，对乡村卫生服务情况进行专题调研，为今后乡村卫生资源合理配置、规划、发展及出台政策提供科学依据。2022年6月，组织农业农村界政协委员，深入加麻乡特日村牧场、琼果纳雄畜牧养殖农牧民合作社等11家养殖合作社及17个养殖户，对畜牧业发展现状与未来前景进行了专题调研，调查了解畜牧业发展中存在的突出问题，分析问题症结，提出解决问题的意见建议，形成调研报告后向县委、县政府呈报。

三是民主监督工作常态开展。制定民主监督计划，充分发挥协商式监督的特色优势，就村财乡管、畜牧业发展、乡村卫生服务能力建设等工作，开展监督性强的履职活动。同时，认真组织区、市、县政协委员40余人次参加各类征求意见会、评议会、民主生活会、审判会和中考小考等各类考试监督等，重点围绕县委县政府重大决策部署和群众关注的热点难点问题开展民主监督，助推相关工作落实。

四是社情民意工作认真开展。进一步加强队伍建设、完善工作机制，采取有效措施，做好社情民意收集工作。强化信息舆情汇集和民意表达功能，畅通政协委员反映意见诉求的渠道，积极反映事关“四件大事”和民生事业的普遍性、典

型性问题。积极宣传党的路线方针政策，协助县委县政府做好协调关系、理顺情绪、化解矛盾的工作，为维护社会和谐稳定作出了积极贡献。

五是协作交流工作广泛开展。积极配合区、市、政协分别围绕“政协协商民主在发展全过程人民民主中的独特优势”“挖掘古建筑历史文化资源、加快旅游产业发展”实地调研。同时，先后接待了山西省、日喀则市拉孜县等地政协考察团共13个200余人次，向他们展现琼结县经济社会取得的新成就，扩大琼结县影响力和知名度。

六是文史宣传工作扎实推进。安排专人撰写年鉴等相关文史资料，按时完成了自治区政协、琼结县方志办交办的《西藏政协年鉴》《琼结年鉴》等供稿任务，积极发挥了文史资料的“存史、资政、团结、育人”作用。切实加强简报信息的收集报送，改进县政协宣传思想工作。2022年，共编报《琼结政协信息》83期，多条信息被学习强国、西藏政协、《山南报》、山南网、山南政协、网信琼结等媒体采用；开通了“琼结政协”微信公众号，聚焦琼结政协工作，展示委员履职风采，为社会各界了解政协提供交流互动平台。

七是为民办实事活动接续开展。充分发挥政协组织和政协委员优势，将履职活动向基层拓展，帮助群众解决急难愁盼问题。政协班子成员、机关干部和政协委员为群众办实事，带动群众增收致富，改善生活，成效显著，切实让群众感到人民政协就在身边。如，县政协委员、网红扎西拉姆（“西藏拉姆”）通过直播带货，帮助村民销售酥油等特色农产品及旅游产品36万余元；县政协委员、琼结县平若水磨糌粑有限公司负责人尼玛曲宗解决当地困难群众就地就近就业岗位40余个，新冠疫情防控期间，捐赠糌粑260袋，并按时完成了供应6吨抗疫物资（糌粑）的任务，等等。2022年，政协委员办实事好事170余件，扶持资金达110万余元，受益群众2000余人，其中就业群众达100余人。

八是干部驻村等工作有力有效。安排1名副主席、2名科级干部参与驻村和易地扶贫搬迁安置点工作。指导村“两委”班子，坚持党建引领，理清发展思路，明确发展措施，维护社会稳定，发展乡村经济，建设美丽家园，大力实施乡村振兴，取得明显实效。

六、加强自身建设，切实提高履职水平能力

主动适应新形势新任务和新时代要求，把加强自身建设摆在更加突出位置抓好抓实，进一步提升履职水平和能力。

一是加强“两支队伍”建设。着力加强干部学习教育，强化干部政治理论和业务知识学习，不断提高干部队伍综合素质。深入开展委员读书活动，开设“书香政协”读书活动微信群，政协委员每三天品读一篇文章、分享一次学习体会，活动内容的充实，活动方式的创新，提高了委员学习兴趣，在品读和分享中，实现了委员的自我教育和提升。同时，通过“走出去，引进来”多种方式，提升全体委员和政协干部的思想政治素质和履职能力；进一步改进作风、狠抓落实，严格落实党风廉政建设主体责任，忠于职守、干净担当、风清气正的风尚在政协队伍中不断强化。

二是健全履职制度机制。把准创新主调，着力建章立制，完善工作体系，坚持用制度管人管事。2022年，制定、修订了《县政协党组会议制度》《县政协党组理论学习中心组学习制度》《县政协党组班子成员和主席会议成员联系界别委员制度》《县政协主席会议规则》《县政协提案工作制度》《县政协提案办理协商办法》等20余项规章制度，涵盖请示汇报、委员履职、提案办理协商、视察考察等方面，推进履行职能制度化、规范化、程序化；进一步规范机关人财物管理，确保机关工作有序、高效运转。

三是推进基层政协工作。建立健全县政协领导班子成员联系指导乡镇政协委员联络办工作制

度，扎实推进基层政协工作，进一步形成全县政协系统整体合力。琼结县基层政协工作的做法、成效，得到自治区政协和山南市政协的充分肯定，在 2022 年 7 月召开的全区政协工作交流座谈会上，琼结县政协以《采取“三项举措”、化解“两个薄弱”，在创新实践中推进基层政协工作提质增效》为题作了大会交流发言。在 2022 年 3 月召开全市基层政协工作现场推进会之际，琼结镇、拉玉乡政协委员联络办作为会议现场展示了基层政协工作主要做法、有益探索和成功经验。

四是树立政协良好形象。广大政协委员在政协工作中充分发挥主体作用，认真写好“6+1 委员作业”、切实当好“四员”，不断涌现爱岗敬业、无私奉献先进典型。德吉、尼玛曲宗两位委员荣获 2022 年西藏自治区民族团结进步模范，扎西拉姆委员荣获深圳青年影像节最佳创意作品奖。

各位委员，一年来，我们团结一心，携手奋进，各项工作取得了可喜的成绩。这些成绩的取得，根本在于以习近平同志为核心的党中央坚强领导，根本在于习近平新时代中国特色社会主义思想的科学指引，是在县委的正确领导、上级政协精心指导、湖北省襄阳市人民无私援助下的结果，也是县人大、政府大力支持和各族各界积极配合的结果。在此，我代表政协第三届琼结县委员会常务委员会，向为政协工作付出辛勤努力的全体政协委员，向所有重视、关心、支持琼结县政协工作的各级领导、各界人士及各单位，表示崇高的敬意和衷心的感谢！

在总结成绩的同时，我们也清醒地认识到，对标贯彻落实新时代新思想新任务新要求，我们的工作还存在一些差距与不足，主要是：协商民主机制还需要进一步加强和改进；建言资政和凝聚共识的载体还需要进一步丰富；民主监督工作还需要进一步改进和完善；调查研究的方式方法还需要进一步探索创新；政协宣传思想工作还需进一步强化；履职成果的跟踪反馈和转化有待进一步加强，等等。对于这些问题，我们将在今后的工作中认真研究并切实加以改进。

2023 年工作要点

2023 年是全面贯彻落实党的二十大精神的开局之年，也是实施“十四五”规划攻坚之年。县政协工作的总体要求是：坚持以习近平新时代中国特色社会主义思想为指导，坚定捍卫“两个确立”，坚决做到“两个维护”，全面贯彻党的二十大、中央第七次西藏工作座谈会、区党委十届三次全会、市委二届五次全会和县委十届五次全会精神；牢牢把握团结和民主两大主题，团结引领全县政协各参加单位和广大政协委员，聚焦抓好“四件大事”、实现“四个确保”，围绕全区“四个创建”“四个走在前列”和我市“六个走在全区前列”总目标，紧扣县委中心工作，充分发挥政协职能作用，切实把县委的决策部署和对政协工作要求落实下去，把全县各方面的智慧和力量凝聚起来，为建设“和有序、富而强、绿成态、治固本”新琼结，贡献政协的智慧和力量。

一、坚持党的领导，进一步在加强政治建设上下功夫

始终把坚持党的全面领导作为最根本的政治原则，自觉把党的路线方针政策贯彻落实到政协工作各方面和全过程，确保政协工作正确政治方向。始终保持与县委思想同心、目标同向、工作同行，自觉把县委工作要求通过民主程序转化为政协履职行动，切实做到党政工作推进到哪里，政协履职就跟进到哪里。同时进一步发挥好政协党组把方向、管大局、保落实的重要作用；持续强化理论武装，特别是把学习宣传贯彻党的二十大精神作为贯穿全年的重要政治任务来抓好；深刻领悟“两个确立”决定性意义，增强“四个意识”，坚定“四个自信”，做到“两个维护”；强化思想政治引领，寓思想政治引领于政协各项履

职之中；树牢政治共同体意识，永葆合作初心、继续携手前行。

二、积极履职尽责，进一步在服务中心大局上立新功

自觉把政协工作放在全县工作大局中研究思考和推动落实，始终与县委中心工作同频共振、同向发力。要精心组织协商议政。坚持把协商摆在更加重要的位置，选准协商议题，制定年度协商计划，聚焦党政工作的重点、群众关心的热点、社会治理的难点，做好“搭台”的工作、写好“协商”的文章，推动主责主业向中心聚焦、为大局出力。要认真实施民主监督。积极探索民主监督方式方法，有效搭建监督载体，不断拓宽监督渠道，进一步完善民主监督机制，不断提升民主监督效果。紧盯琼结县长治久安和高质量发展中的重点、难点，确定民主监督议题，有组织有计划开展民主监督，为助推县委县政府科学决策贡献政协力量。要开展调研视察活动。改进调研视察组织方式，把准调研视察的程序和标准，坚持县内、县外考察调研相结合，多层次、全方位了解掌握实际情况，力求调研有深度、协商有广度、建言有高度，提高建言资政的针对性和实效性，为县委、县政府制定政策提供决策参考。

三、牢记人民至上，进一步在践行履职为民上出实招

牢固树立“人民政协为人民”的理念，充分发挥委员桥梁纽带作用，为促进共同富裕、增进百姓福祉、提升生活品质履职奉献。要提升提案工作质效。突出问题导向，把改善民生作为提案工作的重点，引导委员紧盯就业、托幼、上学、医疗、养老等群众急难愁盼问题积极建言献策，推动事关人民群众切身利益的热点难点问题得到妥善解决。切实做好重点提案的跟踪督办工作，以重点提案办理带动一般提案的办理。要加强社情民意信息工作。健全完善社情民意信息收集、报送和反馈机制，组织和引导政协委员入基层、察民情、听民声、汇民智，聚焦人民群众普遍关注的热点难点问题，积极反映社情民意信息，发挥政协反映社情民意“直通车”作用。要积极践行为民宗旨。进一步延伸履职为民触角，生动开展“我为群众办实事”活动，动员和组织政协各参加单位和广大政协委员，多开展春风化雨、温暖人心的工作，增强人民群众获得感、幸福感，使群众更加真切地感受到委员与自己很亲、政协离自己很近。

四、坚持团结民主，进一步在广泛凝聚共识上有作为

团结和民主始终是政协工作的两大主题，要坚持发扬民主和增进团结相互贯通、建言资政和凝聚共识双向发力，更好地把县委的决策部署贯彻落实下去、把各方智慧力量汇集起来。要加强交流联谊工作。坚持以情感为纽带、以履职为抓手，积极开展联谊联络工作。进一步加强与先进发达地区政协的联系交流，学习有益经验，拓宽工作思路；充分发挥政协委员联系广泛的优势，讲好琼结故事，传播琼结好声音；做好与民族宗教界、党外知识分子、非公经济人士、新的社会阶层人士的经常性联系联络；加强祖国内地，特别是湖北省襄阳市之间的交往交流交融工作。要做好民族团结工作。切实做好民族团结和宗教和谐工作，特别是在应对十四世达赖去世转世这一重大原则问题上，要始终保持清醒头脑，始终做到旗帜鲜明、立场坚定、态度坚决，最大限度为实现琼结县长治久安和高质量发展做保障。扎实推进“创建民族团结进步模范区政协委员‘八个一’行动”，铸牢中华民族共同体意识。要做好凝聚共识工作。紧紧抓住广泛凝聚共识的履职中心环节来谋划部署工作，积极探索委员联系界别群众的有效方法，广泛听取、及时反映群众意见建议；在勤勉履职中增进团结，努力使人民政协成为团结教育引导各族各界的重要平台、在共同思想政治基础上化解矛盾和凝聚共识的重要渠道。

五、坚持一线思维，进一步在加强自身建设上添活力

加强政协自身建设，是做好政协工作的重要前提，是政协适应新时代、完成新使命的重要保证。要加强委员队伍建设。落实“懂政协、会协商、善议政，守纪律、讲规矩、重品行”要求，加强委员履职能力建设，提高“四种能力”；精心搭建委员知情明政、建言献策、联系群众的各类平台，以扎实有力的举措为委员履职创造条件、提供便利、提供保障，增强政协组织的凝聚力和向心力。激励委员树牢为国履职、为民尽责的情怀，把事业放在心上，把责任扛在肩上，当好“四员”、做好“6+1委员作业”，展示新时代委员新作为、新形象。要加强政协机关建设。进一步增强政协干部的“一线”工作意识，严格落实区、市、县进一步改进作风狠抓落实工作要求，提振干事创业精气神，深入一线履职、主动担当作为，彰显新时代政协昂扬奋斗的从容身姿。强化政协党组领导作用，加强党风廉政建设，把从严治党向纵深推进。要加强委员联络办建设。加大对乡（镇）政协委员联络办工作的指导，进一步提高乡（镇）政协委员联络办工作实效，使其成为委员施展才华的舞台、收集社情民意的渠道、反映政协履职水平的窗口。同时，建好用好乡镇“政协委员之家”履职新平台，提升工作实效，切实架起为民服务的“连心桥”。

各位委员，蓝图已擘画，奋进正当时。让我们更加紧密地团结在以习近平同志为核心的党中央周围，坚持以习近平新时代中国特色社会主义思想为指导，深入学习贯彻党的二十大精神，在中共琼结县委的坚强领导下，坚定信心、同心同德，踔厉奋发、勇毅前行，奋力描绘好人民政协事业发展新画卷，为促进琼结县长治久安和高质量发展，建设“和有序、富而强、绿成态、治固本”新琼结作出新的更大贡献！

名词解释

1.“三个意识”：国家意识、公民意识、法治意识。

2.“四种能力”：政治把握能力、调查研究能力、联系群众能力、合作共事能力。

3.“四员”：维护稳定的“战斗员”、政策宣传的“宣讲员”、化解矛盾的“调解员”、社情民意的“采集员”。

4.“五定三包”：定领导、定人员、定时间、定责任、定质量、包回复、包满意、包落实。

5.“6+1”：“6”是指，每位委员，每月至少参加一次学习活动、每半年至少参加一次调研视察活动、每年至少提交一件质量较高的提案、每年至少反映一条有价值的社情民意信息、每年至少为群众办一件好事实事、每年至少作一次有质量的交流发言；“1”是指，每位党员委员每季度至少联系一次党外委员。

6. 政协委员“八个一”行动：致一封信、办一期培训班、交一些真心朋友、赴一次实地观摩、讲一批“委员故事”、开一次宣讲活动、学一些通用语言、树一批先进典型。

大事记

1月

5日　县委书记韩亮主持召开中共琼结县第十届委员会第14次常委会会议，传达学习王君正书记在哲蚌寺和色拉寺调研时的讲话精神、自治区党委经济工作会议精神、市委经济工作会议精神、中国共产党山南市第二届委员会第二次全体会议精神、《习近平总书记关于全面从严治党重要论述摘编》《中共西藏自治区委员会关于加强自治区党委常委会自身建设的意见》《关于少数单位干部违反会议纪律问题的通报》。

6日　琼结县举行湖北省襄阳市对口支援山南市琼结县捐赠基层用车发放仪式，县委书记韩亮出席捐赠仪式。

同日　县政协在下水乡组织召开琼结县村级财务管理座谈会。

7日　县委书记韩亮主持召开中共琼结县第十届委员会第15次常委会会议，传达学习国家主席习近平二〇二二年新年贺词、《习近平总书记关于安全生产工作重要论述摘编》、习近平总书记关于做好“三农”工作的重要指示和中央农村工作会议精神、12月29日王君正书记在主持召开自治区党委常委会（扩大）会议上的讲话精神、王君正书记在主持召开自治区党委机构编制委员会会议上的讲话精神、王君正书记在自治区党委办公厅调研时的讲话精神、王君正书记在自治区党委组织部机关调研时的讲话精神。

8日　中国共产党琼结县第十届委员会第四次全体会议召开。全会由县委常委会主持。县委书记韩亮作了讲话。全会书面传达了市委二届二次全会精神；韩亮就《中共琼结县委员会关于深入学习贯彻党的十九届六中全会 自治区第十次党代会和市第二次党代会精神加快推进琼结县长治久安和高质量发展的意见》（讨论稿）[以下简称《意见》（讨论稿）]向全会作了说明；开展了“一报告两评议”测评；全会还分组讨论了《意见》（讨论稿）。全会强调，要深入学习贯彻党的十九届六中全会、自治区第十次党代会和市第二次党代会精神，切实增强做好新时代琼结县各项工作的使命感、责任感和紧迫感。

13日　县委书记韩亮主持召开琼结县改进作风狠抓落实工作动员部署会议，传达贯彻全区、全市改进作风狠抓落实工作动员部署会议精神，动员全县党员干部认真开展查作风、查责任、查漏洞、查落实，进一步弘扬优良作风、崇尚真抓实干、汇聚奋进合力。

20日　县委书记韩亮主持召开中共琼结县第十届委员会第16次常委会会议，传达学习习近平总书记在省部级主要领导干部学习贯彻党的十九届六中全会精神专题研讨班开班式上的重要讲话精神、《关于加强和改进新时代市县政协工作的意见》《住房和城乡建设部关于广州市大规模迁移砍伐城市树木有关问题的通报》、1月7日王君正书记在主持召开自治区党委常委会会议上的讲话精神、《中共西藏自治区委员会办公厅关于自治区改进作风狠抓落实工作动员部署会会风会纪情况的通报》、西藏自治区第十一届人民代表大会第五次会议精神、政协第十一届西藏自治区委员会第五次会议精神、山南市第二届人民代表大会第二次会议精神、政协第二届山南市委员会第二次会议精神。

22日 县委书记韩亮前往拉萨看望慰问琼结籍离退休老干部老同志，汇报全县经济社会发展情况，征求大家对县委工作的意见建议。县委副书记、县人大常委会主任蒋芝辉，县政协主席仁增多吉一同慰问。

24日 县委副书记、县长秦梅鸯宗主持召开琼结县审计发现问题整改动员部署会，部署2020年度财政预算执行及决算和其他财政财务收支审计、2018年至2020年自然资源资产管理情况专项审计发现问题整改落实工作，动员各单位明确整改任务，压实整改责任，夯实整改措施，确保高质量完成审计发现问题整改工作。

28日 琼结县举行整区推进电子商务进农村商贸流通“最后一公里”暨山南市琼结县“绿色直通车”发车启动仪式。

2月

1日 县委副书记、县长秦梅鸯宗到县人民医院慰问一线新冠疫情防控医护人员。

9日 召开2022年县委政法工作会议，总结2021年政法工作，分析形势，安排部署2022年政法各项工作。县委书记韩亮出席会议并讲话，会议由县委副书记、县长秦梅鸯宗主持。

同日 琼结县召开2022年粮食安全和“菜篮子”工作安排部署会暨涉粮问题专项巡察反馈意见整改推进会。

16日 市委常委、统战部部长旦增带队互观互检团队到琼结县教育系统视察全市民族团结进步创建工作开展情况。

同日 县委书记韩亮主持召开中共琼结县第十届委员会第17次常委会会议，传达学习习近平总书记在十九届中央纪委六次全会上的重要讲话精神、习近平总书记在主持十九届中共中央政治局第三十六次集体学习时的重要讲话精神、1月22日王君正书记在主持自治区党委常委会（扩大）会议上的讲话精神、1月29日王君正书记在主持自治区党委常委会（扩大）会议上的讲话精神，《习近平总书记关于加强党内法规制度建设的重要指示和王沪宁同志在全国党内法规工作会议上的讲话》《关于加强巡视整改和成果运用的意见》《粮食流通管理条例》。

17日 中国共产党琼结县第十届纪律检查委员会第二次全体会议召开。

23日 县委书记韩亮主持召开中共琼结县第十届委员会第18次常委会会议，传达学习王君正书记在全区党史学习教育总结会议上的讲话精神、王君正书记在拉萨调研维护社会稳定、安全生产工作时的讲话精神，王君正书记在自治区财政厅、自治区发展和改革委员会、自治区经济和信息化厅调研时的讲话精神，2月9日自治区党委民族工作会议精神，《中共中央办公厅 国务院办公厅印发〈关于加强新时代网上信访工作的意见〉的通知》《许成仓同志在全市党史学习教育总结会议上的讲话》《关于五起违反中央八项规定精神问题典型案例通报》。

24日 中国人民政治协议会议第三届琼结县委员会第二次会议开幕。县委书记韩亮，县委副书记、县长秦梅鸯宗，县委副书记、县人大常委会主任蒋芝辉，县政协主席仁增多吉出席会议。

大会由县政协副主席尼玛加措主持。会议审议通过县政协三届二次会议议程（草案）；仁增多吉受政协第三届琼结县委员会常务委员会委托，作政协第三届琼结县委员会常务委员会工作报告。

同日　在县总工会办公楼前开展“三大节日”困难职工和各级劳模慰问活动，县委常委、组织部部长、县直机关工委书记李国霞出席活动。

25日　琼结县第十四届人民代表大会第三次会议第一次全体会议在琼结县大礼堂开幕。韩亮、秦梅鸯宗、蒋芝辉、仁增多吉、边巴、李国霞、达尔杰、白玛加措、嘎珍、孟军军等县级领导在大会主席台前排就座。县委副书记、县人大常委会党组书记、主任蒋芝辉主持会议。会议书面传达学习了2022年自治区和山南市“两会”精神。县委副书记、县长秦梅鸯宗向大会作《琼结县人民政府工作报告》。会议还书面听取和审查了《琼结县2021年国民经济和社会发展计划执行情况与2022年国民经济和社会发展计划（草案）的报告》和《琼结县2021年财政预算执行情况与2022年财政预算（草案）的报告》。

28日　县委书记韩亮主持召开研究保障全县农民工工资支付事宜专题会议，听取有关汇报和思路建议，研究会商解决办法。县委常委、常务副县长叶建勇，副县长孟再波出席会议。

同日　县总工会在琼结县广场开展“关爱女职工 情暖妇女节”活动。

3月

5日　县委副书记、县长秦梅鸯宗出席新兵入伍欢送仪式并讲话。

11日　县委书记韩亮主持召开中共琼结县第十届委员会第19次常委会会议，传达学习习近平总书记在主持十九届中共中央政治局第三十七次集体学习时的重要讲话精神、1月24日和2月25日中共中央政治局会议精神、《中共中央办公厅 国务院办公厅关于印发〈地方党委和政府领导班子及其成员粮食安全责任制规定〉的通知》《中共中央　国务院关于做好2022年全面推进乡村振兴重点工作的意见》、自治区党委和市委人才工作会议精神、王君正书记在自治区党委政法委调研时的讲话精神、王君正书记在甘丹寺和小昭寺调研时的讲话精神、《许成仓同志在〈自治区实地暗访督查工作专报〉上的批示》、许成仓书记在基层调研督导时的讲话精神、《关于三起违反中央八项规定精神典型案例的通报》《关于三起巩固拓展脱贫攻坚成果同乡村振兴有效衔接领域违纪违法典型案例通报》。

12日至13日　由县委副书记、县人大常委会主任蒋芝辉，县委常委、常务副县长叶建勇，副县长、琼结镇党委书记旦增旺堆带队赴各乡镇实地检查春播农资筹备情况。

15日　琼结县召开县委农村工作会议，学习中央、区、市农村工作会议精神，回顾总结全县2021年“三农”工作，分析形势、明确目标，安排部署2022年“三农”工作。县委书记韩亮出席会议并讲话。会议由县委副书记、县长秦梅鸯宗主持。蒋芝辉、仁增多吉、叶建勇、维色加措以及各乡（镇）、县直各部门主要负责同志，农牧业经营主体代表参加会议。

17日　县藏语委办（编译局）开展社会用字检查整治活动。

19日　县财政局联合县纪委监委召开琼结县关于惠民惠农财政补贴资金“一卡通”专项整治工作整改情况调度会。

24日　市政协党组书记、主席巴珠带领山南市政协系统领导到琼结县琼结镇、拉玉乡考察乡镇政协委员联络办工作开展情况。

25日　县委书记韩亮主持召开中共琼结县第十届委员会第21次常委会会议，书面传达学习《中国共产党章程》《中共中央办公厅 国务院办公厅印发〈农村人居环境整治提升五年行动方案

(2021－2025)〉》《干部做表率 带头抓落实》(《人民日报》刊发王君正书记“声音”)、王君正书记在十三届全国人大五次会议审议政府工作报告时的讲话精神、十三届全国人大五次会议西藏代表团全体会议精神；传达学习习近平总书记在2022年春季学期中央党校（国家行政学院）中青年干部培训班开班式上的重要讲话精神，习近平总书记在参加十三届全国人大五次会议内蒙古代表团审议时的重要讲话精神，习近平主持召开中央全面深化改革委员会第二十四次会议时的重要讲话精神，习近平总书记出席十三届全国人大五次会议解放军和武警部队代表团全体会议时的重要讲话精神，全国、全区、全市组织部长会议精神，3月14日自治区党委常委会（扩大）会议精神，《关于印发肖友才同志在自治区第二轮中央生态环境保护督察工作部署电视电话会议上的讲话的通知》。

29日　县委书记韩亮，县委副书记、县长秦梅鸯宗陪同市发改委党组副书记、主任翟坤检查援藏产业园。

30日　琼结县教育系统召开教学质量分析暨学前教育普及普惠迎检动员部署会议。县委常务副书记陈永涛出席会议并讲话，县委教育工作领导小组秘书组组长、副县长扎西土登主持会议。

4月

1日　县委召开2022年党的建设（基层组织建设）工作领导小组第一次会议，贯彻落实全国、全区、全市组织部长会议精神，总结通报2021年工作，安排部署2022年基层党建重点任务。县委书记韩亮出席会议并讲话。李国霞、蔡小东、米玛次仁、扎西土登、旦增旺堆、田泽钊出席会议。

2日　县委书记韩亮主持召开中共琼结县第十届委员会第22次常委会会议，书面传达3月24日自治区党委常委会（扩大）会议精神，王君正书记在自治区交通运输系统、西藏消防救援总队调研时的讲话精神，王君正在主持召开自治区党委网络安全和信息化委员会会议上的讲话精神、自治区数字西藏建设领导小组会议上的讲话精神；传达学习3月17日中共中央政治局常务委员会会议精神、《中共中央办公厅　国务院办公厅印发〈关于推进“互联网+教育”发展的意见〉的通知》精神、《中共中央办公厅　国务院办公厅印发〈关于加强新时代关心下一代工作委员会工作的意见〉》《中共中央　国务院关于深入打好污染防治攻坚战的意见》、王君正书记在自治区生态环境厅调研时的讲话精神、王君正书记在主持召开自治区总林长会议上的讲话精神、3月27日自治区党委常委会（扩大）会议精神、3月14日自治区党委常委会（扩大）会议精神、王君正书记在新冠疫情防控工作会议上的讲话精神。

11日　琼结县召开十届县委第二轮巡察动员部署会，县委书记、县委巡察工作领导小组组长韩亮出席会议并讲话。会议传达学习《赵乐际在全国巡视工作会议暨中央第九轮巡视动员部署会议上的讲话精神》《王卫东在全区巡视巡察工作会议暨十届自治区党委第一轮巡视动员部署会上的讲话精神》；会议宣布《十届县委第二轮巡察组授权任职及任务分工决定》。

15日　县司法局、县国安办组织全县各普法成员单位围绕“树牢总体国家安全观，感悟新时代国家安全成就，为迎接党的二十大胜利召开营造良好氛围”主题，在县城主街道开展国家安全普法宣传教育活动。

同日　县总工会邀请全国优秀农民工巴果、自治区级劳模多吉到拉玉乡强吉村返乡农民工中开展“弘扬劳模精神　展现劳模风采”宣讲活动。

同日　琼结县工商联（商会）召开第二次代表大会，市委统战部副部长、市工商联党组书记李国庆，湖北省襄阳市第九批援藏工作领队、县委常务副书记陈永涛出席会议并讲话，县委常委、统战部部长、县民宗局局长、县政协党组副书记米玛次仁主持会议，县级领导嘎珍、扎西土登、郝高君出席会议。会议传达学习了《2022年全国工商联经济服务工作会议精神和全国工商联十二届五次执委会议精神》《西藏自治区工商联（总商会）六届五次常委会议精神》，听取审议了《琼结县工商联（商会）第一届执行委员会工作报告》。

19日　县委书记韩亮主持召开中共琼结县第十届委员会第23次常委会会议，书面传达《中华人民共和国地方各级人民代表大会和地方各级人民政府组织法》、王君正书记在自治区开展国土绿化行动暨拉萨南北山绿化动员部署会议上的讲话精神、王君正书记在拉萨参加义务植树活动时的讲话精神；传达学习习近平总书记在北京冬奥会、冬残奥会总结表彰大会上的重要讲话精神，《关于地方组织法修改的几个问题》《中共西藏自治区委员会巡视工作规划(2022-2026年)》，4月8日自治区党委常委会(扩大)会议精神，王君正书记和严金海主席就中央生态环境保护督察集中通报典型案例作出的批示精神及“昌都水泥项目批小建大生态破坏问题突出”典型案例，王君正书记对全区教育工作作出的批示精神，王君正书记在日喀则市调研时的讲话精神，王君正书记在扎什伦布寺和萨迦寺调研时的讲话精神。

25日　自治区党委政法委督查组到琼结县督查《中国共产党政法工作条例》及区党委实施细则贯彻落实情况。

同日　琼结县召开食品药品安全委员会第一次会议。

27日　在县委政法委会议室，县委政法委员会召开2022年第一次全体会议，县委常委、政法委书记、县公安局局长董惠军主持会议并讲话。

5月

12日　县人大常委会开展“雅砻环保行”活动暨环境保护“一法一办法”执法检查。

16日　琼结县召开高校就业创业工作领导小组会暨农牧民转移就业工作推进会。

17日　团县委在琼结县中学组织全校团员开展“喜迎二十大　争做好团员”主题团日活动。

同日　琼结县召开2022年妇儿工委工作会议，学习贯彻习近平总书记关于妇女儿童工作的重要论述，回顾总结2021年工作，安排部署2022年重点任务。

19日　县旅发局在县城步行街景区开展以“感悟藏源文化、尽享绿谷风光”为主题的第12个“中国旅游日”宣传活动，现场与群众、游客共同品读《吐蕃故里　西藏琼结》。

20日　琼结县召开2022年防汛抗旱工作会议，分析研判当前面临的防汛抗旱工作形势，周密部署汛期各项工作。

24日　县委书记韩亮主持召开中共琼结县第十届委员会第25次常委会会议，传达学习习近平总书记在主持召开中央财经委员会第十一次会议时的讲话精神，习近平总书记在中国人民大学考察时的讲话精神，4月24日自治区党委常委会（扩大）会议精神，王君正书记在自治区应急管理系统调研时的讲话精神，王君正书记在主持自治区党委全面依法治藏委员会会议时的讲话精神，王君正书记在自治区总工会、团区委、区妇联调研时的讲话精神，王君正书记在主持自治区党委平安西藏建设领导小组会议时的讲话精神，王君正书记在十届自治区党委国家安全委员会第一次全体会议上的讲话。

25日　县委书记韩亮到琼果水库实地调研水库运行管理情况。

同日　由县文化局主办、县综合文化活动中

心承办的以“喜迎二十大·唱响新时代”为主题的琼结县第二届“藏源之声”歌手大赛，在琼结县影剧院圆满落幕。

同日 琼结县召开“三区三线”划定工作第二次推进会议。

30日 县委书记韩亮，副县长扎西土登以及县教体局负责同志到加麻乡金珠村双语幼儿园、白松村双语幼儿园、下水乡下水村双语幼儿园开展“六一”节日慰问。

31日 县委书记韩亮主持召开中共琼结县第十届委员会第26次常委会会议，书面传达4月29日中共中央政治局会议精神、王君正书记在阿里地区调研时的讲话精神；传达学习习近平总书记在庆祝中国共产主义青年团成立100周年大会上的讲话精神、西藏自治区学习贯彻习近平总书记庆祝中国共产主义青年团成立一百周年大会上的重要讲话精神座谈会精神、5月5日中央政治局常委会会议精神、习近平总书记在主持十九届中共中央政治局第三十八次集体学习会议精神、王君正书记在自治区人力资源和社会保障厅调研时的讲话精神、《中共西藏自治区委员会关于加强对“一把手”和领导班子监督的实施意见》《中共西藏自治区委员会办公厅关于昌都市委原书记阿布严重违纪违法案件的通报》《王君正书记在全区宗教界开展“国家意识、公民意识、法治意识”教育动员部署会上的讲话》。

6月

6日 琼结县召开贯彻落实全国稳住经济大盘电视电话会议精神暨经济运行分析调度会，梳理总结1月至4月经济运行情况，分析研判当前经济形势。

10日 琼结县召开县委农村（乡村振兴战略）工作领导小组会议暨增收工作调度会议，安排部署全县巩固拓展脱贫成果同乡村振兴有效衔接和农牧民增收工作。

17日 县委书记韩亮主持召开中共琼结县第十届委员会第27次常委会会议，书面传达5月27日区党委理论学习中心组学习会议精神、中央第四生态环境保护督察组向西藏自治区反馈督察情况会议精神；传达学习习近平总书记致2022年六五环境日国家主场活动贺信精神、2021年西藏自治区生态环境状况公报、习近平总书记致中国儿童中心成立40周年的贺信精神、王君正书记参加“六一”主题日活动时的讲话精神、王君正书记在区国资委调研时的讲话精神、王君正书记在布达拉宫罗布林卡调研时的讲话精神。

24日 自治区农业技术推广服务中心主任隆英到琼结县开展调研。

同日 由琼结县水利局、湖北省襄阳市第十批短期援藏队工作人员组成的宣传小分队到琼结县实验幼儿园开展水知识教育宣传活动。

7月

1日 县委书记韩亮主持召开中共琼结县第十届委员会第28次常委会会议，传达学习《领导干部配偶、子女及其配偶经商办企业管理规定》《中共中央办公厅关于印发〈党委（党组）网络意识形态工作责任制实施细则〉的通知》、习近平总书记在四川考察时的重要讲话精神、习近平总书记在主持十九届中共中央政治局第四十次集体学习讲话精神、《中共西藏自治区委员会办公厅关于拉萨市达孜区原区委副书记、区长春新严重违纪违法案件的通报》、王君正书记主持召开自治区党委统一战线工作领导小组会议时的讲话精神、庄严常务副书记6月30日在自治区维稳指挥部调度工作会议上的讲话精神（根据录音整理）、庄严常务副书记5月26日维稳工作会议讲话精神和刘江常委6月19日维稳工作会议讲话精神。

13 日　琼结县召开树立农牧民新风貌行动动员部署会议。

15 日　县委书记韩亮主持召开中共琼结县第十届委员会第 29 次常委会会议，传达学习习近平在庆祝香港回归祖国 25 周年大会暨香港特别行政区第六届政府就职典礼上的讲话精神、习近平在湖北武汉考察时的讲话精神、王君正书记在自治区党委全面依法治藏委员会会议上的讲话精神、王君正书记在听取拉萨市工作情况汇报时的讲话精神、《关于印发〈达娃次仁同志在自治区为基层减负工作第七次推进会上的讲话〉的通知》《西藏自治区减负办关于转发〈关于规范管理“长制”工作进展情况报告〉的通知》《西藏自治区减负办关于转发中央专项机制办公室〈大数据分析基层减负三年来的成效、问题及期盼〉的通知》。

同日　县总工会、县应急管理局在县文化活动中心联合主办 2022 年“安康杯”知识竞赛。

18 日　自治区树立农牧民新风貌行动试点工作推进会在琼结县召开。

26 日　县纪委监委组织全县各单位、各乡镇乡科级干部及村（社区）党组织书记、村务监督委员会主任召开廉政警示教育大会。

27 日　山南市沿江中部县第二季度农村人居环境整治现场推进会在琼结县召开。市人大常委会副主任、市委人居环境整治专班副组长安兴国主持会议并讲话。会议中，为在第二季度督导考核中获得“十佳乡（镇）”的乃东区昌珠镇和索珠乡、琼结县加麻乡和下水乡、贡嘎县江塘镇颁发流动红旗。

28 日　县自然资源局组织县应急管理局、交通局、发改委、水利局、气象局、公安局、消防、医院等相关单位在下水乡久河村开展突发地质灾害应急演练。

29 日　县委书记韩亮主持召开中共琼结县第十届委员会第 30 次常委会会议，传达学习习近平总书记在新疆考察时的讲话精神、王君正在全区干部驻村工作会议上的讲话、王君正和洛桑江村在自治区党委人大工作会议上的讲话、王君正同志在西藏大学调研时的讲话、《中共西藏自治区委员会办公厅关于“3・7”森林火灾事故的通报》《中共西藏自治区委员会办公厅　西藏自治区人民政府办公厅关于进一步加强公务用车管理和司乘人员安全教育管理工作的通知》。

8 月

1 日　县政协主席仁增多吉带队到农村籍困难退役军人家中开展八一建军节慰问活动。

3 日　县市场监督管理局在拉玉乡强吉村开展以弘扬“食品药品安全共治共享”理念的食品药品安全宣传活动。

4 日　琼结县委召开党的建设（基层组织建设）工作领导小组 2022 年第二次会议，全面总结上半年基层党建工作开展情况，安排部署下一阶段工作。县委书记韩亮出席会议并讲话。县委常务副书记、常务副县长王晓静主持会议。边巴、白玛多吉、董惠军、旦增旺堆出席会议。

7 日　琼结县召开国家乡村振兴示范县申报创建工作推进会。县委常务副书记、常务副县长王晓静主持会议并讲话。华中师范大学中国农村研究院博士石健介绍申报创建工作有关情况，并安排部署申报专班具体工作任务。

19 日　县委书记韩亮出席琼结县扎囊支援队出征仪式并讲话，40 名医护人员参与支援扎囊县新冠疫情防控。

23 日　县委书记韩亮主持召开中共琼结县第十届委员会第 31 次常委会会议，传达学习王君正书记在日喀则督导落实新冠疫情防控工作时的讲话精神、8 月 16 日山南市应对新冠疫情工作领导小组会议精神、8 月 18 日山南市应对新冠疫情工作领导小组会议精神、山南市应对新冠疫情工作领导小组办公室第 19 号公告。

9月

4日　县委书记韩亮主持召开琼结县新冠疫情防控及有序复工复产工作会议，研究讨论相关行业部门统筹疫情防控和复工复产工作。

19日　县委书记韩亮主持召开中共琼结县第十届委员会第32次常委会会议，传达学习山南市2022年应对新冠疫情领导小组第29次会议暨疫情形势研判会议精神、《山南市应对新冠肺炎疫情工作领导小组办公室公告（第54号）》，研究持续做好常态化疫情防控工作和进一步有序恢复生产生活秩序。

23日　县委书记韩亮主持召开中共琼结县第十届委员会第33次常委会会议，书面传达学习9月19日自治区党委常委会会议精神、王君正书记在山南市贡嘎县督导检查新冠疫情防控工作时的讲话精神、《关于转发五件疫情防控工作典型问题通报的通知》；传达学习习近平总书记在中央政治局第三十九次集体学习时的讲话、习近平总书记在省部级主要领导干部专题研讨班上的重要讲话精神、习近平总书记在中央统战工作会议上的重要讲话精神、王君正、庄严同志在全区宗教工作会议上的讲话、王君正书记在自治区第九批援藏总结表彰大会上的讲话。

28日　琼结县召开人民政府党组2022年第八次（扩大）会议暨统筹疫情防控和复工复产工作部署会。

10月

11日　县委书记韩亮主持召开中共琼结县第十届委员会第34次常委会会议，书面传达学习王君正书记在区党委第27次、第28次常委会上关于党的二十大维稳安保工作的讲话精神，王君正书记、庄严常务副书记在9月28日和10月11日在自治区维稳指挥部视频会议上的讲话精神；传达学习中共中央办公厅印发的《推进领导干部能上能下规定》、《中共中央办公厅关于浙江省嘉兴市违规改扩建南湖宾馆问题查处情况的通报》、汪洋主席在第三次对口支援西藏工作会议上的讲话精神、王君正书记主持召开自治区党委全面深化改革委员会会议。

19日　县委书记韩亮一行先后到加麻乡金珠村、昌嘎村，琼结镇白日村，下水乡唐布齐村、措杰村深入了解人居环境。

21日　自治区发改委组织专班人员到琼结县拉玉乡堆巴村调研乡村振兴项目建设情况。

同日　琼结县农牧民“助企惠民、城乡共促、享购琼结”消费券发放仪式在琼结镇雪巴社区居委会大院举行。

25日　由市农业农村局副局长扎西带队的山南市草原生态保护补助奖励机制工作验收组在琼结县开展2021年、2022年度第三轮草原生态保护补助奖励机制验收工作，琼结县通过草原生态保护补助奖励政策工作市级验收。

27日　县委书记韩亮主持召开中共琼结县第十届委员会第35次常委会会议，书面传达学习习近平总书记在中国共产党第二十次全国代表大会上的报告、中国共产党第二十次全国代表大会精神传达提纲、习近平总书记在参加党的二十大广西代表团讨论时的重要讲话精神、10月25日中共中央政治局会议精神、中国共产党第二十次全国代表大会关于十九届中央纪律检查委员会工作报告的决议、10月26日王君正书记在自治区党委常委会（扩大）会议和在自治区领导干部大会上的讲话精神、许成仓书记在全市传达学习党的二十大精神干部大会上的讲话；传达学习中国共产党第十九届中央委员会第七次全体会议公报、习近平总书记在中国共产党第二十次全国代表大会闭幕会上的重要讲话精神、习近平总书记在二十届中共中央政治局常委同中外记者见面时的重要讲话、十九届中央纪律检查委员会向中国共产党第二十次全国代表大会的工作报告、10月17日王君正书记在西藏代表团分组会议上的讲话精神、王君正书记在西藏代表团举行全体会议上的讲话精神。

31日　琼结县十四届人大常委会第九次会议第一次全体会议召开。

同日　县委统战部组织召开全县统一战线领域学习贯彻中国共产党第二十次全国代表大会精神专题会议。县委常委、县政协党组副书记、县委统战部部长、县民宗局局长米玛次仁出席会议并讲话，日吾德庆寺管会党组书记、主任次旺主持会议。全县统战民宗、寺管会全体干部，党外知识分子代表，境外藏胞境内亲属，民营企业代表参加会议。

11月

14日　在党政七楼会议室召开十届县委第三轮巡察工作动员部署会议。

16日　琼结县整县屋顶分布式光伏项目开工仪式在县救灾物资储备库大院内举行。县委书记韩亮致辞。县委副书记、县长秦梅鸯宗，县委常委、副县长褚春明及县直各产权单位和华能雅江公司、四川能达监理、中国电建中南院等相关人员出席开工仪式。

18日　市人大常委会副主任安兴国在琼结县宣讲党的二十大精神。

同日　县委书记韩亮主持召开中共琼结县第十届委员会第36次常委会会议，书面传达学习学习贯彻党的二十大精神中央宣讲团（拉萨）报告会精神、王君正书记在自治区党委理论学习中心组专题读书班集中学习时的讲话精神、王君正书记在自治区政法系统宣讲党的二十大精神时的讲话、王鸿津同志在省市两级巡视巡察办主任培训班暨市级巡察机构在上下联动中更好发挥作用试点工作总结会议上的讲话提纲、《中国共产党章程》、习近平总书记在瞻仰延安革命纪念地时的重要讲话精神、习近平总书记在陕西延安和河南安阳考察时的重要讲话精神、《习近平谈治国理政（第四卷）》第四章——《实现中华民族伟大复兴必须坚持斗争精神》《依靠斗争赢得未来》《不断增强进行伟大斗争的意志和本领》《中共中央办公厅关于印发〈党的十九大以来中央巡视工作总结报告〉的通知》。

24日　在县委政法委会议室，县委常委、政法委书记、县公安局局长董惠军主持召开政法委员会第二次全会扩大会议暨委员述职会议，政法委员会各委员参加会议。

28日　县委副书记、县长秦梅鸯宗到县增收办视察并安排下一步增收工作。

29日　自治区宣讲团在琼结县宣讲党的二十大精神。

30日　县委书记韩亮主持召开中共琼结县第十届委员会第37次常委会会议，书面传达学习《中共中央办公厅 国务院办公厅关于印发〈统计违纪违法责任人处分处理建议办法〉的通知》、11月28日自治区党委常委会（扩大）会议精神、王君正书记在自治区高校宣讲党的二十大精神并调研时的讲话精神；传达学习习近平总书记对河南安阳市凯信达商贸有限公司火灾事故作出重要指示、11月10日中共中央政治局常务委员会会议精神、王君正书记在调研全区复工复产情况时的讲话精神、王君正书记在自治区党委党校（行政学院）座谈会上的讲话、尼玛旦增副书记在市委维护稳定领导小组会议上的讲话、关于深化统计管理体制改革提高统计数据真实性的实施意见。

12月

12日　县委书记韩亮主持召开中共琼结县第

十届委员会第五次全会，韩亮代表县委常委会向全会作工作报告，对《中共琼结县委员会关于深入贯彻落实党的二十大精神和区党委十届三次全会、市委二届五次全会精神 全面建设社会主义现代化新琼结的实施意见》（讨论稿）作说明；书面印发《琼结县委常委会改进作风狠抓落实工作情况报告（讨论稿）》《琼结县委常委会抓党的建设工作情况报告（讨论稿》。

14 日　县委书记韩亮主持召开中共琼结县第十届委员会第 38 次常委会会议，传达学习王君正书记在主持召开自治区党委常委会（扩大）会议上的讲话精神、12 月 1 日自治区党委理论学习中心组学习会会议精神、中国共产党西藏自治区第十届委员会第三次全体会议精神、中国共产党山南市第二届委员会第五次全体会议精神。

15 日　县委召开人大工作会议，贯彻落实习近平法治思想，贯彻落实党的二十大精神和党中央、区党委、市委人大工作会议精神，总结推进新形势下的人大工作。县委书记韩亮出席会议并讲话。县委副书记、县长秦梅鸯宗主持会议。县委副书记、县人大常委会主任蒋芝辉就《县委关于加强和改进新时代琼结人大工作的意见》（讨论稿）作说明并汇报人大系统学习贯彻落实的打算。县领导边巴、央金出席会议。

19 日　由山南市人大常委会副主任、农村人居环境整治工作领导小组副组长安兴国带领的督导组，对琼结县 2022 年第四季度农牧区人居环境整治工作进行专项督导评价。

26 日　琼结县召开 2022 年“中国人民警察节”表彰大会。

27 日　县委书记韩亮主持召开中共琼结县第十届委员会第 39 次常委会会议，传达学习中共中央办公厅 国务院办公厅印发《乡村振兴责任制实施办法》、12 月 6 日中共中央政治局会议精神、习近平总书记在主持召开党外人士座谈会上的重要讲话精神、12 月 9 日自治区党委常委会（扩大）会议精神、王君正书记在自治区自然资源系统调研时的讲话精神。

29 日　琼结县召开岁末年初安全生产工作暨冬春火灾防控工作部署会。

县情概况

自然地理

【地理位置】 琼结县位于山南市南部，东面、北面与山南市驻地乃东区接壤，西面与山南市扎囊县毗邻，南面与山南市措美县相邻，土地面积1030平方千米，平均海拔3761米，地理坐标为北纬28°48′~29°12′，东经91°22′~91°47′，全境长44千米，位于雅鲁藏布江和喜马拉雅山之间，西、南、北三面环山，东面为狭窄谷地，地势西高东低，境内有一条季节性琼结河贯穿全境流入雅砻河至雅鲁藏布江。县城距山南市驻地乃东区28千米。

【气候条件】 琼结县属高原温带半干旱气候类型。2022年平均气温8.6℃，年平均最高气温17.0℃，年平均最低气温1.2℃，极端最高气温28.4℃；总日照时数3487.5个小时，年平均日照百分率79%，每月日照时数均高于200小时以上；总降水量271.1毫米，日最大降水量为20.1毫米；县城降雪开始时间为2021年12月23日，结束时间为2022年5月3日，降雪周期有130天，实际降雪天数为13天；无霜期为269天；年平均湿度41%；全年风向频率主要是南风，年平均风速3.1米/秒，极端最大风速为24.5米/秒；2022年最大冻土深度为15厘米；县城地面平均气压为645.9百帕，平均气压最高为648.2百帕，最低为642.5百帕；年平均水气压4.9百帕。

资源概况

【动物资源】 琼结县国家野生保护动物有藏羚羊、岩羊、黑颈鹤、雪豹、天鹅、獐子、藏野驴等。

【植物资源】 琼结县野生植物主要有虫草、贝母、雪莲花、麻黄和红景天等。

【矿产资源】 琼结县已探明矿产资源有锑、铬、铁、水晶石、玉石等。

【旅游资源及特产】 琼结县主要旅游景点有国家级重点文物保护单位AAA级景区藏王墓、自治区级重点文物保护单位强吉庄园等。特色产品有糌粑、酸奶、青稞酒、达瓦卓玛服饰等。

行政区划

琼结县行政区划代码540524，辖琼结镇、加麻乡、拉玉乡、下水乡，20个行政村（社区），71个自然村。县人民政府驻地琼结镇。

人口·民族

【人口】 2022年，琼结县总人口18008人，5473户：其中城镇居民2250人，1374户；农村居民15758人，4099户。

【民族】 2022年，琼结县民族以藏族为主，另有汉族、回族、彝族、门巴族等10多个民族。

经济发展

【国民经济和社会发展】 2022年，琼结县完成地区生产总值67842.9万元，同比增长1.7%（可比价），其中，第一产业增加值4741.9万元，增长5.0%；第二产业增加值39339.3万元，增长2.3%；第三产业增加值33761.8万元，增长1.5%。全社会固定资产投资完成30441万元，增长35.1%，增速位居12县（区）前列，其中招商引资完成6015万元，同比增长216%。全年完成邮政业务总量74万元；完成电信业务总量800万元；固定电话用户2300户，使用率95%；移动电话用户5962户，使用率46%；互联网用户2982户；社会消费品零售总额12903万元，下降5.5%。接待旅游10.8万人次，同比下降37.1%，实现旅游收入679.8万元，同比下降37.1%。地方财政收入2952万元，同比下降8.4%；地方财政支出78156万元，同比增长34.9%。年末城乡居民储蓄存款余额66010万元，增长17.7%；农村居民人均可支配收入19811元，增长7.7%。

【农牧业发展】 琼结县以农牧业结合为主，主要农作物有冬小麦、青稞、豌豆、油菜、土豆、玉米等，牲畜有牦牛、黄牛、山羊、绵羊、马、骡、驴等。全年农作物播种面积2.74万亩，其中粮食作物面积1.84万亩，经济作物面积6700亩。

【文化旅游】 推进藏王墓景区申报国家4A级景区创建，投入2272万元实施拉玉乡强钦庄园片区乡村振兴项目；投入650万元打造新旧西藏对比教育基地，将强吉村、藏王墓、藏王陵博物馆、吐蕃故都等景区纳入旅游路线，与30多家旅行社签订了合作协议。累计接待区内外游客10.8万人次，实现旅游收入679.8万元。

【产业发展】 粮食产量达到1.145万吨，完成国营牧场改制，推进高山畜牧产业项目，肉、奶产量分别达到870吨、1294吨。110千伏输变电工程开工建设。全区首个整县屋顶分布式光伏项目加快实施。全区首个电梯生产制造项目通达电梯建成。雅拉香布天然饮用水实现产值9258万元，丰华能源、萨喜钦布手工藏毯等企业有序发展。新增社会消费品零售总额限额以上企业1家。绿色产业园、江北产业园、农产品加工产业园“三园齐驱”格局初步形成。

社会事业

【教育事业】 2022年，琼结县有各级各类学校27所，全县在校生共2228人。农牧区学前三年儿童入园率达到99.67%，小学适龄儿童入学率达到100%、巩固率达到100%，初中入学率达到100%、巩固率达到100%。145名初中生报名参加全区高中招生考试，内地西藏班（校）上线7名，占4.8%；重点高中上线24名，占16.6%；普通高中上线83名，占57.2%；区内中职上线31名学生，占21.3%；初中总体毕业率100%；全县中考平均495.89分，比2021年提高54.89分，总成绩名列全市12个县（区）第八名。全县教育系统干部及教职工共365人，有高级教师47人，一级教师106人，二级教师100人，三级教师12人。完成2022年度中教高级职称推荐和中初级职称评审工作。派遣县教育局机关干部、优秀教师观摩学习内地办学经验和教育管理，业务培训教师795人次。全年共78名教师和教育工作者获得区、市、县先进个人和优秀荣誉奖。全面完成265名教师的首次岗位认定工作。2022年，投资860万元，组织实施项目4个：琼结县白日村幼儿园薄弱改造建设项目、琼结县拉玉乡小学供暖工程建设项目、琼结县琼结镇完全小学供暖工程二期建设项目、山南市琼结县薄弱幼儿园办学条件改善建设项目。出台《学前教育联席会议制度》，投入60余万元实施幼儿园维修改造、设备添置、调整充实教师队伍。2022年，全县有22所幼儿园，县域内在园幼儿612名。7所幼儿园通过市级一类评估认定，3所幼儿园通过市级二类评估认定。调整充实琼结县控辍保学工作领导小组，制定出台《琼结县义务教育控辍保学工作实施方案》《琼结县义务教育阶段控辍保学工作监督和问责机制》等文件。全面实现义务教育阶段适龄儿童入学率、巩固率100%，成为“双百”县。全面落实从学前到高中教育阶段15年免费教育和“三包”等“三免一补”政策。落实2022年山南市大学生资助资金388.1万元，受惠人数519人；落实2022年西藏自治区建档立卡大学生资助补差资金80002元，资助建档立卡大学生100人；拨付学生交通经费227300元等。研究制定《琼结县教育教学质量提升三年行动计划》，县教育局教研人员参与学校教研教改活动50余次，参加市级课题研究4项。狠抓“三科”教学班指导和教师“一考三评”工作。县教育局督导室、教研室深入学校进行7次专题教育教学常规检查。举行中小学教师“教学技能大赛”“中小学生数学知识竞赛”“中小学生作业质量评比”等活动。开展“培养什么人、怎样培养人、为谁培养人”专题教育活动，组织学生开展“共同团结奋斗、共同繁荣发展”“民族团结一家亲、同心共筑中国梦”“诵读红色经典　唱响时代旋律”“童心向党、永远跟党走”等主题活动，全面普及双语教学。各中小学校、幼儿园打造特色课间操；开展民族团结进步示范校创建活动。创建自治区铸牢中华民族共同体意识示范学校1所，自治区防震减灾科普教育示范学校1所，山南市党建工作示范学校1所，山南市民族团结进步示范学校2所，西藏非物质文化遗产进校园示范基地1所，县教育局荣获全区实施妇女儿童发展规划先进单位和全区教育系统先进集体。

【文化事业】　2022年，县财政投入本级财政收入3%作为文化产业发展资金，主要用于扶持文化产业发展和文化事业建设。举办“感恩新时代·迈向新征程”文艺会演4次。举办“欢乐过大年·喜迎冬奥会——我们的美好生活”2022年全国“村晚”示范展示活动暨西藏琼结县强吉村“村晚”、“3·28”西藏百万农奴解放纪念日系列活动；举办以“喜迎党的二十大暨欢度藏历水虎新年”为主题的文艺演出，开展以“连接现代生活　绽放迷人光彩”为主题的2022年“文化和自然遗产日”启动仪式、“民族团结颂党恩　同心喜迎二十大”琼结县民族团结进步主题文艺会演和“庆七一　喜迎二十大”文艺演出。创作文艺作品舞蹈《祥照雅砻》《文明对话》、小品《大计划》、相声《生态环境　人人相关》等16个作品，开展“送文艺”下乡演出62场（次），服务群众1.6万余人（次），创作《等你回家》等8个新冠疫情防控短剧，点击观看人数达8万余人次。举办 2022 年“晚间两小时”播音主持培训班，琼结县第一、第二期“悦之声”扎念琴培训班，2022 年琼结县公共文化服务体系建设专题培训班，组织县艺术团文艺骨干到行政村开展指导培训；完成琼结县图书馆 2022 年纸质图书补充更新，更新图书 1000 余册；开展图书进村(社区)、进寺庙、进机关等活动 20 余场次。建立 20 个村（社区）的公共文化服务平台专网。全县各级文化馆（站）免费开馆接待人数 8919 余人次，开展各类文化活动 240 场次，服务人数 2. 8 万余人次。通过国家公共文化云平台、网信琼结、文化琼结等网络平台开展线上文化活动 20 余场次，参与人数 20 余万人次。完成第七次全国县级以上公共图书馆评估定级申报工作。建立健全琼结县首届非物质文化遗产专家评审小组和专家评审委员会。国家级非物质文化遗产琼结县久河卓舞传承人尼玛老人荣获 2021 年“中国非物质文化遗产年度人物”称号。琼结县中学于 2022 年 3 月 31 日被正式公布命名为第二批西藏非物质文化遗产进校园示范基地。自治区级非物质文化遗产德庆铁器制作技艺被列入“西藏自治区非物质文化遗产项目传习基地”。市级非物质文化遗产强钦青稞酒列入县级“非物质文化遗产工坊”。开展以“连接现代生活　绽放迷人光彩”为主题的 2022 年“文化和自然遗产日”启动仪式，召开全县第一次非物质文化遗产普查挖掘成果评审会，对普查挖掘到的 19 项具有地方特色、文化特点的非物质文化遗产项目进行公示。

【医疗卫生】　2022 年，琼结县完成 280 余万元的县、乡医疗设备及县医院电子票据系统建设项目；完成 80 万元的乡（镇）卫生院检验室净化改造项目建设及设备安装工作；完成 41 万元的乡（镇）村卫生院（室）就医环境设施维修改善项目。完成 12974 名全民免费健康体检。对全县 36 名严重精神障碍患者服务管理率达 100%。兑现 109 名农牧民群众住院一次性分娩奖励金、住院分娩补助、奖励待产生活补助共 26. 009 万元。营养包发放 2878 盒，营养包覆盖率达 95%以上。推动琼结县 35-64 岁农牧区妇女和城镇贫困妇女“两癌”免费筛查工作，2022 年度任务数 470 人，初筛完成 480 人。县辖区 13 岁以上在校女生 302 人，接种 HPV 疫苗 147 人。对 1172 名 70 岁以上老年人兑现老年人健康补贴、寿星老年人补助 68. 41 万元。兑现 2022 年度“一孩双女”“死亡家庭”“伤残家庭”补助资金 137. 364 万元，享受补助资金人数共 744 人。制定细化《琼结县职称评定考核细则》，制定下发《琼结县卫生系列职称岗位设置等级认定办法》，完成 2022 年卫生系列岗位设置等级认定考评，晋级副高五级 1 人，晋级中级八级 6 人、中级九级 8 人，晋级初级十一级 11 人。全县城乡居民基本医疗保险参保 15468 人，参保率 99. 8%，重点救助对象参保率 100%；全年城乡居民住院、门诊慢特报销 1018 余人次，报销金额 411. 93 万元。完成 18 个村（居）卫生室定点医疗机构协议签订、挂牌以及医保编码系统贯标赋码、医保结算工作。全县城镇职工医疗保险参保 1081 人，城镇职工住院、门诊报销 800 余人次，报销金额 256. 11 万元；职工生育报销 27 人次，报销金额 39. 94 万元；职工清户 23 人次，金额 11. 19 万元；发放体检费 917 人，发放金额 90. 92 万元。办理医疗救助 562 人次，救助金额 136. 89 万元。特困人员、重度残疾人员、孤儿、低保对象，脱贫不稳定（边缘易致贫）且纳入民政、乡村振兴等部门低收入监测范围的参保人员和乡村振兴部门认定的返贫致贫人口等特殊困难人群参保缴费进行资助，全年资助 614 人，资助金额 19. 09 万元。县人民医院接诊门诊急诊病人 19688 人次，入院 321 人，出院 321 人，住院手术 42 例；实际开放总床日数 15695 日，实际占用总床日数 2018 日，出院者占用总床日数 2018 日，出院者平均住院日 6. 27 天；治愈人数 222 人，治愈率 69. 2%；好转人数 88 人，好转率 27. 4%；转院人数 11

人，转院率 3.4%，住院死亡人数 0。全年发生 11 例传染性疾病。脊灰旬报门诊总数为 2142 人，无脊灰状态。10 种疫苗应接种 1550 人次，实际接种数为 1156 人次，接种率为 74.6%。全年无疫苗相关疾病流行和接种安全事故等情况发生。共有 2 例 HIV 阳性患者，进行每年 2 次管理和随访工作。开展碘缺乏病防治工作，全年开展食用盐样本采样 300 份；开展包虫病防治工作，包虫病建档立卡 56 人，自愿药物治疗 23 人，手术 21 人，仅随访无需治疗 12 人；开展农村环境卫生监测和学生营养健康状况监测工作，采集土壤样品 20 份，对 100 户家庭进行农村环境监测入户调查和现场观察，对 5 所学校进行农村学校环境卫生状况调查，完成农村学生营养改善计划与营养健康状况常规监测工作。全县 35 岁以上高血压患者有 1362 例，65 岁以上老年人 1599 人，糖尿病 24 例，重症精神病患者共 36 人。全县有结核病共 12 人，其中治愈 1 人，完成治疗 4 人，药物治疗 7 人。2022 年，保护性灭獭面积 650 公顷，密度为 0.04 匹/公顷。开展保护性灭獭工作投药堵洞 170 个，堵废弃洞 300 个。采集绵羊血清 28 份，野狗血清 52 份进行血清学检测，结果均为阴性。与各乡（镇）人民政府和农牧民施工队签订鼠疫防控目标责任书。2022 年，全县产妇总数 135 人，活产总数 135 人，孕产妇建册人数 124 人，孕产妇系统管理率 91.2%，孕产妇血红蛋白检测人数 136 人。婚前检查及孕前优生优育检查人数 172 人。对全县大病确诊患者建立台账 22 人，其中卡内 6 人，卡外 16 人。

【社会保障】 琼结县实现城镇就业 540 人，城镇登记失业率 3%。截至年底，参加城镇失业保险 1669 人，参加基本养老保险 12827 人，城镇职工参加基本养老保险 10811 人。参加新型农村合作医疗 15468 人，参合率 99.8%。参加新型农村养老保险 10811 人，已领取养老保险待遇 2638 人。

【社会治理】 研究制定《2022 年度琼结县国家安全工作要点》《2022 年琼结县维护国家安全和社会稳定工作总体方案》《2022 年琼结县应对维稳突发事件工作总体预案》等文件，调整充实县委国家安全委员会成员。推进反分裂斗争，把握寺庙这个影响稳定的“牛鼻子”，县委主要领导先后 5 次调研寺庙，敏感时期安排 7 名县级领导包保寺庙。优化维稳体系，将全县 582 个联户单位、7 支群防群治组织，优化调整为 72 个网格，配齐 72 个网格长和 144 名网格员，72 名科级干部包保网格。推进“先进双联户”创建活动，通报表扬县级“先进双联户”8 个。化解全县重大安全风险，未发生各类安全生产事故，生产安全保持“零伤亡”。

【疫情防控】 实施县域医共体信息化建设、疾控中心能力提升等项目，改善乡村医疗服务条件。深化医药卫生体制改革，构建县、乡、村三级一体化管理模式。落实“乙类乙管”要求，抓好常见病、地方病、慢性病综合防治。

生态文明建设

【生态环境】 设立县级林长 2 人、副林长 20 人，划分责任区域 20 个。全县人工造林 9300 亩，完成城乡道路绿化 110 千米，全县林草覆盖率达 93.32%。累计投入财政衔接推进乡村振兴补助资金 1.6 亿元，打造乡村振兴示范村 2 个、人居环境整治村 2 个、巩固提升村 1 个。全县户厕改造共改造完成 2940 户，普及率 92%；村内主要道路硬化率、农村安全饮水率均达 100%；开展“美丽庭院”创建工作，已创建示范户共 88 户。设置 9 处地表水环境质量监测点位，划定农村饮用水水源地 62 个，县城集中式饮用水水源地 2 个。完成生态红线划定及污染源普查工作，实现排污许可在线登记，污染物排放控制在指标范围内。开展违规建筑物专项清理行动，加强未利用土地监管。

【建设成果】 2022 年，琼结县创建为第六批国家级生态文明建设示范县。委托第三方机构对琼结县定期开展环境质量监测工作，琼结县空气、地表水、饮用水水源地、声环境均达到《环境空气质量标准》一级标准限值、《地表水环境质量标准》Ⅲ类标准限值、《地下水环境质量标准》Ⅲ类功能区标准限值、《声环境质量标准》0 类功能区环境噪声限值。

发展战略

【乡村振兴】 完成国家综合考核评估。动态监测预警、稳岗就业增收、搬迁后续扶持等措施全面落实，守住不发生规模性返贫的底线。脱贫人口、易地扶贫搬迁群众人均纯收入分别达 16465 元、15260 元，比 2021 年分别增长 16.3%、20%。实施涉农资金统筹整合项目 14 个、总投资 1.58 亿元。推进树立农牧民新风貌行动，谋划实施 5 大类 20 个项目，打造了“文化银行”“绿色银行”等特色亮点。农村户用卫生厕所普及率达 95%，250 户家庭创建为“美丽庭院”示范户。村组主要道路硬化率 100%。农村饮水安全成效持续巩固提升。加麻村入选第六批中国传统村落名录。

【强基惠民】 琼结县第十批 60 名驻村队员向群众开展党的二十大精神、党的创新理论、党史、反分裂、安全教育等各类宣讲 980 余场次，受教育群众 9.6 万余人次；组织开展各类文艺活动 60 场次，受众 1.2 万余人次。组织社区干部、群众党员、联户长开展学习交流 50 余次，发言交流人数 130 余人次，通过社区微信群向群众推送应知应会基本知识 200 余次，受教育群众 3 万余人次；开展干部文化素质提升和国家通用语言专场培训 40 多期。召开维稳部署会 60 余场次，制定相应维护社会稳定工作方案和应急预案 30 余份，组织巡逻 300 余次，宣传宣讲 50 余次，受教育群众达 2000 余人次。各工作队开展为民办实事行动，累计办实事好事 489 件，涉及资金折合 240 万元。收集村情民意 255 条，解决 195 条。新冠疫情防控期间，琼结县驻村领域先后投入志愿者 1200 余人次，摸排外来人员轨迹 2910 人次，协调组织开展核酸检测 9.5 万余人次。设立 49 处村级卡点，对入村路段、社区互通道路及小组之间道路实行封闭管理，成立 45 个巡逻小组不间断巡逻。自新冠疫情发生至 2022 年年底，组织全县农牧民党员和群众自发捐款捐物合计 62590 元。

【对口援藏】 湖北省襄阳市第十一批援藏工作队完成 2022 年襄阳市援藏项目共计 12 个，总投资 1669 万元，实施琼结镇少儿智力拓展中心、内地代培班、幼儿园薄弱改造等项目。选派琼结县优秀教师前往湖北文理学院培训学习，协调襄阳医护人员到琼结县人民医院开展医疗援藏工作，完成琼结县普外科首例微创手术和骨科首例创伤骨折手术。建立健全预算绩效管理制度体系，组织制定《琼结县行政处罚案卷标准及文书参考样式》。

中共琼结县委员会

综　述

【概况】　2022 年，中国共产党琼结县委员会（以下简称县委）以习近平新时代中国特色社会主义思想为指导，深入贯彻习近平总书记关于全面深化改革的重要论和对西藏工作的重要讲话重要指示精神，忠诚拥护“两个确立”、坚决做到“两个维护”，以“四件大事”为抓手、“四个确保”为目标，立足新发展阶段，完整、准确、全面贯彻新发展理念，服务和融入新发展格局，坚持整体推进与重点突破相统一，积极探索符合琼结县实际、体现琼结县特色、具有时代特征的全面深化改革之路，以改革破解发展难题、厚植发展优势，为推动全县长治久安和经济社会高质量发展提供强大动力，切实提升全县广大人民群众幸福感和获得感。

【重要会议】　2022 年，召开县委十届四次五次全会、县委经济工作会议，全面贯彻党的二十大和二十届一中二中全会以及中央第七次西藏工作座谈会精神，坚决贯彻习近平总书记关于西藏工作的重要论述和新时代党的治藏方略，按照区党委九届六次、七次、八次全会和市委一届五次、六次全会的部署，不断增强“四个意识”，坚定“四个自信”，做到“两个维护”。以正确处理好“十三对关系”为根本方法，按照县委九届六次全会确定的“五个三”工作思路，统筹推进新冠疫情防控和经济社会发展，全面建设“富而强、和而美”新琼结县取得决定性成就。全年召开 25 次县委常委会会议、11 次县委专题会议、13 次县委理论学习中心组会议，学习贯彻习近平总书记一系列新思想、新理论、新战略，推动习近平总书记重要指示批示精神和党中央、区党委、市委的各项决策部署落地落实。

11 月 6 日，县委书记韩亮到拉玉乡强吉村宣讲党的二十大精神　（县委办/供图）

【经济发展】　2022 年，全县地区生产总值完成 67843 万元，比 2021 年增长 1.7%；农村居民人均可支配收入 19811 元，增长 7.7%；固定资产投资完成30441万元，增长35.1%，增速位居12县（区）前列，其中招商引资完成6015万元，同比增长216%。全面落实稳经济一揽子政策措施，制定8条补充性措施，安排落实政策性惠民资金1382万元，减免101万元，退、减、缓、免税费2710万元，推动政策红利直达市场主体、困难群体和消费末端。市场主体同比增长10.2%。

【产业发展】 粮食产量达到1.145万吨，其中“菜篮子”二期工程投产，年产量2154吨。完成国营牧场改制，推进高山畜牧产业项目，肉、奶产量分别达到870吨、1294吨。110千伏输变电工程开工建设。全区首个整县屋顶分布式光伏项目加快实施。全区首个电梯生产制造项目通达电梯建成。雅拉香布天然饮用水实现产值9258万元，丰华能源、萨喜钦布手工藏毯等企业有序发展。新增社会消费品零售总额限额以上企业1家。绿色产业园、江北产业园、农产品加工产业园“三园齐驱”格局初步形成。

【深化改革】 推进郎热大道项目建设，推动2022年高标准农田建设项目、堆巴村乡村振兴示范引领建设项目、雪巴村人居环境整治项目等乡村振兴项目。加快琼结县110千伏输变电工程建设进度，配合做好山南拉玉220千伏输变电工程前期准备工作。打造山南市“菜篮子”基地工程，加快建设高原现代农业示范样板；以中石油“格桑泉”天然矿泉水项目、中粮生命之水二期为代表，加快绿色食饮品业发展；以西藏首个电梯生产项目通达电梯、华能“光伏+液氧液氮”源荷储一体化项目、琼结县整县屋顶光伏项目为代表加快推动清洁能源业和绿色工业发展；以萨喜钦布纯手工藏毯、达娃卓玛服饰为代表，加快民族手工业发展；以绿色产业园、江北双创产业园、援藏农产品加工园三大园区建设为契机，加强冷链、仓储、物流及商品交易中心建设，加快商贸物流业发展。壮大高山畜牧、青稞酒、水磨糌粑、民宿旅游、生产托管、手工酸奶等村集体经济。探索建立县域优势资源开发群众利益共享机制，让群众融入产业链、价值链。

【意识形态】 举办“琼结讲堂”“法律讲堂”“专题辅导报告”等4场次。利用“网信琼结”“微琼结·文化银行”传播党的政策理论，弘扬社会主义核心价值观。

【对口援藏】 湖北省襄阳市第十一批援藏工作队积极谋划推进项目援藏，完成2022年襄阳市援藏项目共计12个，总投资1669万元，实施琼结镇少儿智力拓展中心、内地代培班、幼儿园薄弱改造等项目，确定2023年基建项目4个，投资815万元，加快建设援藏产业园、强钦片区等“十四五”规划内项目。选派琼结县优秀教师前往湖北文理学院培训学习，协调襄阳医护人员到琼结县人民医院开展医疗援藏工作，完成琼结普外科首例微创手术和骨科首例创伤骨折手术。建立健全预算绩效管理制度体系，组织制定《琼结县行政处罚案卷标准及文书参考样式》，规范全县行政处罚行为。

【乡村振兴】 完成国家综合考核评估。动态监测预警、稳岗就业增收、搬迁后续扶持等措施全面落实，守住不发生规模性返贫的底线。脱贫人口、易地扶贫搬迁群众人均纯收入分别达16465元、15260元，比2021年分别增长16.3%、20%。实施涉农资金统筹整合项目14个、总投资1.58亿元。推进树立农牧民新风貌行动，谋划实施5大类20个项目，打造了“文化银行”“绿色银行”等特色亮点。农村户用卫生厕所普及率达95%，250户家庭创建为“美丽庭院”示范户。村组主要道路硬化率100%。农村饮水安全成效持续巩固提升。加麻村入选第六批中国传统村落名录。

10月28日，琼结县召开创建国家乡村振兴示范县工作动员部署会，传达学习《农业农村部 国家乡村振兴局关于公布2022年国家乡村振兴示范县创建名单的通知》，研究审议“五大振兴”专项工作方案，部署国家乡村振兴示范县创建工作

（县委办/供图）

【教育发展】　全面落实15年公费教育政策，落实大学生资助政策，做实控辍保学，发放各类专项补助资金917.68万元。投入60万余元实施幼儿园维修改造、设备添置、调整充实教师队伍等工作，改善幼儿园办学条件，优化师资结构。5个100%成果巩固拓展。全县义务教育阶段适龄儿童入学率和巩固率实现“双百”目标，学前适龄幼儿三年入园率达到99.67%以上。先后有10所幼儿园通过市级一类、二类评估认定，在全市12县率先实现学前三年普及教育目标。通过自治区学前教育普及普惠过程性督导评估。统筹做好新冠疫情防控和线上教育教学工作。形成操作性强的线上教学实施方案，做到“一校一方案”。疫情期间，县中学学生线上教学参与比率达98.01%，各小学线上教学平均参与比率达91.10%。

【文化旅游】　推进藏王墓景区申报国家4A级景区创建，投入2272万元实施拉玉乡强钦庄园片区乡村振兴项目；投入650万元打造新旧西藏对比教育基地，将强吉村、藏王墓、藏王陵博物馆、吐蕃故都等景区纳入旅游路线，与30多家旅行社签订了合作协议。累计接待区内外游客10.8万人次，实现旅游收入679.8万元。

【就业创业】　2022年农牧民转移就业5604人，实现创收6549.8万元，完成年度目标任务116.9%。区外就业30人，完成年度目标任务30%；完成城镇新增就业490人，完成年度目标任务90.9%。全县组织化转移就业3907人，完成目标任务的101.7%。高校毕业生就业创业成效明显。开展线上线下招聘会6次，开发885个就业岗位，其中为高校毕业生提供568个就业岗位，岗位开发率125.1%，现场签约129人。针对就业困难高校毕业生开发政府购买岗位专场招聘会，录用上岗38人。231名应届高校毕业生就业197人，就业率达87%。举办农牧民技能培训20期、729人，完成年度任务的97.3%，培训后就业率达47%。落实就业创业奖补资金。对符合条件的22名农牧民兑现了创业奖励资金4.2万元，对2021年符合条件、发挥作用明显的6家农牧民工联队兑现就业补贴资金4.24万元，对22名符合条件成功创业的高校毕业生兑现奖励资金112.2余万元。

【生态环境】　设立县级林长2人、副林长20人，划分责任区域20个。全县人工造林9300亩，完成城乡道路绿化110千米，全县林草覆盖率达93.32%。累计投入财政衔接推进乡村振兴补助资金1.6亿元，打造乡村振兴示范村2个、人居环境整治村2个、巩固提升村1个。全县户厕改造共改造完成2940户，普及率92%；村内主要道路硬化率、农村安全饮水率均达100%；开展“美丽庭院”创建工作，已创建示范户共88户。设置9处地表水环境质量监测点位，划定农村饮用水水源地62个，县城集中式饮用水水源地2个。完成生态红线划定及污染源普查工作，实现排污许可在线登记，污染物排放控制在指标范围内。开展违规建筑物专项清理行动，加强未利用土地监管。

【平安建设】 荣获“平安中国建设示范县”荣誉称号、获得全国平安建设最高奖项“长安杯”，持续推进社会治理体系和治理能力现代化。

【社会治理】 研究制定《2022年度琼结县国家安全工作要点》《2022年琼结县维护国家安全和社会稳定工作总体方案》《2022年琼结县应对维稳突发事件工作总体预案》等文件，调整充实县委国家安全委员会成员，明确工作任务、压实工作责任、细化工作措施。推进反分裂斗争，把握寺庙这个影响稳定的“牛鼻子”，县委主要领导先后5次调研寺庙，敏感时期安排7名县级领导包保寺庙。优化维稳体系，将全县582个联户单位、7支群防群治组织，优化调整为72个网格，配齐72个网格长和144名网格员，72名科级干部包保网格。推进“先进双联户”创建活动，通报表扬县级“先进双联户”8个。化解全县重大安全风险，未发生各类安全生产事故，生产安全保持“零伤亡”。

【宗教管理】 加强和改进寺庙管理工作，开展“三个意识”教育，在僧尼中树立国大于教、国法大于教规、公民大于教民的鲜明导向。全年开展宗教领域各类政策、法律法规宣讲教育110余场次，编印发放宣传资料600余册，受教育僧尼1300余人（次）。

9月22日，县委书记韩亮率队走访慰问寺庙僧尼，送去米面粮油、方便食品、水果蔬菜等生活物资 （县委办/供图）

【民族团结】 推进中华民族共有精神家园建设、培育践行社会主义核心价值观。推进民族团结宣传教育和民族团结进步创建活动，推进模范区创建进机关、进乡镇、进村居、进学校、进宗教活动场所。坚持理论武装同开展党史学习教育相结合，引导党员、干部铸牢中华民族共同体意识。宣传仁增、扎西央宗、宗吉家庭等先进事迹。

【疫情防控】 实施县域医共体信息化建设、疾控中心能力提升等项目，改善乡村医疗服务条件。深化医药卫生体制改革，构建县、乡、村三级一体化管理模式。加强疾病预防体系建设，抓好疫情防控工作，落实“乙类乙管”要求，抓好常见病、地方病、慢性病综合防治。加快医保信息化建设，建立村卫生室门诊即时结算系统，推动实现医保24小时“不打烊”自助服务。广泛开展爱国卫生运动和全民健身行动。倡导低盐饮食。

【组织建设】 完善党建引领乡村治理工作体制机制，发挥6个村（社区）“党群小茶馆”组织优势，优化拓展基层阵地服务功能，推进市级基层党建示范点创建工作，整顿软弱涣散基层党组织，深化两新组织攻坚行动，抓好非公企业基层党建和群团组织建设，严把发展党员政治关、程序关、入口关。

【队伍建设】 建章立制，制订方案、细化工作任务，层层压实责任。县委县政府主要领导带头践行“一线工作法”，深入基层督导调研疫情、维稳各项工作，研究解决具体问题。建立针对全县广大干部职工特别是领导干部的“红黑名单”制度，共7名党员干部被列入“红黑名单”，其中“红名单”2名，“黑名单”5名。

【作风建设】 党员干部特别是领导干部坚持以

上率下，带头践行“一线工作法”，深入基层、深入群众，研究解决群众的利益问题。下发作风办通报6期，提要求、严纪律、明责任，干部作风有好转。

【巡察监督】 组织200余名基层干部参观“身边事教育身边人”主题廉政展览。开展党员领导干部旁听庭审警示教育活动，接受警示教育。受理问题线索4件，给予党纪政务处分7人，巡察党组织7个，反馈问题97条。

综合事务

【概况】 2022年，中国共产党琼结县委员会办公室（以下简称县委办）坚持以习近平新时代中国特色社会主义思想为指引，深入贯彻落实党的二十大精神、习近平总书记关于西藏工作的重要指示和新时代党的治藏方略，西藏自治区第十次党代会和历次全会精神，深刻领悟“两个确立”的决定性意义，增强“四个意识”，坚定“四个自信”，做到“两个维护”，聚焦“四件大事”“四个确保”，聚力“四个创建”“四个走在前列”，紧紧围绕中央各项重大决策部署和西藏自治区党委、山南市委有关工作要求，统筹推进新冠疫情防控和经济社会发展，全县经济社会发展和党的建设各项工作取得新成效，更好服务县委把方向、谋大局、定政策、促改革。

【理论学习】 严格落实周例会制度和集中学习制度，开展党史学习教育常态化，贯彻落实党的二十大精神，坚持开展“读书班”、“三会一课”等活动，采取个人主动学、集中重点学、参观教育学等方式认真学习习近平新时代中国特色社会主义思想、《习近平谈治国理政》（第四卷）、习近平总书记关于西藏工作的重要指示和新时代党的治藏方略等内容。全年开展集中学习18次。

【办文办会】 全年共起草领导讲话稿、发言稿、工作汇报等45篇；整理印发领导讲话8期，编发县委常委会、县委专题会议纪要29期。

【精文减会】 全县年内召开会议62次，同比减少1.6%，发放文件228份，同比减少7.7%，督查考核项控制在19项以内。

【信息工作】 按照办公室定期报送一般信息和综合信息要求，对各乡（镇）、各部门上报的日常信息进行整理和加工。完成约稿和调研工作任务。年内被区党委、市委采用信息18条。

【督查督办】 执行《关于进一步加强作风建设的实施意见》，针对全县各项各类工作落实不及时、文风会风不深不实等问题下发作风通报5期、督查通报3期。

【结对帮扶】 2022年，县委办党支部联系下水乡下水村，宣讲党的二十大精神、扶贫政策5次，指导联系下水村工作不少于10次，协助村“两委”解决工作、党员群众管理等问题2次，看望慰问9户联系户5次，开展消费扶贫活动，以买代帮增加群众现金收入。

【党建工作】 落实“三会一课”、组织生活会等制度，将“主题党日活动”与乡村振兴、乡村治理、新冠疫情防控等工作结合，开展县委办专题组织生活会1次，讲党课5次，召开党员大会4次、支委会12次，开展“主题党日”活动12次。对干部评优评先、“三公经费使用”等重点工作均由支委会集体研究，持续巩固“八星党支部”创建成果。

11月17日，县委办党支部开展支部书记讲党课暨宣讲党的二十大精神活动 （县委办/供图）

【党风廉政建设】 执行《单位（党组）落实全面从严治党主体责任规定》，落实“第一责任人”责任和班子成员“一岗双责”。贯彻落实中央八项规定精神及其实施细则的要求，对标对表各项党纪法规，在公务接待、公车管理、经费支出等方面按照程序办理；坚持学习党风廉政相关文件和通报精神，提高“服务”质量；按规定及时落实干部加班和差旅补助等政策，向县委、县委组织部推荐干部。

【机要保密】 2022年，中国共产党琼结县委员会机要局（以下简称县委机要局）召开县委密码工作领导小组会议，研究制定工作要点，密码工作领导小组通过周例会听取机要密码和保密工作汇报，解决存在的问题。对机要保密人员教育、培训和保密要害部门加强管理，对各单位开展密码安全保密检查5次。举办保密、档案、机要秘书和办文办会联合培训，开展《密码法》和保密宣传教育活动，累计制作发放宣传资料1万余份，短信提示800份。全年累计发密电89份，收密电300份，发明电15份，收明电62份；电子政务内网发文897份，收文4023份，“520”会议保障298余次。

【档案工作】 开展档案各项资源建设、基础设施建设、干部队伍建设等工作，实行档案工作规范化、统一化。配备一名局长（副科级）、一名馆长（副科级）。接待档案借阅利用56人次/826件次，接收文书档案514盒8863件；164卷；党史学习教育44盒/660件；资料9册；新冠疫情防控档案40盒/516件。全年接收案卷1594卷；文书档案97516件；土地确权档案共接收3833盒/45996件，土地确权成果图纸20卷/197张；馆藏资料3599册，检索工具244本，销毁登记130本，照片档案422张，实物档案76个，印章37枚，影像光盘62张、硬盘5个，进馆资料《全宗介绍》《档案室指南》《组织沿革》《大事记》41套。无积存零散文件，归档率、完成率、查准率均达到了95%以上。上街宣传《档案法》，发放各类档案法律法规宣传资料。张贴宣传标语100余条，制作宣传横幅10条，宣传档案内容展板40幅，发放宣传资料500余份。

5月30日，县档案馆开展“6·9”国际档案日宣传活动 （县委办/供图）

国家安全

【概况】 2022年，中国共产党琼结县委员会国家安全委员会办公室（以下简称县委国安办）全体干部深入学习贯彻习近平新时代中国特色社会主义思想，把《习近平谈治国理政》（第四卷）、习近平《论中国共产党历史》《党的二十大报告学习辅导百问》作为重要政治教材，深入学习贯彻习近平总书记关于西藏工作的重要指示和新时代党的治藏方略，视察西藏时的重要讲话精神以及中央第七次西藏工作座谈会精神，2022 年内开展集中学习 26 次、“传承党的优良传统　作风建设上做表率”为主题等共开展 3 次专题党课、交流研讨学习 6 次、召开党员大会 12 次，开展主题党日活动 12 次，撰写心得体会 22 篇。

【维护稳定】　制定《2022 年度琼结县国家安全工作要点》《2022 年琼结县维护国家安全和社会稳定工作总体方案》《2022 年琼结县应对维稳突发事件工作总体预案》等文件，调整充实以县委书记任主任的国家安全委员会成员，加强党对国家安全工作的全面领导。召开维稳工作安排部署会 4 次。成立维稳工作督导组对维稳工作措施落实情况进行督导检查；开展情报信息搜集研判工作，分析研判琼结县维稳工作形势，收集社情民意、掌握社情舆论、跟踪异常动向，完成维稳安保任务。落实县级干部包保乡（镇）和重点寺庙，乡（镇）干部督导村（社区）工作机制。下派县级干部督导乡（镇）和重点寺庙 30 余人次，乡（镇）干部督导村（社区）60 余人次。在各个维稳重要时段成立联合督导组，深入各乡（镇）、村居、寺管会、县直部门进行督导检查。全年开展督导检查 700 余次，发现、整改问题 30 余件。

9 月 30 日，召开琼结县党的二十大维稳安保工作推进部署会，县委书记韩亮做工作部署　（县委国安办/供图）

【国家安全教育】　利用“4·15”全民国家安全教育日、综治宣传周、国家宪法日等时机，开展国家安全“五进”活动，全年开展国家安全宣传教育 3 次，发放宣传资料 1400 余份，受教育群众 1800 人次。

【乡村振兴】　县委国安办干部深入各自帮扶户家中宣传惠民政策、新冠疫情防控知识，党的二十大及二十届一中全会精神宣讲等活动，共入户 4 次，发放 7200 余元的慰问物资。

组织工作

【概况】　2022 年，中国共产党琼结县委员会组织部（以下简称县委组织部）深入学习党的二十大精神、习近平总书记系列重要讲话精神和全国、全区、全市组织部长会议精神，以落实全面从严治党要求为主线，扎实开展基层党组织建设和干部人才队伍建设，统筹推进机构编制、强基惠民、老干部和自身建设等工作，取得较好成效。

【党组织建设】　2022 年，全县有基层党组织 162 个，党委 15 个，党组 37 个（党组性质的党委 3 个），党总支 19 个，党支部 128 个。开展党员教育培训 39 场次，培训党员 1231 人次。建立县委、乡（镇）党委、村（社区）党组织、网格党支部（党小组）、党员中心户的纵向组织体系。全县 72 个网格上建立党支部 47 个、党小组 25 个、党员中心户 124 个。构建党组织横向协同共建机制和居民生活共同体。委派 72 名科级干部包保网格，推动党员干部常态化下沉参与基层治理、服务群众。建立动态调整机制，调换 3 名村干部，探索建立村“两委”班子帮带后备干部机制，充实 187 名基层党员干部队伍。开展信教党员排查工作，协查疑似信教党员 19 名，新发展党员 55 名。紧盯县应急管理局党支部软弱涣散整顿工作，坚持动态管理。抓好驻村和老干部工作，打造强吉村、堆巴村等 9 个全市基层党建示范点。投入中央财政扶持资金 200 万元、强基惠民资金 300 万元，发展堆巴村、下水村等 6 个村集体经济项目，17 个村集体经济收入达 5 万元以上。

【建立“三项机制”】 建立党内组织生活“旁听机制”，要求各级党（工）委、牵头部门班子成员每月至少 1 次下沉基层党组织参加党内组织生活，全程参与，督导党建任务落实情况，填写督导任务清单。推行党内组织生活“样板课堂”，由乡（镇）党委、行业系统党（工）委或牵头单位每月轮流在一个党组织开展“三会一课”、主题党日、组织生活会、民主评议党员等“样板课堂”，组织党组织书记、第一书记或党务工作者现场观摩、全程参与。制定党内组织生活“提醒制度”。各乡（镇）党委、行业系统党（工）委要制定党内组织生活按期提醒制度，建立组织生活提醒工作台账，每月以书面形式向下级基层党组织下发提醒单，每季度对所属基层党组织党内组织生活开展情况进行梳理，全面督促所属基层党组织党内组织生活正常开展。

【深化结对机制】 深化襄阳·琼结先进村（社区）友好结对机制，开展“党建引领、支部共建、结对认亲”活动，选派 32 名党员群众前往湖北省襄阳市晏河村开展交往交流。探索开展 35 岁以下村干部赴襄阳短期挂职。

【党群小茶馆】 在强吉村等 6 个村（社区）推行集休闲娱乐、阅读、健身等功能于一体的“党群小茶馆”。每个场所面积不低于 200 平方米，全部为玻璃房顶采光设计。配备桌椅、按摩椅、台球桌等若干套。采取“集体+致富带头人”等运营模式，权属归村集体所有，由村致富带头人负责经营。村集体每月收取租金，60 岁以上的本地群众就餐凭身份证享受一定的减免优惠。

【人才队伍建设】 调整充实县委人才工作领导小组，出台《中共琼结县委 2022 年人才工作要点》。开展“农村头雁提升行动”“派强用好驻村行动”“加大人才下沉行动”“乡村教师能力提升行动”“优秀人才回流行动”“乡村文化产业人才培育行动”“科技特派员队伍壮大行动”“深化人才交流行动”“农村实用人才培训行动”“乡村法律明白人行动”“农村电商人才培养行动”“职业技能竞赛行动”“深化事业单位人事制度改革行动”“优秀退役军人服务乡村”15 项行动，进一步明确人才队伍选育管用。通过制定乡土人才扶持政策、建立乡土人才激励机制、设立乡土人才服务中心等方式，调动乡土人才推动乡村振兴的积极性。健全基层干部激励保障措施，落实村干部报酬待遇动态增长机制，对基层减负、福利待遇、关爱帮扶等各项政策措施定期开展督促检查。制定乡村干部服务乡村振兴考核评价和激励制度，对表现突出的组织和个人给予奖励。推荐优秀村党组织书记、乡村振兴专干进入公务员、事业编制人员队伍。落实相关待遇，评优评先时向基层一线、艰苦岗位倾斜。

【离退休干部工作】 坚持离退休党支部每月 20 日党员学习和每月 30 日的离退休老干部学习制度，认真学习习近平新时代中国特色社会主义思想和党的二十大精神以及习近平总书记关于西藏工作的重要指示。共组织党总支学习会 10 次，各党支部组织学习共 30 多次，交流发言 1 次，开展学习座谈及讨论会 2 次。开展走访慰问，为 12 名生病住院的老干部党员送去慰问金 6000 元，向 2 名离退休干部因病去世的家属兑现抚恤金和丧葬补助 42.63 万元。足额发放老干部护工补贴和体检费。开展“老来乐”藏式骰子比赛、建党 101 周年文艺会演、民族团结文艺会演等活动，

3月17日，在县城老干部活动中心召开2022年琼结县离退休党总支工作部署会
（县委组织部/供图）

核增17名编制，同步提升专业型干部配备比例，实施轮岗交流，合理配备女干部、党外干部和少数民族干部。全年共从“六个一线”提拔重用年轻干部29人，占24%。开展公务员职级晋升、事业职员等级晋升，将30余名干部纳入优秀干部信息库。

【疫情防控】 2022年发出《让党旗在琼结抗疫一线高高飘扬——致全县基层党组织和广大党员的一封信》，向全县162个基层党组织3210名党员发出紧急动员令，1288名党员响应，在72个网格中设立疫情防控卡点54个，成立临时党支部4个，组建党员先锋队82支，设立党员先锋岗70个，划分党员责任区82个，协助开展人员管控、消毒消杀、物资配送、核酸检测等工作。落实“日走访、日分析、日汇总”工作机制，做好舆情监测、人员管控、信息登记、便民服务等工作。出台《琼结县关于党员干部包保网格助力疫情防控工作的“十条措施”》，号召县直各单位党员干部下沉网格助力疫情防控工作，委派72名科级干部包保网格，县直各单位党员干部主动下沉，建立下沉干部花名册、“包保清单”和“资源清单”，推动“党建+网格化”工作，504名干部、医务工作者、公安干警、新闻工作者下沉网格，开展志愿服务2.9万次，排除群众居民矛盾纠纷隐患33个，解决疫情防控期间群众问题153件。

在活动中走访慰问5名“光荣在党50年”老党员，发放慰问金11.5万元。

【村（社区）干部报酬待遇】 按照村“两委”干部正职2443.80元/月、副职1466.30元/月、村务监督委员733.15元/月标准核算待遇并按月足额兑现，全年兑现村干部报酬待遇共计314.58万元。评定优秀村（社区）干部16名（其中正职15名、副职1名），村（社区）干部年度考核被评为优秀等次的，发放业绩考核奖励资金的150%；被评定为称职等次的，发放业绩考核奖励资金的100%；被评定为基本称职等次的，发放业绩考核奖励资金的50%；被评定为不称职等次的，不发放业绩考核奖励资金。

【干部队伍建设】 建立完善领导干部库、后备干部库，对政治上不合格的“一票否决”。2022年调整干部123人，其中平调12人、提拔46人、进一步使用3人、免职19人、晋升职级53人（破格提拔1人）。实施年轻干部成长工程，对年轻后备干部进行推荐选拔，大力培养90后正科级干部。成立4个机构，为部分县直单位

【基层治理】 完善“1+4+20”党建引领乡村治理工作领导体系，推行网格化管理模式，优化基础网格72个，配备网格长72名、网格员72名、网格民警23名、信息员582名。各村（社区）

在网格上设立党支部47个、党小组25个、党员中心户124个，构建村党委（党总支）—网格支部（党小组）—党员中心户的村党组织体系。建立健全村（社区）—网格—“双联户”的治理体系和县级干部包乡（镇）—乡（镇）干部包村—县直科级干部包网格的包保体系，执行“四议两公开”工作法，建立“五议五不议”“逢五例会”等制度。实施“一支部一特色”党建品牌创建工作，制定292条示范点创建标准，在全县打造村级示范点5个。完善机关和企事业单位党组织、在职党员到村（社区）报到制度。

【强基惠民】　第十批60名驻村队员统筹党史学习教育、疫情防控等重点工作，向群众开展党的二十大精神、党的创新理论、党史、反分裂、安全教育等各类宣讲980余场次，受教育群众9.6万余人次；组织开展各类文艺活动60场次，受众1.2万余人次。其中开展各类学习宣传贯彻落实党的二十大报告活动100余次，撰写心得体会272篇、交流研讨材料80余篇。组织社区干部、群众党员、联户长开展学习交流50余次，发言交流人数130余人次，通过社区微信群向群众推送应知应会基本知识200余次，受教育群众3万余人次；开展干部文化素质提升和国家通用语言专场培训40多期。在萨嘎达瓦、端午节、国庆节、新冠疫情暴发期间、党的二十大召开前期等维稳部署会60余场次，制订相应维护社会稳定工作方案和应急预案30余份，组织巡逻300余次，宣传宣讲50余次，受教育群众达2000余人次。各工作队开展为民办实事行动，累计办实事好事489件，涉及资金折合240万元。收集村情民意255条，解决195条。新冠疫情防控期间，琼结县驻村领域先后投入志愿者1200余人次，摸排外来人员轨迹2910人次，协调组织开展核酸检测9.5万余人次。设立49处村级卡点，对入村路段、社区互通道路及小组之间道路实行封闭管理，成立45个巡逻小组不间断巡逻，杜绝疫情防控期间走村串户等现象。自疫情发生至2022年年底，组织全县农牧民党员和群众自发捐款捐物合计62590元。

6月2日，举行琼结县第十一批驻村工作队岗前集中培训开班仪式　（县委组织部/供图）

宣传工作

【概况】　2022年，中国共产党琼结县委员会宣传部（以下简称县委宣传部）带领全县宣传思想战线高举习近平新时代中国特色社会主义思想伟大旗帜，以迎接庆祝、学习贯彻、宣传宣讲党的二十大为主线，聚焦“举旗帜、聚民心、育新人、兴文化、展形象”使命任务，深入贯彻落实《中国共产党宣传工作条例》和《党委（党组）意识形态工作责任制实施办法》，深刻领悟“两个确立”的决定性意义，增强“四个意识”，坚定“四个自信”，做到“两个维护”，为全县长治久安和高质量发展提供坚强的思想保证、道德滋养、文化条件和舆论支持。县委宣传部下设新闻出版局、广播电视局、政府新闻办公室。

【理论武装】　县委理论学习中心组开展集体学习会议10场次，征订发放《习近平谈治国理政》（第四卷）等理论书籍2500多册，组织线上线下政治理论知识竞赛活动9场次，开展各级各类宣讲300多场次。

3月31日，琼结县委理论学习中心组召开集体学习研讨会议（县委宣传部/供图）

【阵地建设】 推进“五大文明创建”，扩大“琼结新时代文明实践推动日”品牌影响力。规范新时代文明实践工作，中心、所、站建设全面铺开。整合资源、筹措资金，推进加麻乡、下水乡2个新时代文明实践所示范点打造。开展“众志成城·抗击疫情”原创微视频大赛、“抗疫居家好公民·健康生活我来秀”主题征稿大赛、“蝶变新生的美丽乡村”演讲比赛等活动，择优表彰53名干部群众代表。

【精神文明】 2022年年底获“全区新时代文明实践示范中心”荣誉称号。开展文明城市创建和文明村镇、文明单位、文明家庭、文明校园推荐评选活动，推动文化振兴。

【舆论引导】 全年接待上级媒体39批次223人次，各级媒体采编播报琼结县新闻稿件1400多条篇。挖掘报道雪康村致富带头人萨吉巴珠、加麻乡返乡自主创业青年尼玛曲宗等一批先进人物事迹。

【网信网评】 开展网上巡查检查。落实登记备案、值班带班和网上日常巡查零报告等制度，有效处置4起网上突发舆情，注销微信公众号“僵尸账号”10个。《网信琼结》累计更新278期、发布新闻信息1095条。组建专兼职网评员队伍113人，累计转发、跟帖和评论1.59万多条次。

【“扫黄打非”】 开展日常执法检查和管理，调整充实县“扫黄打非”及文化市场管理工作领导小组，层层签订责任书。迎接上级文化执法和“扫黄打非”专项检查，开展“扫黄打非”专项行动，建立健全长效机制。推进“扫黄打非”进基层站点建设，开展“藏独”反宣品清查封堵行动。开展文化市场执法检查320多次。

【疫情防控】 全天候动态跟踪监测涉疫舆情，组织全县113名专兼职网评员开展上级新冠疫情防控新闻发布会舆论引导47场次，发布新冠疫情防控权威政策信息145条，挖掘报道新冠疫情防控原创新闻信息126条篇，宣传报道典型人物和先进事迹76个。

【组织保障】 掌握意识形态工作领导权、管理权和话语权。对照《中国共产党宣传工作条例》和《党委（党组）意识形态工作责任制实施办法》，强化工作领导和监督指导，推动意识形态工作调研、双向述职、“一岗双责”、目标责任等制度落实。县委主要领导多次调研指导宣传思想文化工作和意识形态责任制落实情况。调整充实宣传思想领域各工作领导小组，明确各级党组织主体责任、分管责任和具体责任。县委3次召开会议专题听取工作汇报，研究解决有关问题，统筹部署重大工作，意识形态领域相关问题得到整改。

【党建工作】 县委宣传部党支部有党员11名，支委会成员5名。党支部学习贯彻习近平新时代中国特色社会主义思想和党的二十大精神，学习贯彻《中国共产党章程》《中国共产党宣传工作条例》和《党委（党组）意识形态工作责任制实施办法》，贯彻落实“三会一课”制度，坚持每周支部集中学习和每月开展主题党日活动等制度，开展组织生活会、民主评议党员等党内组织生活，常态化开展学习教育、结对帮扶、志愿服务等活动。党支部定点联系拉玉乡强吉村，结对帮扶10户基层群众，全年入户慰问5次，送去慰问品和慰问金1.3万多元。

11月28日，县委宣传部党支部开展结对帮扶和主题宣讲活动
（县委宣传部/供图）

【党风廉政建设】　健全完善部门廉政教育制度体系，常态化学习贯彻上级纪委通报精神。部门领导班子成员主动报告有关事项，签订党风廉政建设责任书，开展廉政警示教育活动，召开支部专题组织生活会，开展党风廉政宣传报道。全年累计开展廉政党课5次、廉政谈话8次、传达上级纪委通报35件、召开组织生活会2场次、撰写廉政心得体会和剖析材料48篇。

统战民族宗教工作

【概况】　2022年，全县统战系统干部职工和广大统战成员单位以习近平新时代中国特色社会主义思想为指导，高举爱国主义、社会主义旗帜，紧紧围绕县委中心工作和发展大局，坚持铸牢中华民族共同体意识，推进藏传佛教中国化方向，不断加强党对统一战线工作的领导，积极探索新时期做好统战民族宗教工作的新思路、新举措，不断强化党对统一战线工作的领导，全力助推统战民族宗教工作紧跟时代步伐，为全县改革发展稳定做出了应有贡献。

【民族基本情况】　全县版图面积1030平方千米，总人口为1.89万人，其中95%为藏族，其他民族有汉、回、土家、彝、门巴、满等民族，经全面统计核实全县民族通婚情况，年内全县民族通婚家庭170户。

【宗教界基本情况】　全县共有17座宗教活动场所，含格鲁、宁玛、噶举三个教派。全县有僧尼寺庙8座、拉康1座，无僧尼拉康8座；寺庙实有僧尼120人。全县共有宗教界代表人士36人。自治区佛协理事1名、市佛协理事6名；自治区政协委员1名、市政协委员1名、县政协委员5名，县人大代表1名。各寺管会内宗教界副主任及委员共有23名。

【民族工作】　中国共产党琼结县委员会统一战线工作部（以下简称县委统战部）将少数民族发展资金865.85万元整合到乡村振兴建设项目，拟制《中共琼结县委员会〈关于进一步加强各民族交往交流交融　促进民族团结示范县创建工作的实施意见〉》，提出每年投入100万元资金，推进民族团结进步创建工作再上新台阶。宣传党的民族理论、民族政策和国家法律法规40余场次1.3万余人次。2022年，全县各领域组织宣传学习党的民族政策法规《西藏自治区民族团结进步模范区创建条例》等内容700余场次，发放宣传资料3.3万余份，受教育干部群众1.8万余人次，巡回演出30场次。

【宗教工作】　县委把宗教工作纳入议事日程，执行领导干部联系寺庙制度和联系宗教界代表人士制度，定期开展违反“三个不增加”工作清查；完成唐布齐寺庙附属设施危房改造整改，对全县宗教活动场所建筑物进行全面排查，对排查出存在安全隐患的建筑物逐一进行维修（修缮）。审批各类宗教活动，全县寺庙佛事活动均实行台账式管理。

6月1日，县委书记韩亮（左四），县委副书记、县长秦梅鸯宗（左五）参加琼结县宗教界深入开展“国家意识、公民意识、法治意识”教育动员部署会　　（县委统战部/供图）

【学教工作】　推进“四条标准”教育、国家通用语言文字培训、藏传佛教活佛转世政策宣讲等工作。动员部署全县宗教界“三个意识”教育工作，开展宣讲员培训班。2022年，全县宗教领域常态化“四条标准”开展实践活动共146场、僧尼参与1328人次，其中自治区实践活动开展96场、939人次、山南市实践活动开展37场次、115人次、县级实践活动开展13场、277人次。开展“三个意识”教育实践活动，开设5个专题，共100场次、参加人数1040人次，交流研讨2次、47人次；僧尼撰写各专题体会51篇；开展国家通用语言开班91课时，参与培训753人次。寺管会开展活佛转世4场次，62人次。

【党外人士工作】　壮大党外代表人士队伍，2022年，党外代表人士发展到43人。召开党外人士迎藏历新年座谈会。

琼结县人民代表大会

综　述

【概况】　2022 年，琼结县人民代表大会常务委员会（以下简称县人大常委会）以习近平新时代中国特色社会主义思想为指导，深入学习贯彻党的十九大及十九届历次全会和党的二十大及二十届一中全会精神，全面学习贯彻中央和区党委、市委、县委人大工作会议精神，坚持党的领导、人民当家做主、依法治国有机统一，依法履行法定职权，共召开党组会议 7 次，理论中心组学习会 11 次，常委会会议 6 次，主任会议 12 次，听取审议“一府一委两院”专项工作报告 25 个，组织开展专项审查 4 次、专项检查 6 次、执法检查 5 次、专题调研 6 次、代表视察 6 次、履职评议 8 人次、满意度测评 11 项、专题询问 1 次、重大事项决定 6 项、依法任免干部 18 人次，补选县十四届人民代表大会代表 4 人，圆满完成县十四届人大三次会议确定的各项目标任务，为琼结县长治久安和高质量发展、民主法治建设贡献人大力量。

2 月 25 日，琼结县第十四届人民代表大会第三次会议第一次全体会议在琼结县大礼堂开幕　　（县人大办/供图）

【理论学习】　县人大常委会学习贯彻党的十九大及十九届历次全会和党的二十大及二十届一中全会精神、习近平法治思想、习近平总书记关于坚持和完善人民代表大会制度的重要思想、关于西藏工作的重要指示和新时代党的治藏方略，以及党中央和中国共产党西藏自治区委员会、中共山南市委、中共琼结县委人大工作会议精神。

【坚持县委全面领导】　坚持党对人大工作的全面领导，把人大工作融入县委工作大局。人大工作中的重要事项、重要会议、重要活动、重要情况和拟通过的重要事项、拟作出决议决定等向县委请示报告 37 次，遵照县委指示批示要求，按照人大法定程序推进工作。

【落实县委工作部署】 做好维稳带班值班备勤、蹲点督导，处理群众来信来访，开展法治宣传教育，参与乡村振兴、人居环境整治工作，做好强基惠民驻村、脱贫群众结对帮扶、大学生就业扶持等工作。

【助力民族团结】 听取审议县政府关于办理落实 2021 年民族团结进步创建工作情况报告的审议意见的情况报告，并进行满意度测评。开展《国家通用语言文字法》《西藏自治区民族团结进步模范区创建条例》执法检查，形成相应报告，提出审议意见，交县政府及相关部门研究办理。开展“民族团结进步雅砻行”“民族团结从我做起”和铸牢中华民族共同体意识教育实践活动，把“民族团结进步岗”作为人大代表设岗定责必选岗位，要求每名代表每年至少做一件实事。

【助力经济发展】 听取县政府关于办理落实 2021 年行政事业性单位国有资产管理情况报告的审议意见的情况报告，并进行满意度测评。开展重点项目开复工及安全生产、春耕备耕情况专项检查。开展村（社区）财经财务管理专项检查和审计查出问题整改情况、自然资源资产管理情况专题调研，听取审议国有自然资源资产管理情况报告、计划执行情况报告、预算执行情况报告、预算调整方案的报告、2021 年财政决算报告、审计查出问题整改情况的报告，提出审议意见或作出决定，交县政府及相关部门研究办理。

【助力生态文明建设】 听取县政府关于办理落实 2020 年环境质量状况和环境保护目标完成情况报告的审议意见的情况报告，并进行满意度测评。配合全国人大常委会副委员长张春贤一行执法检查组莅临强吉村开展环境保护法执法检查。开展《森林法》《西藏自治区国家生态文明高地建设条例》执法检查，开展森林法暨林长制工作专题调研，开展“雅砻环保行”活动，听取审议县政府关于 2021 年环境质量状况和环境保护目标完成情况的报告，提出审议意见，交县政府及相关部门研究办理。

5 月 12 日，县人大常委会开展“雅砻环保行”活动暨环境保护“一法一办法”执法检查 （县人大办/供图）

【助力民生福祉】 听取县政府关于办理落实 2021 年巩固拓展脱贫攻坚成果同乡村振兴有效衔接工作情况报告的审议意见的情况报告，并进行满意度测评。开展卫生事业发展情况、巩固拓展脱贫攻坚成果同乡村振兴有效衔接、最低生活保障专题调研。配合自治区人大常委会开展国家安全法执法检查和大学生就业创业专题调研。对 9 件人大代表票决的民生实事项目实施情况进行了代表视察。对《食品安全法》《残疾人保障法》《未成年人保护“一法一办法”》进行执法检查。听取审议县政府关于卫生事业发展情况、巩固拓展脱贫攻坚成果同乡村振兴有效衔接工作情况的报告，并进行专题询问，提出审议意见，交县政府及相关部门研究办理。

【司法监督与宣传教育】 听取审议县政府“七五”普法总结暨“八五”普法规划及实施情况的报告，作出在全县开展第八个五年普法宣传教育的决议；开展《宪法》《组织法》《监督法》《代表法》《选举法》等法律法规宣传，开展宪法宣誓 4 场次。对《食品安全法》《森林法》《国家通用语言文字法》《西藏自治区国家生态文明高地建设条例》《民族团结进步创建条例》5部法律法规开展执法检查，协助参与市人大立法项目调研，配合市人大开展《国旗法》《国歌法》《国徽法》《残疾人保障“一法一条例”》《文物保护“一法一办法”》《山南市文明行为促进条例》执法检查。听取县政府关于办理落实2021年法治政府建设情况报告审议意见的情况报告，并进行满意度测评。开展法治政府建设专题调研，听取审议法治政府建设工作情况报告，提出审议意见交县人民政府及相关部门研究办理。听取县人民法院关于办理落实2021年民事审判工作情况报告审议意见的情况报告、县人民检察院关于办理落实2021年适用认罪认罚从宽制度工作情况报告的审议意见的情况报告，听取审议法院民商事审判工作情况的报告和检察院关于公益诉讼工作开展情况的报告，提出审议意见，交法检“两院”研究办理。

【决定和任免】 坚持和完善拟任命人员提请及情况介绍、任前法律知识考试、拟任职表态发言、审议表决、颁发任命书和公开向宪法宣誓等制度和程序，贯彻县委人事任免制度，通过法定程序使县委推荐的人选成为国家机关工作人员。全年依法任命干部12名、免职6名。对“一府一委两院”8名被任命干部进行履职评议和满意度测评，提出评议意见并抓好整改落实。

【民主参与】 利用融媒体等平台公开人大工作计划、工作进展情况。深化“双联系”制度，人大常委会组成人员将人大工作重要情况通报联系代表，听取代表对人大工作的意见，人大代表又将人大工作有关情况通报选民，收集反映选民的意见建议。邀请代表参加常委会组织的立法调研、专题调研、代表视察、执法检查等活动130余人次，邀请代表列席常委会会议24人次，邀请人民群众旁听常委会会议24人次。

【代表履职平台】 落实山南市人大常委会44号文件精神，按照“九有三备九制度”要求，提档升级1个县级“人大代表之家（联络站）”、4个乡（镇）级“人大代表之家（联络站）”和20个村（社区）级“人大代表联络站”。

【代表活动】 开展县人大常委会组成人员联系代表、代表联系选民“双联系”活动。开展以“每月5日的学习培训日、每月10日的联系选民日、每月20日的代表议事日”和“3月集中研讨周、6月建议督办周、9月视察检查周、11月调研献策周”以及组织代表“学好一部法律、开展一次走访、化解一个矛盾、解决一个问题、宣讲一次政策、办好一件实事、提出一条建议”为主要内容的“三日四周八个一”活动。开展从“民族团结岗、综合治理岗、乡村振兴岗、文明新风岗、为民纾困岗、生态文明岗、环境治理岗、稳边兴边岗”中认领3—5个岗位，按照岗位职责开展活动，以及走访“离任代表、困难户、上访户、和谐稳定带头人、发家致富者”和“与选民、困难户、上访户结对子”为主要内容的“八岗五访三结对”活动。开展以“读一本民族团结的好书、唱一首民族团结的歌、看一部民族团结为内容的电影、讲一个民族团结的故事、写一篇民族团结进步的文章、办一件民族团结进步的实事”为主要内容，铸牢中华民族共同体意识教育实践活动和学习使用国家通用语言文字、“民族团结进步从我做起”活动。发动代表参与新冠疫情防控和“人大制度宣传月”系列活动。

【意见建议办理】 召开交办会、督办会，通过采取实地查看、听取汇报、召开座谈交流会等形式，了解代表建议办理情况，抓好跟踪落实，推动办理工作从“答复型”向“落实型”转变。县十四届人大三次会议代表意见建议立案14件，办结11件。

11月17日，县人大常委会组织开展代表意见建议办理情况代表视察活动 （县人大办/供图）

【服务代表依法履职】 组织开展2次共215人次的代表培训，组织部分代表前往日喀则、桑日、隆子、措美、乃东、加查等地学习考察，与到琼结县学习考察的区内外代表座谈等。兑现代表履职补助和参加人代会、常委会等会议和活动的误工补贴等。

【思想政治建设】 健全学习机制，总结和安排部署党建、党风廉政建设和意识形态工作，强化全面从严治党主体责任、第一责任人责任和“一岗双责”，严明政治纪律和政治规矩特别是反分裂斗争纪律，每名干部职工签订不信仰宗教承诺书。

【纪律作风建设】 按照班子成员分工，层层签订党风廉政责任书，坚持控制管理“三公”经费支出、坚持个人重大事项报告制度、坚持带头开展述责述廉、坚持强化县人大机关党费收缴管理。严肃民主生活会、组织生活会，认真查找不足、切实整改存在的问题，每名干部职工签订不酒驾承诺书，开展改进作风狠抓落实工作，组织开展“作风怎么看、工作怎么干”大讨论活动4场次，聚焦“四查四问”“八个落实”“六个表率”查摆问题33个，制定整改措施45条，所有问题均已整改完成。

【能力建设】 开展以“查看思想认识差距，增强人大制度自信的坚定性；查看职能实施差距，增强依法履职尽责的有效性；查看代表工作差距，增强闭会期间活动的主动性；查看制度规范差距，增强纪律规矩执行的约束性；查看能力素质差距，增强激励奖惩机制的真实性”为主题的“五查五增、质效提升”活动。开展“走在前列谱新篇、人大奋力做贡献”大讨论大实践活动。在“琼结人大”微信公众平台开设“书香人大、读书学法”专栏。每次主任会议、常委会会议都把学习法律法规作为“第一课题”。

综合事务

【概况】 2022年，琼结县人民代表大会常务委员会办公室（以下简称县人大办）紧紧围绕会年度工作要点，按照“深挖掘、精提炼，强意识、细服务”的工作思路，不断解放思想，开拓创新，完成各项工作任务。

【规范办文程序】 规范办文流程。指定专人签收公文，按轻重缓急、公文性质分类登记，提出拟办意见送领导阅批后，依次传阅或办理。传阅文件一般做到当天送达，当天阅毕，签名送回，以提高传阅时效。建立办文督查机制。文件办理情况由专人及时督办，并按照收发序号认真整理，并做好归档和保密工作，做到件件有着落，事事有回音。

【提高文稿质量】 突出“三勤、三审、三及时”。“三勤”提升写作水平。要求文秘人员勤观察、勤思考、勤练笔，立足全局思考问题，把握方向准确下笔，力求文章思想深刻、主题突出、论述充分。“三审”确保文稿质量。即秘书科长初审、分管领导再审、签发领导终审，层层建立责任制，以提高公文质量。“三及时”提高运转效率。坚持“日事日毕”，做到文稿送审、印制、传送三及时。全年办理来文 300 余件，印发会公报 4 期、党组文件 17 件、常委会会议文件 23 卷、各类会议纪要 21 期、各类简报 27 期，撰写讲话材料 50 余份，印发文件材料合计达 20 余万字。

【“三会”（人代会、常委会、主任会）会务工作】 总结历年人代会的会务工作，及早安排、调配人员，保障县人代会召开；做好市人代会琼结代表团的会议服务工作。加大对工作人员服务礼仪、服务流程等方面的培训，提高会务质量。全年参与 1 次市人代会会务工作，承办 1 次县人代会、7 次县人大常委会会议、12 次县人大常委会主任会等法定会议。

【其他会务工作】 提高县人大办工作人员服务意识和工作水平，热情、简朴接待上级领导和县内外来客。全年承办各地（市）、县（区）人大来琼交流座谈会 21 次、市人大检查指导工作会议 10 次。

【发挥协调职能】 加强与县委办、县政府办、县政协办以及县级各部门的工作联系、协调、沟通。与县人大各专委会经常通气、交流工作方法和经验。

【车辆管理】 按照有关规定配备车辆，落实车辆调度、管理制度，全面掌握出车情况，规范驾驶行为。加强对驾驶人员的培训教育，要求驾驶员及时检查车辆安全和保洁，提高驾驶员的服务质量。

【财务管理】 执行财经纪律和规定，加强单位预算管理，加入财政大平台系统，提前报支出计划，落实经办、出纳、审批三分离制度。

【培养工作人员】 抓好工作人员培养锻炼，大胆压担子，让他们在实践中得到磨炼；创造条件，帮助他们克服缺点。每周集中学习，增强组织和语言表达能力。

4 月 23 日，县人大办在五楼会议室开展“喜迎二十大、阅读新时代”世界读书日活动 （县人大办/供图）

【提高政治素质】 经常交心谈心，加强管理，引导“一室三委”工作人员，发扬无私奉献精神。每个工作人员都把本职工作做实做细。

【提升工作效率】 执行中央八项规定及其实施细则精神和区党委实施办法、市委实施意见。执行机关管理制度，严肃上下班纪律，上足用好“8 小时”。

【组织生活会】 组织召开人大常委会机关党组民主生活会和人大办党支部组织生活会，剖析问题，分析原因，促进进步。

琼结县人民政府

综　述

【概况】　2022年，琼结县人民政府（以下简称县政府）坚持以习近平新时代中国特色社会主义思想为指导，深入学习贯彻党的二十大精神，全面贯彻落实“疫情要防住、经济要稳住、发展要安全”重要要求，聚焦“四件大事”“四个确保”，聚力“四个创建”“四个走在前列”和“六个走在全区前列”，深入实施“四四战略”“六大攻坚战”，高效统筹疫情防控和经济社会发展，和全县各族干部群众一道攻坚克难、扎实工作，在严峻形势的考验下稳中求进，各项事业稳中向好。

【经济建设】　2022年，琼结县生产总值完成67843万元，增长1.7%。农村居民人均可支配收入达到19811元，增长7.7%。固定资产投资完成30441万元，增长35.1%，增速位居12县（区）前列。

【重要会议】　1月21日，琼结县召开2022年项目前期工作调度会议，通报2022年项目情况，分析研判形势，安排部署一季度项目工作；1月25日，琼结县召开人民政府党组2022年度第1次（扩大）会议暨政府系统改进作风狠抓落实工作部署会；2月9日，琼结县召开2022年粮食安全和“菜篮子”工作安排部署会暨涉粮问题专项巡察反馈意见整改推进会；3月28日，琼结县召开人民政府党组（扩大）会议暨政府系统全面从严治党工作部署会，开展集体学习，细化分解全年经济社会发展目标任务，总结回顾2021年推进全面从严治党、党风廉政建设和反腐败斗争情况，分析形势，部署2022年工作任务；4月25日，琼结县召开食品药品安全委员会第一次会议；4月26日，琼结县召开安委会第三次（扩大）会议暨国务院安全生产考核动员部署会；5月16日，琼结县高校就业创业工作领导小组会暨农牧民转移就业工作推进会；5月17日，琼结县2022年妇儿工委工作会议，学习贯彻习近平总书记关于妇女儿童工作的重要论述，回顾总结2021年工作，安排部署2022年重点任务；6月6日，琼结县召开贯彻落实全国稳住经济大盘电视电话会议精神暨经济运行分析调度会，梳理总结1月至4月经济运行情况，分析研判当前经济形势；6月10日，琼结县召开县委农村（乡村振兴战略）工作领导小组会议暨增收工作调度会议，安排部署全县巩固拓展脱贫成果同乡村振兴有效衔接和农牧民增收工作；6月26日，琼结县召开乡村振兴工作推进会，安排部署有关工作；7月8日，琼结县预算绩效管理会；8月7日琼结县召开国家乡村振兴示范县申报创建工作推进会；9月28日，琼结县召开人民政府党组2022年第八次（扩大）会议暨统筹疫情防控和复工复产工作部署会；10月19日，琼结县召开人民政府党组2022年第九次（扩大）会议暨党的二十大报告专题学习研讨会议，专题学习研讨党的二十大报告；10月25日，琼结县召开河湖长制暨最严格水资源考核工作推进会；11月30日，琼结县召开人民政府党组2022年第十次（扩大）会议，传达学习区市有关会议精神，研究《琼结县人民政府党组深入学习宣传贯彻党的二十大精神工作方案》；12月14日，琼结县召开新冠疫情防控工作调度会；12月22日，琼结县召开人民政府党组2022年第十一次（扩大）会议，传达学习国务院联防联控机制《关于进一步落实新冠肺炎疫情防控措施的通知》和区市有关会议精神，研究《琼结县人民政府学习党的二十大，政府“是什么、干什么、怎么干”学习实践活动实施方案》；12月29日，琼结县召开岁末年初安全生产工作暨冬春火灾防控工作部署会。全年筹办、协调各类会议113余场次，其中政府常务会议9次，政府党组会议11次，主要传达学习习近平总书记重要讲话以及上级文件精神，安排部署各项工作；政府专题会议56次。

【重要活动】 1月17日，琼结县主要领导看望慰问老干部老同志；1月18日，开展“三大节日”慰问活动；1月28日，琼结县举行整区推进电子商务进农村商贸流通“最后一公里”暨山南市琼结县“绿色直通车”发车启动仪式活动；1月28日，琼结开展现场观摩人居环境整治工作；3月17日，琼结县举行2022年春季新兵入伍；3月24日，琼结县开展义务植树造林活动；5月9日至12日，琼结县开展学习教育普及普惠模拟验收；7月22日，琼结县开展食品药品安全联合执法检查行动；7月26日，县政府主要领导深入联系寺庙开展“三个意识”教育宣讲；7月30日，琼结县开展滑坡地质灾害应急演练；11月16日，山南首个整县屋顶分布式光伏项目在琼结县正式启动；11月下旬，琼结县人民政府开展学习党的二十大，政府“是什么、干什么、怎么干”学习实践活动；11月10日，琼结县举办“普法讲堂”暨行政处罚和规范性文件合法性审查培训会。

【脱贫攻坚】 2022年，琼结县持续巩固脱贫攻坚成果同乡村振兴有效衔接，完成国家综合考核评估。动态监测预警、稳岗就业增收、搬迁后续扶持等措施全面落实，坚决守住不发生规模性返贫的底线。脱贫人口、易地扶贫搬迁群众人均纯收入分别达16465元、15260元，分别增长16.3%、20%，脱贫人口收入增速高于农牧民收入增速、易地搬迁群众收入增速高于脱贫人口收入增速，完成巩固脱贫攻坚成果同乡村振兴有效衔接国家综合考核。2022年，在全区74个县中率先入选第一批国家乡村振兴示范县创建名单。

2月12日，县委副书记、县长秦梅鸯宗到乃东区多颇章乡嘎东团结新村、下水乡措杰村赞巴易地搬迁点看望慰问群众

（县政府办/供图）

【项目建设】 2022年，全县实施项目共37个，总投资53202万元。

【党务建设】 2022年，县政府坚持以习近平新时代中国特色社会主义思想为指导，增强“四个意识”，坚定“四个自信”，做到“两个维护”，始终同以习近平同志为核心的党中央保持高度一致，主动接受党对经济工作的领导，始终做到步调一致、令行禁止。始终把政治建设摆在首位，县政府党组深入开展“改进作风狠抓落实”专题学习9次。集体研究决策重大事项176项。强化跟踪问效，督办重点事项171项。

【疫情防控】 1288名党员干部、医务人员、公安干警、志愿者、网格员挺身而出、冲锋在前，96名医务人员分批驰援兄弟县区，实现流调溯源无漏洞、核酸检测无漏洞、社会化面孔无死角，打赢疫情防控阻击战。

9月27日，县委副书记、县长秦梅鸯宗（左二）到辖区各项目点检查指导疫情后复工复产情况 （县政府办/供图）

【产业发展】 2022年，粮食产量稳中有增，达到1.145万吨。蔬菜产量8264吨，其中“菜篮子”二期工程投产，年产量2154吨。国营牧场改制顺利完成，高山畜牧产业项目扎实推进，肉、奶产量分别达到870吨、1294吨。110千伏输变电工程开工建设。雅拉香布天然饮用水实现产值9258万元，丰华能源、萨喜钦布手工藏毯等企业有序发展。新增社会消费品零售总额限额以上企业1家。

【乡村振兴】 实施涉农资金统筹整合项目14个、总投资1.58亿元。树立农牧民新风貌行动扎实推进，谋划实施5大类20个项目，打造“文化银行”“绿色银行”等特色亮点。农村人居环境持续提升，人畜分离加快推进，农村户用卫生厕所普及率达95%，250户家庭创建为“美丽庭院”示范户。村组主要道路硬化率100%。农村饮水安全成效持续巩固提升。加麻村入选第六批中国传统村落名录。

【招商引资】 紧盯1亿元招商引资目标任务，认真落实招商引资专班推动机制。实现招商引资固定资产投资6015万元。投资650万元的华能西藏雅鲁藏布江水电开发投资有限公司分布式光伏项目和资1200万元的丰华（琼结）能源开发有限公司丰华储能项目均已实施。全区首个整县屋顶分布式光伏项目加快实施。全区首个电梯生产制造项目通达电梯建成。协助萨喜钦布实业有限公司获批自治区级绿色工厂扶持资金50万元。

【民生保障】 保障重点群体就业平稳，农牧民转移就业6506人、创收6502万元，应届高校毕业生就业率达到98.7%。聚焦群众“急难愁盼”，本级投入资金900余万元实施民生实事项目19个。实施教育教学质量提升三年行动，5个100%成果持续巩固拓展，学前教育普及普惠工作走在全市前列。医疗服务水平持续提升，公共卫生管委会实现村（社区）全覆盖。开展各类文化惠民活动305场次，创作文艺作品16个，挖掘非遗项目19项，久河卓舞传承人荣获中国非物质文化遗产年度人物称号。社会保障覆盖面不断扩大，全民参保率保持在97.5%以上。

【深化改革】 优化“互联网+政务服务”办事流程，宣传引导群众进行网上办理，提高网上办件比例。全县事项网上可办率93.25%，即办件比率40.20%，平均跑动次数27.80%，承诺时间压缩比例达50.60%，各项指标均达到政务服务要求。政务服务中心全年接待办事群众11895名，受理事项9426件，办结9426件，办结率达100%。

【环境治理】 完成“三区三线”划定。河湖长制深入落实。林长制全面推行，完成森林督察整改任务，整改中央环保督察和其他各类检查反馈问题。完成植树造林952.7亩、城乡道路绿化110千米，全县林草覆盖率达93.3%。空气质量优良率、饮用水水源地和主要江河湖泊水质达标率均达到100%。

【兴边富民】 配合开展固边兴边富民行动，成立工作领导小组，明确任务分工，狠抓协调落实，加大宣传力度，推动抵边搬迁工作。

【维护稳定】 平安建设成果持续巩固提升，各项综合性维稳措施全面落实。坚持和发展新时代“枫桥经验”，建立“吹哨报到”机制，基层治理网格化信息管理平台县乡村全覆盖。宗教界“三个意识”教育全面开展。信访积案化解、双拖欠治理专项行动取得成效，信访案件同比下降88%。安全生产保持零事故、零死亡。

7月26日，县委副书记、县长秦梅鸯宗（中）到拉玉乡罗仁寺管会开展“国家意识、公民意识、法治意识”教育宣讲 （县政府办/供图）

综合事务

【概况】 2022年，琼结县人民政府办公室（以下简称县政府办）紧紧围绕县委、县政府的工作部署，着眼全局，紧扣中心，认真履行参谋、协调、督查、服务等各项职能，致力在辅佐政务、管理事务、搞好服务上狠下功夫，有力促进政府工作的高效运转，圆满完成全年各项工作任务。

【综合协调】 加强部门与部门之间、上级与下级之间、全局与局部之间的协调，减少工作摩擦，推进政府工作有序运转。减少不必要的环节，加快工作节奏，提高工作效率，做到急事急办，特事特办。推行过错追究制和首问办理制，做到有问必答，有事必办，有错必纠。强化办公室工作“程序化、法制化、人性化”理念。说话讲文明，行为讲规范，办事讲效率，尽量使参与协调的各方满意。全年起草各类工作汇报、领导讲话112余件。

【文件处理】 执行《国家行政机关公文处理办法》，履行收文登记、传阅、交办及发文审核、签发、印制等公文处理程序。抓好“依据关、内容关、格式关”认真校对，提高办理效率。全年收到各类文件872余件，制定下发政府文件186件（其中政府文件109件，办公室文件77件）。

【会务工作】 执行会议审批制度，认真审查会议议题，努力做到少开会、开短会。抓会前准备、会中服务、会后落实三个环节，力求会议主题明确、务求实效。按照要求布置会场，有效传达到位，上报参会人员名单，全年未发生一起会议失误情况。全年筹办、协调各类会议113场次，其中政府常务会议15次，政府党组会议11次，政府专题会议56次。

【督查工作】 进一步创新督促检查方式，在完善各项督查奖惩手段的同时，综合采取现场督查、暗访督查，电话督查和文件督查等多种方式。建立督查责任制，进一步加大对重点工作和重点事项的督查。落实各项督查任务，2022 年上报督查专报 73 期。加强对人大代表建议、政协委员提案的督促办理。

10 月 16 日，县政府办党支部在政府三楼会议室收听收看党的二十大开幕 （县政府办/供图）

【信息工作】 围绕热点问题编写信息。发挥信息导向作用，编写对工作有参考价值的信息。全年撰写《琼结政务信息》304 余期。

【外事工作】 未有一起违反外事纪律、违反外事工作、严重涉外的事件发生。

【党建工作】 2022 年，县政府办党支部深入学习领会习近平新时代中国特色社会思想和党的二十大精神、习近平总书记一系列讲话精神，年初制定《2022 年党建年度工作计划》《党史学习教育常态化方案》《党的二十大学习贯彻方案》《2022 年改进作风狠抓落实工作方案》，采取集中学习和个人自学相结合的方式，每月组织集中学习不少于一次，全年累计集中学习 31 余次，撰写心得体会共 63 余篇。个人自学按照支部确定的学习专题和文件，记好学习笔记，不断提高解决实际问题的能力。认真落实“三会一课”制度，按时足额自觉交纳党费。

【党风廉政建设】 严守纪律规矩、履行主体责任、落实“一岗双责”，不断推进县政府办党风廉政建设工作发展。全面贯彻落实中央八项规定精神及区党委、市委作风建设相关要求，严纠“四风”，着力查隐形纠变异，切实转变工作作风，密切联系群众，提高工作效率，改善干部形象。推进“集中整治不作为慢作为文山会海等形式主义官僚主义突出问题”工作，及时查摆工作中存在的形式主义和官僚主义等突出问题，制订整改方案，推动问题整改，召开专题组织生活会，持续转职能、转作风、转工作方式，严守纪

4 月 22 日，县政府办（编译局、后勤）联合党支部组织在家全体党员和青年工作委员会成员开展“作风怎么看 工作怎么干”专题研讨活动 （县政府办/供图）

律、树好形象。

行政审批和便民服务

【概况】 琼结县行政审批和便民服务局（以下简称县行政审批和便民服务局），为县政府工作部门，正科级，下设琼结县政务服务中心。行政编制3人，其中领导职数3人。2022年共有工作人员7人。全年县政务服务中心各窗口共受理事项9426件，全部办结。

【政务服务】 2022年，进驻政务服务中心单位12家，开设便民服务窗口22个，进驻政务服务事项73项，梳理全县行政许可事项241项，政务服务高频事项100项，发布村居服务事项60项，为实现“最多跑一次”目标打下坚实基础。加强乡村便民服务工作督促指导力度，确保规范有序运行。年内，共接待办事群众11895名，受理事项9426件，办结9426件，办结率达100%。制定《琼结县政务服务中心运行管理办法》《琼结县加快推进政务服务标准化规范化便利化实施方案》《琼结县政务服务中心适老政务服务实施方案》，在政务服务大厅设立企业服务“绿色通道”“跨省通办”“一件事一次办”窗口，配置志愿者主动引领、休息区、习语书吧、免费药品、母婴室、信息采集室、咨询服务投诉区、档案室、会议室等多项便民服务和设施。优化“互联网+政务服务”办事流程，提高企业群众网上办件比例。年内，全县事项网上可办率100%，即办件比率40.20%，平均跑动次效27.80%，承诺时间压缩比列达50.60%，开展“好差评”共计9381次，全部为五星好评，各项指标均达到政务服务要求。

【政府集中采购】 2022年，完善《琼结县政府采购管理办法》，全面落实政府采购管采分离要求，掌握政府采购的政策和方向，提高政府采购信息发布透明度，提供便于中小企业获取政府采购信息的稳定渠道，严格遵守政府采购审批、实施、监督等规定，确保政府采购的公开、公平、公正和有序竞争、阳光交易。落实中小微企业年度政府采购项目预算总额30%以上扶持政策。年内，共完成采购项目51项，其中公开招标23项、邀请招标2项、竞争性谈判1项、竞争性磋商1项、询价22项、单一来源2项，共计采购金额38564398.32元。

12月，县行政审批和便民服务局在政务服务中心会议室召开政府采购招标代理公司选取会

（县行政审批和便民服务局/供图）

信访工作

【概况】 琼结县信访局（以下简称县信访局）全年县信访信息系统登记受理群众信访14件，其中，本级受理6件17人，涉及47人，5件已答复，答复率83.3%，本级受理信访案件同比下降88.5%；上级转办8件，8件均已答复，答复率100%。

【矛盾纠纷排查调处】 在党的二十大召开之际，县信访局变上访为主动下访，深入困难多、矛盾集中、问题突出的地方开展排查，倾听了解群众诉求，对排查出来的重点案件和重点人员，全部明确包案领导，并交办至责任单位。2022 年下乡排查 8 次，共排查信访隐患 19 件，化解 18 件，未化解 1 件形成包案领导，对接相关责任单位，并督促办结。

10 月 9 日至 11 日，县委常委、常务副县长叶建勇带领县信访局、人社局等相关单位开展“拉网式”大排查大调处
（县信访局/供图）

【信访积案化解】 2022 年，东嘎社区人畜分离集中牛圈建设项目建设期间，该公司与施工方发生劳务纠纷而导致拖欠运输款、机械费、材料款 43.8 余万元问题，该公司处于“空壳”状态，承诺解决的事项一直未解决，诉讼途径没有实质性的效果。经县信访局多次向区、市两级信访局申请特殊疑难信访问题资金，向市信访局汇报该信访案件调处中的困难，最终市信访局通过特殊疑难信访资金中足额全部兑现。琼结县拖欠 3 年的历史遗留信访积案得到解决。

11 月 12 日，由县信访局和业主单位农业农村局到东嘎社区兑现东嘎牛圈项目拖欠信访积案资金 43.8 万元 （县信访局/供图）

【联席会议制度】 发挥联席会议的调度、指导、协调作用，召开联席会，研究信访工作，解决信访突出问题。2022 年召开 3 次信访联席会议，1 次分析研判会议。

【《信访工作条例》宣传】 县信访局通过传达学习、下发《琼结县关于学习宣传贯彻〈信访工作条例〉的实施方案》、开展《信访工作条例》进机关、进社区、进企业、进工地和《信访工作条例》知识竞赛等活动，开展对《信访工作条例》的宣传。

【责任追究制度】 落实党政一把手和各部门主要负责人信访工作第一责任人的责任，建立健全“一把手负总责、分管领导具体负责、班子成员一岗双责、各部门齐抓共管”的责任体系，将责任分解细化，落实到位。

后勤服务

【概况】 琼结县机关后勤服务中心（以下简称县机关后勤服务中心）为政府直属事业单位，是县委、县政府机关后勤事务工作的管理和服务部门。县机关后勤服务中心与各单位协调，保质保量地完成县委、县政府交办的各类事项。单位人员有 18 人，其中领导职数 2 人、专技人员 5 人、工勤人员 7 人、公益性岗位 5 人、临时工 1 人。

【公务接待】 制定《琼结县公务接待实施细则（暂行）》，控制接待开支标准和接待范围，完成县直各单位的公务接待任务及县级干部食堂的管理工作。完成县委、县政府交予的各项接待任务，全年接待各类工作组 169 次，2156 人次。

【会务服务】 做好人代会、政协会、党代会等各项重大活动的筹备、布置、会议服务等工作，

1月至10月，布置各类会场357次。

【管理维护工作】 完成党政大院办公用房的维修保障等工作，做好固定资产登记，水、电的维修维护和住房安全保障工作。全年累计各类维修维护165次。

【电梯维保】 对政府办公楼内两部电梯设备设施进行日常维修保养。制定了周、月、季及全年设备设施保养计划。依据电梯指导书规定，安排日常巡检，电梯机房设备等做到全面保护保养。

【车辆管理】 2022年，县机关后勤服务中心负责政府机动车、中巴车、正县级干部相对固定车辆的保养、维修和司机的管理教育工作。全年共维修保养车辆16次。

【消防维保】 每季度或半年对党政大院消防设施进行全面检查，发现问题及时处理。

6月24日，县机关后勤服务中心开展消防安全演练
（县机关后勤服务中心/供图）

【乡村振兴】 宣传党和国家、西藏自治区关于农牧区工作特别是乡村振兴的重大方针政策及国家对老百姓的关心和惠民政策15次。召开5次工作会议，对乡村振兴工作进行专题研究和安排，制订方案、明确目标任务，要求科级干部每名包2户、一般干部2名包1户。与乡、村领导衔接，层层签订责任书，建立责任体系。将乡村振兴工作列入党建工作，作为年度考核内容。

【疫情防控】 8月8日至12月10日，机关后勤全额保障县机关食堂物资供应通道畅通。新冠疫情防控期间，为全县干部职工、一线医护人员、志愿者、公租房廉租房居住人员、外来务工滞留人员、外来滞留游客、县城所在村居卡点值守人员送餐66696份，全力保障全县疫情期间伙食。

8月，琼结县新冠疫情防控期间，机关后勤全力保障全县疫情期间伙食 （县机关后勤服务中心/供图）

藏语文工作

【概况】 琼结县藏语文工作委员会办公室（编译局）（以下简称县藏语委办），属于正科级参公单位。2022年，县藏语委办积极开展藏汉翻译、资料翻译汇编等工作，取得良好成效。

【宣传工作】 通过设立宣传点、悬挂宣传横幅、张贴宣传标语、发放宣传资料和宣传物品、语音播放、现场解答等形式，宣传《国家通用语言文字法》《民族区域自治法》《西藏自治区学习、使用和发展藏语文的规定》《山南市社会用字管理办法》等法律法规。全年开展宣传6场次，发放宣传资料2800余份、宣传包1600个，张贴宣传横幅7条。

4月15日，开展藏语文宣传周活动　（县藏语委办/供图）

【社会用字工作】　由县藏语委办组织相关部门开展社会用字规范化检查2次，联合县人大执法检查组开展社会用字规范化检查1次。检查组检查门牌、招牌、路牌、指示牌等各种牌匾670余个，检查宣传标语、广告用字2403个（条），检查文头12个、印章9枚，发放语言文字宣传手册500余册，发现问题15个（处）均整改到位。

3月17日，藏语委办(编译局)开展社会用字检查整治活动
（县藏语委办/供图）

【藏汉翻译】　完成全县“两会”、县委经济工作会议、琼结县工商联（商会）换届等大型会议以及乡村振兴、强基惠民、法制宣传、民族团结示范县创建、新时代文明实践、新冠疫情防控、迎接党的二十大等重点工作、重大活动的材料翻译任务；完成各单位业务工作、会议材料及下发到村一级的政策性文件的翻译；接收各单位、企业商户、农牧民群众送来的宣传标语、会议标语、广告标语、商户牌匾、生活信息等内容的翻译。年内翻译大型材料32份，中小型材料84份，宣传标语、会议标语、广告标语、牌匾内容600余份，字数达53万字左右；翻译汇编《习近平总书记关于民族团结进步重要论述汉藏双语学习宣传手册》《党的二十大精神汉藏双语学习宣传手册》，各印制1000册，发放给基层群众。

【结对帮扶】　组织干部入户4次，了解结对帮扶户生产生活等基本情况，宣传党的二十大精神，宣传党的惠农惠民政策。开展“感恩”教育，让群众明白“惠在何处，惠从何来”，引导群众克服等要靠思想；春节、藏历年来临之际，为结对户群众送去大米、锅具、饮品等价值1440元的生活必需品。年内，共开展消费扶贫活动4次，单位干部从贫困户家中购买藏鸡蛋、酥油、土豆、菜籽油等土特产品，累计消费4600元。

地方志工作

【概况】　琼结县地方志办公室（以下简称县地方志办）为县政府常设临时机构，有工作人员2人，分别从编译、农牧抽调组成攻坚专班。2022年，县地方志办认真学习领悟习近平总书记的方志情怀，贯彻落实习近平总书记关于地方志工作的重要论述，严格落实自治区、市地方志工作会议精神，高效推进地方志鉴编纂工作，有效发挥地方志“存史、资政、教化、育人”功能，有力推进了全县地方志事业发展进程。

【《琼结年鉴》编纂】　3月2日，县地方志办启动编纂《琼结年鉴》（2022卷）（创刊号），印发《关于组织开展〈琼结年鉴〉（2022卷）编纂资料搜集工作的通知》；县地方志办组织工作人员对全县60多家县（中）直单位进行图片和文字资料的搜集整理工作。通过搜集、整理、撰稿、审稿等程序，于9月6日形成初稿。

9月14日，县方志办工作人员审核核对各相关单位报送的《县志（2001-2010）》缺项资料

【《琼结县志》（2001-2010）工作】 琼结县第二轮修志工作于2016年启动，从资料搜集、分类、编纂，历时8年多，形成15篇55章246小节110张图片38万余字的《琼结县志（2001-2010）》初稿，于2020年5月通过初审，7月通过复审，11月通过终审，于2022年5月12日通过自治区验收，已进入总编纂阶段。

【自治区、市年鉴供稿】 按照西藏自治区地方志编纂委员会《关于印发〈西藏年鉴〉（2022卷）供稿计划与撰稿单位分工方案通知》，以及中共山南市委员会办公室、山南市人民政府办公室《关于报送〈山南年鉴〉（2022卷）资料的通知》要求，狠抓落实。通过搜集、整理、撰稿、审稿等程序，于6月5日，分别向自治区年鉴处、山南市委党史研究室（市地方志办公室）报送琼结年鉴供稿资料。

10月23日，县方志办工作人员正在修改《年鉴(2022)》资料

【宣传教育】 向自治区、山南市地方志工作机构赠送《琼结年鉴》30余册；向各村（居）、退休老干部赠送《琼结年鉴》150余册；向县各中直单位、乡（镇）赠送第一轮《琼结县志》90余册，《琼结年鉴》100余册；同时，与县外地方志工作机构交换地方志鉴。

【业务指导】 县地方志办为县扶贫办启动编纂《琼结扶贫志》提供相关资料并指导工作。

中国人民政治协商会议琼结县委员会

综 述

【概况】 中国人民政治协商会议琼结县委员会（以下简称县政协），为正县级建制，2022 年为第三届，共有政协委员 61 名（其中，党员委员 23 名，占 37.7%；党外委员 38 名，占 62.3%），主席 1 名、副主席 4 名，常务委员 6 名。共设置 5 个界别，分别是：中共和工青妇社会保障界、经济科技工商联界、文化教育体育卫生界、农业农村界、民族宗教界。设专门委员会 1 个，即综合委员会（正科级）；正科级办事机构 1 个（县政协办公室）。县政协常委会高举习近平新时代中国特色社会主义思想伟大旗帜，坚持团结和民主主题，认真履行政治协商、民主监督、参政议政职能，充分发挥专门协商机构作用，在建言资政和凝聚共识上双向发力，为建设“和有序、富而强、绿成态、治固本”新琼结县作出积极贡献。

【三届二次全体委员会议】 于 2 月 24 日至 26 日召开。会议应出席委员 61 名，因事因病请假 8 名，实到委员 53 名。开幕会由县政协副主席尼玛加措主持，闭幕会由县政协主席仁增多吉主持。会议审议通过政协第三届琼结县委员会第二次会议议程（草案）；听取和审议政协第三届琼结县委员会常务委员会工作报告、政协第三届琼结县委员会常务委员会关于提案工作情况的报告；列席了琼结县第十四届人民代表大会第三次会议，听取并讨论“一府一委两院”工作报告及

2 月 24 日，县政协召开提案审查会议，审查县政协第三届二次会议期间提案
（县政协办/供图）

其他报告；审议通过政协第三届琼结县委员会第二次会议关于常务委员会工作报告的决议、政协第三届琼结县委员会第二次会议关于提案工作报告的决议、政协第三届琼结县委员会第二次会议关于提案审查情况的报告和政协第三届琼结县委员会第二次会议政治决议；听取县政协主席仁增多吉所作的闭幕讲话。

【常务委员会会议】 常务委员会第二次会议于2月15日召开。会议应到常委11人，实到11人。县政协主席仁增多吉主持会议。会议审议通过政协第三届琼结县委员会常务委员会第二次会议议程（草案）；审议通过关于召开县政协三届二次会议的决定（草案）、县政协三届二次会议议程（草案）和日程（草案）、常委会工作报告（草案）及报告人、提案工作情况报告（草案）及报告人；审议通过县政协三届二次会议秘书长名单（草案）、提案审查委员会组成人员名单（草案）。常务委员会第三次会议于2月26日召开。会议应到常委11人，实到11人。县政协主席仁增多吉主持会议。会议审议通过政协第三届琼结县委员会常务委员会第三次会议议程（草案）、政协常委会工作报告决议（草案）、提案工作情况报告决议（草案）、提案审查情况的报告（草案）和政治决议（草案）。常务委员会第四次会议于5月26日召开。会议应到常委11人，因事因病请假1人，实到10人。县政协主席仁增多吉主持会议。会议审议通过政协第三届琼结县委员会常务委员会第四次会议议程（草案）；传达学习习近平在庆祝中国共产主义青年团成立100周年大会上的重要讲话精神、新时代人民政协工作 习近平进行大部署、画出最大同心圆！习近平论述人民政协工作、全区宗教界开展“国家意识、公民意识、法治意识”教育动员部署会议精神、全市宗教界开展“国家意识、公民意识、法治意识”教育动员部署会议精神、政协山南市委员会印发《在全市政协组织、政协委员中讲好“委员故事”“西藏故事”的实施方案》的通知、政协山南市委员印发《关于深入开展“交朋友”活动的实施方案》的通知、关于近期会风会纪情况的通报、中国共产党重大事项请示报告制度、自治区党委书记王君正2022年5月12日在西藏自治区学习贯彻习近平总书记庆祝中国共产主义青年团成立100周年大会重要讲话精神座谈会上的讲话精神等相关文件精神；会议协商研究琼结县政协关于深入开展“交朋友”活动的实施方案，关于确定讲好“委员故事”“西藏故事”委员名单，乡村卫生服务能力情况调研报告，县政协三届二次会议上提交的提案督办落实情况，山南市政协关于解决琼结县加麻村和雪康社区修建网围栏的相关事宜，琼结县政协林长制工作分管负责人、联络人名单和落实林长制工作，琼结县政协办关于购买复印机的报告等相关事项。

【提案工作】 政协委员提交提案18件，立案18件，年底均已办复，办复率100%。相关提案共涉及9家承办单位：农业农村局6件，教育局、林草局各3件，统战部（民宗局）、公安局、水利局、卫建委、交通运输局、生态环境局琼结县分局各1件。委员提案所提问题已经解决或意见建议被采纳的（A类）有7件，所提问题正在解决或列入计划逐步解决的（B类）有5件，所提问题因客观条件限制或其他原因，暂时难以解决需以后解决的（C类）有6件。提案者对提案办理结果满意或基本满意率达95%。2022年，驻琼结县的区市级政协委员在区市“两会”期间，共提交提案7件；特别是在市政协会上提交《关于解决我市野生动物毁坏农作物问题的提案》后，市政协从提案办理专项资金中拿出184万元给予支持。

【提案交办会议】 4月22日，琼结县政协召开提案交办会议，交办政协第三届琼结县委员会第二次会议期间政协委员提交的提案。会议由县政协党组书记、主席仁增多吉主持，县政府副县长陈君出席会议并讲话。会议通报了政协第三届琼结县委员会第二次会议委员提交的提案情况、签订县政府分管副县长与县政协分管副主席提案办理责任书；听取县政府副县长陈君代表县政府所作的表态发言；县政协主席仁增多吉对开展好提案办理工作提出具体要求。

4月22日，召开政协第三届琼结县委员会第二次会议提案交办会 （县政协办/供图）

【民主生活会】 1月21日，县政协党组召开2021年度党史学习教育专题民主生活会，县政协党组书记、主席仁增多吉主持会议并讲话。仁增多吉通报县政协党组2021年度民主生活会班子整改落实情况、政协班子及班子成员会前征求意见及谈心谈话情况，并代表县政协党组班子做对照检查和个人对照检查；其他党组成员逐一作对照检查，开展批评与自我批评；县纪委监委、县委组织部同志对此次民主生活会做点评，对下一步整改工作提出指导性意见；参会人员对此民主生活会进行民主测评。

【委员意见建议】 在县政协三届二次会议上，委员们分别围绕农村老化电线改造、农村人居环境整治、农村公路扩建改造、特色产业发展、改善民生等人民群众普遍关心的热点难点问题提出30条意见建议，大多被有关单位吸收采纳。

【“我为群众办实事”实践活动】 县政协发挥组织和政协委员优势，帮助群众解决问题，带动群众增收致富。如县政协委员、网红扎西拉姆（“西藏拉姆”）通过直播带货，帮助村民销售酥油等特色农产品及旅游产品36万余元；县政协委员、琼结县平若水磨糌粑有限公司负责人尼玛曲宗解决困难群众就业岗位40余个，新冠疫情防控期间，捐赠糌粑260袋，完成供应6吨抗疫物资（糌粑）任务。2022年，政协班子成员、机关干部和政协委员办实事好事170余件，扶持资金达110万余元，受益群众2000余人，其中就业群众达100余人。

【疫情防控】 2022年8月，县政协领导班子成员投身新冠疫情防控值守，到疫情防控一线，宣传指导党委政府疫情防控决策部署的落实；转发市政协倡议书，号召全县政协委员和政协工作者立足岗位，投身抗疫战斗。政协委员同声响应，勇做“逆行者”。如县政协委员、西藏达娃卓玛实业有限公司董事长阿旺曲扎为县城抗疫一线的150余名工作人员免费配送疫情爱心餐，折合人民币16余万元，解决隔离酒店、职工住宿小区、医护人员的吃饭问题。县政协机关干部主动参加志愿服务、流调等各类疫情防控工作，收集基层疫情防控工作中遇到的困难、存在的问题，并报告县疫情防控领导小组，得到及时交办落实。据统计，战“疫”期间全县政协委员和政协工作者累计出动人力290余人次，捐赠医用口罩3.03万只、免洗手液800瓶、乳胶手套4000套、消毒液900瓶、垃圾袋5000条、糌粑260袋、方便面500件、矿泉水1700件、各种饮料860件，折合人民币近20万元。

【维稳工作】 贯彻落实区党委、市委和县委维稳决策部署，落实维稳责任，特别是党的二十大召开期间，县政协领导班子成员按照县委统一部署，蹲点乡村、寺庙，开展维稳督导。发挥政协专门协商机构作用，搭建社会各方联通桥，辅助调处化解矛盾纠纷。2022 年，政协班子成员蹲点督导维稳工作 60 余天，带班值班 100 余天，政协委员巡逻 1800 余人次。

【专题议政性常委会会议】 10 月 28 日，县政协召开专题议政性常委会会议，围绕“畜牧业发展现状与未来前景”开展协商议政。县政协党组书记、主席仁增多吉主持并讲话，县委常委、常务副县长叶建勇应邀出席会议并讲话。县委常委、统战部长、民宗局长、县政协党组副书记米玛次仁，县政协副主席、下水乡党委书记田泽钊，县政协二级调研员尼玛加措出席会议。会上由县政协副主席央金通报了畜牧业发展现状与未来前景调研情况。由县农业农村局、加麻乡、琼结镇雪康社区、下水乡久河村、帮噶奶牛养殖合作社和拉玉乡强吉村 6 家单位（合作社）相关负责人及 2 名政协委员结合自身职能和自身实际做交流发言。

【协商座谈会】 1 月 6 日，县政协在下水乡组织召开关于进一步规范全县村财管理制度的协商座谈会。会议由县政协主席仁增多吉主持。县政协召集县委组织部、县纪委监委、县巡察办、县财政局、各乡（镇）村（社）负责人、各乡（镇）会计人员、政协委员、人大代表、群众代表等共 30 余人参加，通过协商，形成《琼结县关于进一步规范“四议两公开”工作法的指导意见（试行）》，提交县委常委会审议通过。

【民族团结工作】 2022 年，县政协组织政协委员深入学习《自治区民族团结进步模范区创建条例》等相关文件精神，开展“创建民族团结进步模范区政协委员‘八个一’行动”，教育引导各族各界牢固树立“三个离不开”思想，增强“三个意识”，增进“五个认同”，自觉维护祖国统一、加强民族团结，促进各民族交往交流交融，铸牢中华民族共同体意识。7 月，组织开展“夏日联谊·民族团结一家亲”系列活动，在学习强国、山南政协、山南市民族团结创评等媒体广泛宣传。

【“交朋友”活动】 县政协广泛开展机关干部与政协委员、党员委员与党外委员、委员与委员、委员与界别群众等多层次的“交朋友”活动。2022 年，开展各类“交朋友”活动 170 余人次，组织学习宣传党中央、区党委、市委和县委有关重要会议精神和上级最新政策 560 余人次。

1 月 6 日，县政协在下水乡组织召开琼结县村级财务管理座谈会（县政协/供图）

【调查研究】 5 月 10 日至 12 日，组织政协委员，深入各乡（镇）卫生院和各村（社）卫生室，对乡村卫生服务情况进行专题调研。6 月 28 日至 7 月 1 日，组织农业农村界政协委员，深入加麻乡特日村牧场、琼果纳雄畜牧养殖农牧民合作社、下水乡帮卡奶牛养殖专业合作社等 11 家养殖合作社及 17 个养殖户，对畜牧业发展现状与未来前景进行专题调研，形成调研报告向县委、县政府呈报。

【民主监督】 制定民主监督计划，对村财乡管、畜牧业发展、乡村卫生服务能力建设等工作开展监督。组织区、市县政协委员40余人次参加各类征求意见会、评议会、民主生活会、审判会和中考小考等各类考试监督，重点围绕县委、县政府重大决策部署和群众关注的热点难点问题开展民主监督。

【社情民意工作】 进一步加强队伍建设、完善工作机制，采取措施做好社情民意收集工作。强化信息舆情汇集和民意表达功能，畅通政协委员反映意见诉求渠道。宣传党的路线方针政策，协助县委县政府做好协调关系、理顺情绪、化解矛盾的工作。

【协作交流】 配合区市政协分别围绕“政协协商民主在发展全过程人民民主中的独特优势”“挖掘古建筑历史文化资源、加快旅游产业发展”实地调研。接待山西省、日喀则市拉孜县等地政协考察团共13个200余人次。

【文史宣传工作】 安排专人撰写年鉴等相关文史资料，完成自治区政协、琼结县方志办交办的《西藏政协年鉴》《琼结年鉴》等供稿任务。加强简报信息的收集报送，改进县政协宣传思想工作。编撰《琼结政协信息》83期，多条信息被学习强国、西藏政协、《山南报》、山南网、山南政协、网信琼结等媒体采用；开通“琼结政协”微信公众号。

【“书香政协”工作】 2月25日，开展“书香政协”赠书仪式，向全体政协委员发放习近平《谈治国理政》（第一卷）。深入开展政协委员读书活动，把有组织的读书与个人读书、委员读书与履职实践、线上读书与线下读书有机结合起来，开设“书香政协”读书活动微信群，政协委员每三天品读一篇文章、分享一次学习体会，委员参与率达100%。

【基层政协工作】 建立健全县政协领导班子成员联系指导乡（镇）政协委员联络办工作制度。琼结县基层政协工作的做法、成效，得到自治区政协和山南市政协的肯定，在2022年7月召开的全区政协工作交流座谈会上，琼结县政协以“采取‘三项举措’、化解‘两个薄弱’，在创新实践中推进基层政协工作提质增效”为题作大会交流发言。在2022年3月召开全市基层政协工作现场推进会之际，琼结镇、拉玉乡政协委员联络办作为会议现场展示了基层政协工作主要做法、有益探索和成功经验。

【驻村工作】 县政协安排1名副主席、2名科级干部参与驻村和易地扶贫搬迁安置点工作。指导村“两委”班子，坚持党建引领，理清发展思路，明确发展措施，维护社会稳定，发展乡村经济，建设美丽家园，大力实施乡村振兴。

【专题学习会议】 3月26日，县政协召开专题学习会，专题学习全市基层政协工作现场推进会精神，县政协党组书记、主席仁增多吉主持会议。会议传达学习市政协党组书记、主席巴珠在基层政协工作现场推进会上的讲话精神。会议要求，认真贯彻落实巴珠主席的讲话精神与琼结县政协各项工作紧密结合起来，持续学深悟透，深入乡（镇）联络办开展宣讲，切实把会议精神传达到每一位政协委员、每一位政协干部，把学习成果转化为奋进新征程、建功新时代，以高质量履职服务助力高质量发展的强大动力。10月27日，县政协党组召开党组理论学习中心组2022年第10次集中学习会，专题学习党的二十大相关精神。会议由县政协党组书记、主席仁增多吉主持。会议传达学习中国共产党第二十次全国代表大会闭幕会议精神、中国共产党第二十次全国代表大会关于十九届中央委员会报告的决议、中国共产党第二十次全国代表大会关于《中国共产党章程（修正案）》的决议等相关文件精神，并对学习党的二十大精神情况进行了理论测试。

【宣讲党的二十大精神】 12月16日，县政协党组书记、主席仁增多吉到下水乡久河村宣讲党的二十大精神，共60余人聆听宣讲。宣讲结束后，开展了“二十大精神知识有奖竞答”活动。

【改进作风狠抓落实工作】 1月25日，县政协党组召开改进作风狠抓落实工作动员部署会。会议由县政协党组书记、主席仁增多吉主持。会议传达学习自治区改进作风狠抓落实工作动员部署会议精神、改进作风狠抓落实奋力推进西藏长治久安和高质量发展、山南市改进作风狠抓落实工作动员部署会议精神、琼结县改进作风狠抓落实工作动员部署会议精神等相关文件精神。会议要求：一要加强政治理论学习，不断改进思想作风；二要加强干部管理，不断改进纪律作风；三要加强勇于担当意识，不断改进工作作风。4月29日，县政协开展改进作风狠抓落实“作风怎么看、工作怎么干”大讨论活动暨“6+1”行动研讨会，县政协党组书记、主席仁增多吉主持。会上，央金副主席和多吉曲珍围绕“四查四问”“八个落实”要求进行研讨。

【宣讲区市“两会”精神】 2月11日，县政协副主席央金到拉玉乡堆巴村开展自治区、市“两会”精神宣讲活动，共80余人聆听宣讲。

【走访慰问活动】 9月22日至23日，县政协党组书记、主席仁增多吉带队慰问组一行前往三乡一镇，看望慰问新冠疫情期间坚守在奋战一线的基层政协委员。此次慰问活动共慰问基层农牧民政协委员37名，送去总价值1.6万元生活物资。

综合事务

【概况】 2022年，中国人民政治协商会议琼结县委员会常务委员会办公室（以下简称县政协办）积极做好会务、文件起草等工作。完成文件起草210余份，完成1次全体委员会议、3次常委会会议、1次专题议政性常委会会议、12次党组会议、12次党组理论学习中心组会议及各种专题座谈会议的组织筹备和服务工作。

【网格包保工作】 9月26日，县政协办到琼结镇东嘎社区开展新冠疫情网格包保工作及干部结对帮扶户慰问活动，为社区送去了价值400元的生活物资。在入户走访结对户时，走访结对户7户，消费帮扶及慰问3500元。

9月26日，县政协办到琼结镇东嘎社区开展疫情网格包保工作及干部结对帮扶户慰问活动 （县政协办/供图）

【专题学习】 11月14日，县政协办组织召开专题学习会，专题学习《习近平关于社会主义精神文明建设论述摘编》，传达学习在全市基层党建工作推进会上的讲话、关于印发《韩亮在县委党的建设（基层组织建设）领导小组第三次会议上的讲话》的通知、关于印发《李国霞在县委党的建设（基层组织建设）领导小组第三次会议上的部署讲话》的通知等文件精神。

11 月 14 日，县政协办专题学习《习近平关于社会主义精神文明建设论述摘编》（县政协办/供图）

【主题党日活动】 5 月 19 日，县政协办党支部开展“干部职工下基层　为民服务解民忧”主题党日活动，研究确定从支部党建经费中购买 10 台驱兽器，在野生动物出入频繁的地段安装驱兽器，减轻农牧民群众人工看护农田成本。5 月 31 日，县政协办干部职工到下水乡下水村昆门幼儿园开展“关爱儿童　情暖六一”主题党日活动，为幼儿园的每名幼儿送去了书包、文具盒等“六一”儿童节礼物。

【网上祭英烈活动】 9 月 30 日，县政协办党支部通过网上祭扫、观看爱国主义影片等方式，开展第九个烈士纪念日暨网上祭英烈活动。

纪检监察·巡察

纪检监察

【概况】 2022年，中国共产党琼结县纪律检查委员会、琼结县监察委员会（以下简称县纪委监委）合署办公，共有14个人员编制（行政编制11人，事业编制3人），实有人数15人。领导职数4人，实配4人，纪委委员11名，纪检巡察联合党支部1个，党员19人。设置有综合室、党风政风监督室、监督检查室、审查调查室4个内设机构和纪检监察信息中心1个下属事业单位。乡（镇）纪委（派出监察室）4个，配备乡（镇）纪委书记［派出乡（镇）监察室主任］4名、纪检专干（监察员）8名。

【重大纪检会议】 2月17日，召开中国共产党琼结县第十届纪律检查委员会第二次全体会议，传达学习中央、自治区、市纪委全会精神，总结2021年纪检监察工作，安排部署2022年工作任务；7月26日，组织全县各单位、各乡（镇）乡科级干部及村（社区）党组织书记、村务监督委员会主任召开“身边人教育身边事”廉政警示教育大会，共计210余人参加，会议分析全县反腐败斗争形势任务，剖析违纪违法典型案例，对全县党员领导干部增强拒腐防变能力提出要求。

7月26日，县纪委监委组织全县各单位、各乡镇乡科级干部及村（社区）党组织书记、村务监督委员会主任召开廉政警示教育大会 （县纪委监委/供图）

【反腐倡廉】 规范工作流程。做好来信来访来电网络举报受理，全年共受理问题线索24件。规范问题线索管理，依法处置问题线索24件。把握审查调查工作政治属性，落实办案安全责任，开展办案安全自查自纠。开展案件质量评查，不断提升案件质量。全年办结问题线索23件，立案审查调查10件8人，给予党纪政务处分8人，运用第一种形态8人、第二种形态3人、第三种形态2人、第四种形态3人（规范办结首例留置案件，移送司法机关1人）。追缴违纪违法资金55.59万元，随案移送受贿资金68万元。下发纪律检查建议书2期，推动乡村振兴产业项目监管、项目效益发挥等方面制度建设。开展警示教育，为全县210余名各级党员干部讲授廉政党课，组织200余名党员干部参观“身边事教育身边人”主题廉政展览。督促全县党员干部观看《零容忍》、阅看《忏悔录选编》。组织党员领导干部旁听法院庭审，接受警示教育。加强新时代廉洁文化建设，加强家庭家教家风建设。

7月22日，县委书记韩亮带领在家县级干部，县（中）直各单位、各乡镇在家全体乡科级干部参观“身边事教育身边人”主题廉政展览 （县纪委监委/供图）

【巡察督查】 推进政治巡察。协助制定《琼结县委巡察五年工作规划（2021—2025年）》，制定实施《琼结县委巡察工作领导小组2022年工作要点》。完成十届县委第二、第三轮巡察，对5个县直单位、2个乡（镇）、1个县属国有企业和5个村党组织开展常规巡察，发现“三个聚焦”问题201个，提出意见建议84条。做好巡察人才库建设管理，加强巡察信息化建设。纪检监察机关和组织部门履行整改监督责任，压紧压实被巡察党组织整改主体责任。健全整改评估机制，对十届县委第一轮6家被巡察村（社区）党组织整改情况进行评估。向县委专题报告巡察发现的村（社区）“三资”管理问题，推动“村财乡管”，完善“四议两公开”制度。成立涉粮问题巡察整改专项监督组，加强涉粮领域巡察反馈问题整改监督。

【政治监督】 聚焦党的二十大、习近平总书记关于西藏工作的重要论述和新时代党的治藏方略、自治区第十次党代会和市第二次党代会等精神贯彻落实，聚焦“三新一高”“四件大事”“十四五”规划等贯彻实施情况，更新政治监督任务清单，采取明察暗访、现场督查等方式，督促各级各部门推动贯彻落实。

【监督检查】 强化日常监督，将监督贯穿全县工作全局，强化对党员干部和公职人员监督。对2020年7月至2022年5名受处分人员纪律处分执行情况进行监督检查。将“一把手”作为监督重点，制定《琼结县纪委监委机关贯彻落实〈中共山南市委员会关于加强对“一把手”和领导班子监督的实施方案〉的工作清单》，督促各级党组织、党组织书记和班子成员履行全面从严治党主体责任、“第一责任人责任”和“一岗双责”。执行廉政谈话制度，开展干部任前集体廉政谈话3批122人，与县直单位负责人个别谈话11人次，召开项目建设领域廉政座谈会。把好党风廉政意见回复关，回复党风廉政意见735人次，暂缓职级晋升1人。

【专项治理】 开展“私车公养”、提供酒水进行公务接待等问题集中排查整治。开展惠民惠农财政补贴资金“一卡通”管理问题专项治理，发现的3类共性问题全部督促整改。协助县政府推进“十三五”时期政府投资项目审计反馈问题整改，督促相关责任单位完成11个“十三五”时期政府投资项目存在的4个方面9项问题整改。协助统计部门推进统计督察反馈问题整改，推进统计造假不收手不收敛问题专项纠治。推进生态环境保护领域自查问题整改。对自治区纪委监委督导检查反馈的德庆村养猪场污染水源问题，深入实地协调研究整改措施，督促限期整改。

【疫情防控专项监督】 纪检监察干部主动投身

防控新冠疫情一线，承担区域协查、组织人员、消杀消毒等志愿服务。紧盯责任落实、措施落实，推动解决物资保障、核酸检测、隔离管控等环节存在的问题。开展疫情防控专项监督检查55次，发现并督促整改问题48个，下发工作提示2期，通报曝光违反疫情防控工作纪律党员干部5人，受理问题线索1件，给予党纪处分1人。

【宣传教育】 督促县委组织学习中央、区、市纪委监委重要会议、文件精神和典型案例通报。通过“清廉琼结”微信公众号发送廉洁提醒信息，提醒党员干部时刻铭记纪律规矩，紧盯重要节点、重点对象，每逢节假日前通报典型案例。开展第七个党风廉政建设宣传教育月活动。打造“身边事教育身边人”廉政警示教育展，安排专人讲解，组织全县党员干部参观学习，年内共200余人参观学习、接受教育。开展对外宣传活动，向干部群众发放500余份廉政宣传袋和宣传资料。

【党风廉政建设】 严格把好党员干部选人用人政治关、品行关、能力关、作风关、廉洁关，全年回复党风廉政意见735人次，暂缓职级晋升1人，进一步规范党风廉政意见回复工作。全面贯彻落实中央纪委国家监委、自治区纪委监委和市纪委监委年度工作安排，召开十届县纪委二次全会，总结2021年纪检监察工作，安排部署2022年工作任务。制定《琼结县纪委监委2022年工作要点》，适时调度推进阶段重点工作任务，落实上级纪委监委工作提示要求。制定《琼结县纪委监委关于开展进一步改进作风狠抓落实专项整治工作实施方案》，督促各级各部门对照违反社会公德、落实从严治党责任不力、群众身边的腐败和作风问题、重点领域腐败问题等7个方面内容自查自纠。开展自查自纠情况实地调研抽查，指出问题，下发工作提示1期，督促整改落实。全县共自查问题456项，制定整改措施443条，完成整改401条、推进整改42条。紧盯津贴补贴发放、开会发文、公务用车、公务接待、制止餐饮浪费等方面，加强监督检查。对审计反馈、巡察发现的违规发放津贴补贴问题，督促相关单位清退违规发放津贴补贴17.25万元。引导党员干部弘扬忠诚老实、公道正派、实事求是、清正廉洁等价值观，集中查处只表态不落实、不担当不作为等突出问题，点名通报2家单位3名党员干部。坚决查处特权思想和特权行为。

【队伍建设】 严格执行纪律检查机关监督执纪工作规则、监察机关监督执法工作规定，确保执纪执法权受监督、有约束。学习贯彻《中国共产党纪律检查委员会工作条例》，修改完善《中共琼结县纪律检查委员会常务委员会工作规则》，落实机关党建和意识形态工作责任，规范履行党内监督和国家监察职责。加强干部队伍建设，强化思想淬炼、政治历练、实践锻炼、专业训练，广泛组织开展教育培训，选派9名乡（镇）纪检监察干部到市县纪委监委跟班学习、跟案锻炼，选派16名干部参加各级各类纪检监察业务培训。加强纪检监察干部党内法规条例和国家法律法规业务知识培训。对照内部“小巡视”反馈问题，举一反三制定整改清单，全面检视整改问题。从严管理监督干部，严格组织授权，明确权力边界，完善内控机制，强化全程监督。强化自我监督和约束，每月跟踪排查纪检监察干部政治生态。

巡察工作

【概况】 2022年，中国共产党琼结县委员会巡察工作领导小组办公室（以下简称县委巡察办）以习近平新时代中国特色社会主义思想为指导，深入贯彻落实习近平总书记系列重要讲话精神，全面贯彻巡视工作方针、上下联动、巡视整改和成果运用的意见，按照区党委、市委和县委关于巡视巡察工作部署，认真履行“统筹协调、指导督导、服务保障”职能职责，努力推动巡察工作高质量发展。

【党建工作】 参加纪检巡察联合党支部主题党日、学习研讨等各项工作，深化“两学一做”、党史学习教育成果。坚持“支部建在组上”原则，县委第二、第三轮5个巡察组成立5个临时党小组。巡察干部通过集中学习和干部自学等形式，学懂弄通做实习近平新时代中国特色社会主义思想，习近平关于巡视工作重要论述。

【巡察工作】 按照市委巡察办和县委巡察工作领导小组安排，推进巡察工作任务。学习中央巡视工作规划专题辅导会议精神、王鸿津、罗礼平同志的讲话精神，领悟县（区）巡察工作规划专题辅导会议精神，落实区市巡视巡察办工作提示精神，《十届县委巡察工作五年规划（2021-2025年）》征求纪委、组织部门意见建议2次，县委巡察工作领导小组会议研究讨论2次，与区市两级巡视巡察五年规划在工作模式、节奏步调上保持一致。2022年组织开展十届县委第二、第三轮巡察。县委授权5个巡察组，抽调27人，采取“一拖二”“一拖三”“一拖四”的方式，分别对林草局、自然资源局、农业农村局、商务局、下水乡、措杰村、下水村等13个党组织进行了常规巡察，巡察期间共开展个别谈话161人次、调阅资料6883余份、民主测评151人次、实地走访363余户，巡察中各组围绕聚焦贯彻落实党的路线方针政策和党中央决策部署情况、聚焦群众身边腐败问题和不正之风、聚焦基层党组织软弱涣散、组织力欠缺、落实整改不到位问题、保密问题方面进行巡察，巡察中共发现13个党组织存在213个问题，立行立改8个问题。各巡察组加强对巡察单机系统的录入和运用，做好“第一手”数据的收集、录入，做到边巡边录，实现巡察报告、个别谈话、底稿制作等主要工作环节信息化、规范化，实现巡察数据的动态管理、汇总分析和综合运用。

11月14日，在党政七楼会议室召开十届县委第三轮巡察工作动员部署会议，县委常务副书记、常务副县长王晓静讲话

（县委巡察办/供图）

【日常监督】 督促乡（镇）党委派纪委书记或组织委员列席6个被巡察村（社区）党组织生活会，督促被巡察党组织切实负起整改主体责任。开展县委第一、第二轮13个被巡察党组织集中整改期监督检查。通过查阅资料、实地督导、问卷调查等方式，对照问题清单，开展第一轮6个被巡察党组织整改情况评估，形成督查检查情况报告报县委巡察工作领导小组主要领导。

【信息化建设】 依托纪委金纪网，开展巡察信息系统建设，培训学习单机系统和巡察工作网络信息化建设，逐步完善相关信息加强模块维护。十届县委第二轮巡察各巡察组探索运用巡察信息录入工作。落实巡察工作数据管理系统专人管理，专人负责机制，实现内网办公，实现文件精神快速上传下达，保密要求落实更严更实。

【“改进作风狠抓落实”专题教育活动】 组织干部深入学习《党的十九大以来山南市县两级纪委监委查处严重违纪违法党员干部忏悔录选编》，引导干部始终紧绷纪律和规矩这根弦。县委第

二、第三轮巡察干部按照“两职”“两不”要求，依规依纪依法开展巡察。全面开展保密自查自评，配合上级实地检查。开展县委第二轮3个巡察组作风纪律后评估。

【成果运用】 制订巡察反馈会议整体方案，规范各巡察组反馈时间、参加人员、会议议程等反馈会议要求。县委巡察工作领导小组成员单位、县委第二轮3个巡察组深入5个被巡察单位开展反馈，向被巡察党组织和分管县级领导通报巡察情况，进一步增强巡察反馈的严肃性、权威性、针对性。

受援工作

【概况】　湖北省襄阳市第十批援藏工作队始终将思想和行动统一到中央第七次西藏工作座谈精神的学习宣传贯彻落实上来，按照省援藏工作队和襄阳市委、市政府要求，紧密结合琼结县实际，以高质量援藏为主线，以党建工作为统领，聚焦新冠疫情防控、产业援藏、民生援藏等重要领域，重点在民族团结、经济社会跨越式发展、改善农牧民生产生活水平上做文章。

【队伍建设】　湖北省襄阳市援藏干部有 17 人，工作岗位涉及县委、县政府和发改、乡村振兴、财政、教育、卫生、城建、城投公司等多个部门。成立襄阳援藏工作队临时党支部，明晰任务分工和各自工作职责。持续加强队员管理、业务培训和服务保障。

【项目建设】　按照第九批援藏工作计划，完成 2022 年湖北省襄阳市援藏项目 12 个，总投资 1669 万元。启动实施琼结镇少儿智力拓展中心、内地代培班、幼儿园薄弱改造等项目。组织和谋划 2023 年项目，经实地考察各部门申报的建设项目，并由专题讨论，确定 2023 年基建项目 4 个，投资 815 万元。加快建设援藏产业园、强钦片区等“十四五”规划内项目。

【协助推进行政体制改革】　建立健全预算绩效管理制度体系，所做工作情况发表于《中国财经报》；参与贯彻落实河（湖）长制、水利工作规范执法、工程项目施工专业技术指导，制定水利执法文书和规范采购制度；组织开展琼结县行政处罚案卷评查工作，对全县行政执法单位行政处罚案卷进行集中评查，组织制定《琼结县行政处罚案卷标准及文书参考样式》。

【援藏抗疫】　全体工作队员根据个人岗位职责，分别参与统筹调度、物资筹集、核酸筛查、流调溯源、医疗救治、院感培训等具体工作；联系湖北省襄阳市增派核酸检测专业人员；争取襄阳捐赠医疗物资 56 万元，联系内地爱心企业家捐资捐款，支援琼结县新冠疫情防控工作的开展。

【教育医疗援藏】　选派琼结部分教师前往湖北文理学院培训学习。协调湖北省襄阳市医护人员到琼结县人民医院开展医疗援藏工作，完成琼结县普外科首例微创手术和骨科首例创伤骨折手术。开展送诊下乡、送诊入户活动。加强健康管理水平，宣传健康生活方式及疾病预防知识，指导村民注意保暖、合理饮食、规范用药。

乡村振兴

【概况】 琼结县乡村振兴局（以下简称县乡村振兴局）为正科级单位，2022 年新增设琼结县乡村振兴信息中心，为县乡村振兴局所属副科级事业单位。2022 年，琼结县代表自治区顺利完成国家水利部带队的巩固拓展脱贫攻坚成果同乡村振兴有效衔接成效考核；在市级巩固拓展脱贫攻坚成果同乡村振兴有效衔接成效考核中，位列 12 个县（区）第一位，荣获 2022 年度全市巩固拓展脱贫攻坚成果同乡村振兴有效衔接工作“综合评价好”荣誉。

【国家乡村振兴示范县创建】 成立项目专班，完成资料搜集、材料汇总等前期筹备工作，制订出台《西藏自治区山南市琼结县国家乡村振兴示范县创建方案》。10 月 8 日，农业农村部发展规划司、国家乡村振兴局规划财务司发布《2022 年国家乡村振兴示范县创建名单公示公告》，山南市琼结县成为西藏自治区唯一突围“选手”，荣登榜单，在全区 74 个县中率先入选第一批国家乡村振兴示范县创建名单。

【创建全区树立农牧民新风貌行动示范县】 2022 年，琼结县被确定为全区 3 个树立农牧民新风貌行动示范县之一。县委、县政府成立树立农牧民新风貌行动工作领导小组，下设办公室和 7 个专项组（树立文明新风、整治陈规陋习、完善村规民约、兴优秀文化、美村容村貌、信息材

7 月 18 日，自治区树立农牧民新风貌行动试点工作推进会在琼结县召开

（县乡村振兴局/供图）

料、督导考核），形成县委书记、县长带头抓、分管领导具体抓的工作体制；研究印发《琼结县树立农牧民新风貌行动实施方案》，明确工作目标、重点任务、时限要求；各行业部门配套出台《党建引领乡村治理试点工作方案》《关于加强村（社区）网格党组织建设的通知》等20余项政策文件。投入树立农牧民新风貌行动试点资金1500万元，实施20项树立农牧民新风貌项目。

【防止返贫】　建立琼结县防止返贫监测月排查工作机制、防返贫监测联席会议制度，坚持常态化走访、防返贫动态监测和集中排查相结合，分别于5月、9月开展2轮拉网式大排查和10余次常态化走访，对在监测期内的10户44人全面落实医疗保障、社保兜底、就业帮扶等各项措施。全年消除风险监测对象13户53人。全县没有发生返贫致贫问题。

【项目建设和涉农统筹整合资金使用】　2022年琼结县涉农整合资金项目共14个，总投资15845.78万元（包含中央财政资金11276.9万元，自治区财政资金3076.98万元，市级配套资金800万元，县本级资金342.2万元，项目单位自筹150.7万元）。其中生产发展类（含产业基础设施配套）项目3个，总投资3850万元；巩固提升类（人居环境整治类）项目3个，总投资6579.64万元；小型公益性基础设施类项目5个，总投资1957.14万元；美丽宜居整村推进类项目1个，总投资3100万元；扶贫贷款贴息类1个，总投资160万元。2022年年底，完成投资12965.59万元，完成年初计划任务的81.82%，其中完成中央财政衔接资金支出11051.8万元，支出率98%，资金支出进度在全市12县区中位列第三。

【稳岗就业增收】　开展农牧民技能培训22期800人，涵盖脱贫群众144人，实现稳定就业58人。脱贫群众稳定外出务工达671人，人均创收2.7万元；统筹整合项目吸纳农牧民就业5545人（次），带动增收477万余元；开发村级保洁员岗位42个，兑现工资33万元。及时优化调整《琼结县乡村振兴产业项目防返贫利益联结机制（试行）》，累计兑现奖补资金、产业分红资金149.8万元，13家合作社、1270名群众从中受益。通过各项增收措施，全年全县脱贫人口人均纯收入达16465.32元，增长16.63%，其中，人均工资性收入10363.64元，占62.94%；人均生产经营性收入2320.57元，占14.09%；人均财产性收入490.65元，占2.98%；人均转移性收入3290.45元，占19.98%。脱贫人口收入增幅高于全县农牧民人均可支配收入的增长水平。

【易地扶贫搬迁后续扶持】　制订《琼结县2022年易地扶贫搬迁安置点乡村治理专项行动工作方案》《琼结县易地扶贫搬迁后续扶持2022年工作

2月28日，县委副书记、县长秦梅鸯宗走访慰问监测户和易地搬迁点群众
（县乡村振兴局/供图）

要点》，建立易地扶贫搬迁安置点扶持机制，对措杰村赞巴组易地扶贫搬迁安置点实行“领导联系、单位结对、企业帮扶”机制。制定并落实搬迁后续帮扶措施20余条，解决问题40余个。3月15日，琼结县委常委、常务副县长组织人员对琼结县下水乡易地扶贫搬迁集中安置点进行全面调研，对调研发现的5个方面16项问题全部完成整改，搬迁点基础设施、配套设施、就业增收等方面短板得到全面补齐。投资75万余元的安置点饲草料库、打麦场建设项目投入使用，投资7.71万元的配套购买农机具项目已落实，应对新冠疫情影响的每户搬迁户1000元帮扶资金已发放到位，安置点搬迁脱贫户生产生活条件得到全面保障。安排各类就业培训10次，安置点累计参加就业创业培训50人，谋划就业岗位40余个，解决群众就业27人，实现一户一人就业。2022年，易地搬迁群众人均纯收入达15260元，同比增长达20%，增速高于脱贫群众人均纯收入增速。

【人居环境整治】　开展村庄清洁行动和生态宜居乡村创建，打造村庄整洁、环境优美的美丽乡村“新风貌”。荣获2022年度人居环境整治工作先进县荣誉，加麻乡荣获山南市人居环境整治工作“十佳乡镇”。全年6个村（社区）探索建立“绿色银行”有偿回收新模式，户分类、村收集、乡转运、县处理的垃圾处理模式实现全覆盖。完成243户农户卫生厕所改造，户厕改造普及率达95%；实施人畜分离项目，持续加大人居环境专项整治，累计清理公共区域乱堆乱放149余处，清理残垣断壁14处，清理卫生死角50余处，清理农村生活垃圾19.2吨；着力推动250户农户“美丽庭院”的示范创建。

【乡村建设信息采集】　按照自治区乡村振兴局《关于印发2022年度巩固拓展脱贫攻坚成果和乡村建设信息采集工作方案的通知》要求，安排部署，按照时间节点全力做好乡村建设信息采集、系统录入、监测分析、动态管理等工作，完成系统录入3821户15147人，录入率达97%。

【工作培训及宣传】　围绕农牧业产业发展人才、农牧区公共服务人才、乡村治理人才和农牧科技人才等，探索实施农村头雁提升行动、派强用好驻村行动、加大人才下沉行动等15项人才培养行动，分级分类对县乡村三级干部开展巩固拓展脱贫攻坚成果同乡村振兴有效衔接专题培训20余场，农牧民技能培训22期，参训人员达1200余人次，组织开展安置点集中宣讲活动2次，重要节点节日宣传10余次，入户慰问宣讲30余次，实现志智双扶。

【帮扶行动】　结对帮扶。及时调整充实脱贫户、监测户结对帮扶干部，全县945名机关干部结对帮扶625户脱贫户和10户监测户，做到了结对帮扶全覆盖。全年全县帮扶干部累计入户1800余次，慰问帮扶资金44.84万余元，以买代帮17.6万余元，开展政策宣讲2830余次，办实事230次。驻村帮扶。持续向全县20个村（社区）全覆盖选派第一书记和驻村工作队，20个村（社区）配备乡村振兴专干20名，落实项目资金2个，共计32.23万元，累计为民办实事637件，涉及资金、物资等折合人民币430.27万元。社会帮扶。收到西藏大唐国际怒江上游水电开发有限公司捐赠100万元，用于实施拉玉乡强吉村民宿改造及帐篷营地建设项目。教育帮扶。全年累落实15年免费教育补助资金124.15万元，落实“三包”经费838.94万元、惠及学生2035人，落实义务教育营养改善经费147.8万元、惠及学生1478人，全县实现零因学致贫返贫家庭、零因贫辍学学生。

军　事

人民武装

【概况】　西藏琼结县人民武装部（以下简称县人武部），设军事科、政工科和保障科，下辖 4 个乡（镇）人民武装部。2022 年，县人武部坚持以党的二十大精神为指导，深入贯彻习近平强军思想，着眼新的形势和任务要求，始终保持思想坚定的韧劲，保持为战胜战的虎劲，保持主动作为的干劲，保持大抓落实的狠劲，凝神聚力、踔厉奋发、积极进取、开拓创新，单位全面建设呈现出良好的发展势头，确保年度工作的顺利完成和自身安全稳定。

【党风廉政建设】　2022 年，县人武部贯彻落实中央八项规定精神和军委十项规定精神，发挥纪委监督职能，传导执纪压力，扎紧制度笼子。进一步完善推荐表彰、批评教育、惩治问责等内部管理机制，持续开展军事训练监察、发挥纪委监察在重大问题中的监察监督作用。

【思想政治建设】　坚持不懈用习近平新时代中国特色社会主义思想和习近平强军思想武装头脑、指导实践、推动工作，组织全体官兵读原著、学原文、悟原理，在多思多想、学深悟透上下功夫，在系统全面、融合贯通上下功夫，在知行合一、学以致用上下功夫。参加分区党委中心组带机关、人武部理论学习，抓好配合和规定动作，采取领学、督学、评学等多种方式提升学习效果。组织开展忠诚维护核心、矢志奋斗强军”主题教育，对照党章党规找差距，推进“五涉问题教育整治”，增强“四个意识”，坚定“四个自信”，做到“两个维护”，贯彻军委主席负责制。

【“和平积习”大起底大扫除活动】　开展“和平积习”大起底大扫除活动，查找问题，挂账销账认真整改，努力在解决实际问题中推动备战工作落实。组织基干民兵训练 1247 余人次；组织 30 人员参加琼结县 3 月份军警民武装拉动演练；11 月，组织应急民兵连与地方维稳力量开展综合演练。

【国防动员】　建立战备物资器材储备库，筹措军事训练、反恐维稳、应急处突所需的物资器材，并加强规范管理。在民兵训练器材保障上调动政府资源，在民兵训练基地建设上考虑军警民共用，有效利用地方资源为备战打仗服务。按照

3 月 10 日，县人武部组织民兵参加军警民巡逻 （县人武部/供图）

队聚焦迎接保卫学习贯彻党的二十大这条主线，紧跟上级党委全会部署，坚定“两个确立”，坚持稳中求进，依据规划计划抓统筹，扭住改转作风抓落实，接续紧抓快干求突破，抓住干部队伍强组织，确保年度任务落实落地，确保中队持续安全稳定，确保驻地社会大局稳定，以中队建设发展新成绩向党的二十大献礼的总体思路，持续厚实中队内涵底蕴，提高建设层次。

“十四五”规划国防动员任务需求、地域特点和分队要求，编建应急力量和专业力量。11 月，组织为期 7 天的基层专武干部培训，为 2 名新任职乡（镇）人武部部长颁发任职命令，组织任前谈话。

【双拥工作】 2022 年，县人武部对 5 户结对帮扶家庭进行政策宣讲、了解生活情况，结合春节、藏历新年、八一等重大节日对帮扶对象家庭进行看望慰问，全年共计投入经费 6000 余元；春节前夕对 8 户家庭困难退役军人进行了慰问，投入经费 4000 余元。

武 警

【概况】 武警西藏总队山南支队执勤一大队琼结中队（以下简称琼结武警中队），是驻守琼结县的唯一建制连级武装力量，充分发挥武警部队履行“两个维护”的新时代使命任务，凸显在维稳大局工作中“压舱石”作用，展现了新时代革命军人的良好形象，用实际行动践行“听习主席的话、做习主席的好战士”。2022 年度，琼结中

【思想政治建设】 以学习党的二十大精神、党史教育、主题教育等大项教育为牵引，紧盯意识形态领域、官兵战斗血性、军人荣誉感、敢于担当担责方面，进一步深化官兵理论武装，活用思想政治教育“六步法”，促进官兵思想统一。

【执行任务】 完成维护驻地社会稳定、重大活动安全保卫各项任务。全年参加多种专项任务，其中，全年常态担负维稳战备值班保持驻地安全稳定。全年常态抽组兵力担负维稳工作，常年抽组兵力担负进出山南门户检查站警戒设卡任务，常年抽组兵力担负虫草采挖执勤任务，常年抽组兵力担负物交会安保任务、雅砻文化节安保任务，全年常态担负县城武装巡逻任务。

【练兵备战】 全年常态与公安便民警务站开展联合处突演练。处置加油站、加气站遭不法分子袭击破坏演练，处置加油站、加气站泄露、爆炸事故演练，处置医院发生医患矛盾导致的个人极端事件演练，学校发生个人极端事件演练，处置不明飞行器滋扰驻地重要目标演练，处置驻地发

生自然灾害事故演练等。全年常态与县有关部门建立情报共享，了解掌握敌社民情，掌握县内重点管控人员，分析风险形势，制定针对预案。

【军民共建】　走访慰问贫困户，宣传党的惠民政策，介绍西藏发生的变化。重大节日去养老院为老人理发、打扫卫生。经常向周边居民赠送中队温室种植的绿色蔬菜，为环卫工人赠送中队种植的水果。

5月1日，琼结武警中队应对加油站可能发生袭击事件演练　（琼结武警中队/供图）

人民团体

总工会

【概况】 2022年，琼结县总工会（以下简称县总工会）围绕全区“四个创建”“四个走在前列”和山南市“六个走在全区前列”，认真落实市总工会2022年工作要点，紧扣党政所需、工会所能、职工所盼，开展各项工作。县总工会有人员6人，其中干部4人，社会化工作者2人。已组建工会组织114个，其中社会组织3个，农民工组织20个，机关组织57个，企业（非公企业）34个；会员总数2827人，其中机关会员1146人，新就业劳动者16人，社会组织154人，企业（非公企业）会员606人，农民工会员905人。

【“迎新春　送温暖”慰问】 1月6日，县总工会开展“迎新春　送温暖”警察节慰问活动。县政协副主席郝高君带队前往县公安局、各检查站、派出所等看望慰问一线民（辅）警，发放慰问金2万元。

【“关爱女职工　情暖妇女节”活动】 县总工会利用“三八”国际妇女节开展“关爱女职工情暖妇女节”活动。县委常委、组织部部长李国霞出席活动，向环卫女职工、公益性女职工、企业女职工为社会家庭所作的奉献表达谢意，并为大家献上鲜花，发放价值300元的暖心包；县总工会邀请援藏律师为女职工上了一堂主题为女职工权益维护的法治课。

2月28日，县总工会在琼结县广场开展“关爱女职工 情暖妇女节”活动，县委常委、组织部部长、县直机关工委书记李国霞（二排右六）出席活动　（县总工会/供图）

【法律服务】 3月15日，县总工会开展“尊法守法　携手筑梦”服务农民工公益法律服务活动，向农民工宣传《工会法》《劳动法》《安全生产法》等法律法规及有关政策，对劳动合同签订、拖薪欠薪、安全生产等涉法问题提供法律援助，为农民工送去洗衣粉等生活物品。活动共发放宣传单350余份，物品80份，接受农民工咨询 50 余人次，慰问生活困难农民工 5 人，发放慰问金 2000 元。

【“弘扬劳模精神　展现劳模风采”宣讲活动】　4 月 15 日，县总工会邀请全国优秀农民工巴果、自治区级劳模多吉到拉玉乡强吉村返乡农民工中开展“弘扬劳模精神　展现劳模风采”宣讲活动。

【花艺比赛】　4 月 27 日，组织开展庆五一“以花为名　爱尚生活”花艺比赛活动。县委常委、组织部部长、县直属机关工委书记李国霞出席活动，50 名干部职工参加活动。

【新就业形态劳动者集中入会仪式】　4 月 29 日，举行新就业形态劳动者集中入会仪式，传达学习习近平总书记致首届大国工匠创新交流大会的贺信。县委常委、组织部部长李国霞出席仪式，并分别为新入会新就业群体会员发放慰问品和颁发“中华全国总工会会员证”。新就业群体职工进行入会宣誓；会员代表洛桑扎西发表入会感言。

4 月 29 日，在政府四楼会议室开展新就业群体劳动者集中入会仪式　（县总工会/供图）

【劳动技能竞赛】　5 月 10 日，在西藏山南雅拉香布实业有限公司开展庆“五一”劳动技能竞赛活动，6 名叉车司机参加竞赛。

【疗休养活动】　6 月 6 日，组织来自新冠疫情防控、长期从事苦、脏、累、险工作岗位的一线职工共 29 人，赴拉萨、林芝工人疗养院进行为期 15 天疗休养。

【有奖知识竞答】　7 月 15 日，县总工会、县应急管理局联合举办“排查整治安全隐患　共促安全健康发展”为主题的 2022 年全县职工“安康杯”安全生产知识竞赛，全县共 8 支代表队参加。县委副书记、县长秦梅鸯宗，县委常委、常务副县长叶建勇，县委常委、组织部部长、县直机关工委书记李国霞出席活动。

【宣传贯彻《工会法》】　7 月 5 日，县总工会依托微信公众号在全县干部职工群众中开展新《工会法》线上有奖知识竞答活动，吸引 1680 人次参与。

【抗击疫情】　新冠疫情期间，县总工会前往 34 个疫情防控卡点对一线工作人员进行慰问，发放慰问金 1.5 万元，发放价值 1.8 万元的生活物资。对滞留在琼结县的外地农民工和独居老人进行走访慰问，发放价值 2500 元慰问物资。安排工会 3 名干部职工从事志愿服务活动。

【“五送”系列活动】　11 月 23 日，县总工会前往拉玉乡强吉村开展“中国梦·劳动美——宣讲二十大　服务在基层”“五送”活动，县总工会慰问因受新冠疫情影响生活困难的 10 名困难农民工，宣传党的二十大以及工会法、劳动合同法、职业病防治、安全生产等方面的知识，发放宣传资料、蓝牙音响、宣传袋、水杯、充电器等宣传品，并邀请医生为农民工提供看病服务，发放各类常用药品。山南市艺术团为农民工献上文艺演出。此次活动共发放宣传册 80 余份，各类宣传品 40 余份，价值 2000 元的各类常用药品，价值 5000 元的慰问品，受益农民工群众 400

余人。

【困难职工帮扶】 到6户困难职工家中，了解核实家庭户籍人口、家庭总收入、家庭致困原因等信息。在节假日开展走访慰问，兑现中央帮扶资金119320元。

【学习宣传贯彻落实党的二十大精神】 县总工会组织专题学习会6场次，集中研讨1次，撰写心得体会6篇，知识测试1次，深入新就业形态劳动者、农民工、企业职工中宣讲8场次。

共青团

【概况】 2022年，共青团琼结县委员会（以下简称团县委）坚持党有号召、团有行动，全面从严治团、坚持全团带队，通过组织青年、引导青年、服务青年、维护青少年权益扎实推动共青团工作。2022年有基层团组织5个，其中乡（镇）团委4个、中学团委1个，直属团组织25个，全县共有团员872人，发展团员36人。

【基层组织建设】 1月，建立县级少工委1个、学校少工委5个，召开学校少代会评选出主任、副主任等人选；5月，成立乡（镇）少工委3个，配备校外辅导员35人。

【思想政治引领】 4月28日，在琼结县中学开展新团员入团仪式，表彰优秀团员4名；组织辅导员和少先队员学习打卡“红领巾爱学习”，组织全县干部职工每周打卡学习“青年大学习”；5月5日，开展“青春心向党 建功新时代”建团100周年线上团史知识竞赛；5月10日，组织琼结县各级团组织、少先队集中观看庆祝中国共产主义青年团成立100周年大会；5月17日，在琼结县中学组织全校团员开展“喜迎二十大 争做好团员”主题团日活动；6月1日，在拉玉乡强吉小学开展主题队日活动之游园活动；10月12日，开展红色故事分享会活动，组织青少年通过线上录制视频的方式讲述红色先进事迹、描述历史画卷。

【教育实践活动】 3月27日，在琼结县中学开展“对比今昔话幸福”主题演讲比赛，为8名获奖参赛者颁发荣誉奖状及奖品；4月22日，在县中学开展“喜迎二十大 争做好团员”读书活动，为各团员发放《中国共产党简史》红色书籍；4月28日，开展“喜迎二十大 争做好队员”主题绘画比赛，共评选出10幅获奖作品；5月17日，团县委组织开展新冠疫情防控志愿者岗前培训暨疫情防控知识竞赛；10月12日，在琼结镇完全小学开展“青春献礼二十大”主题视频录制活动；11月12日，团县委组织团干部参与线上团干及青马培训班。

【关爱青少年群体】 1月18日，在拉玉乡强吉村开展青少年自护教育；2月26日，在拉玉乡堆巴村开展“爱心传递 温暖童心”节前慰问事实无人抚养儿童活动，开展心理疏导并送去冬装、鞋子等生活用品以及课外书籍；5月25日，团县委联合县组工干部、工青妇干部到琼结镇仲堆幼儿园开展“呵护祖国花朵 组工群团在行动”主题党日活动，包括合唱、结对帮学、自护有奖竞赛、才艺展示活动；10月26日，在下水乡下水村开展关爱刑满释放人员未成年子女活动，对3名刑满释放人员未成年子女进行心理疏导及帮教活动；11月25日，在下水乡易地搬迁点开展“希望空间·筑梦启航”项目揭牌仪式，为10名易地搬迁困难儿童建设“希望小屋”。年内申请芙蓉学子、茅台、幻方等各类助学金共15万余元，资助大、中、小贫困学生150余人。

【志愿服务行动】 2月17日，组织返乡大学生志愿者在加麻乡加麻村举办寒假补习班，包括辅导功课、使用国家通用语言、感觉恩教育、亲子活动等；2月28日，组织青年志愿者到雪巴社区二组开展以“关爱孤寡老人·弘扬雷锋精神”为主题的志愿服务活动；3月22日，组织青年志愿者在琼结河边开展“保护母亲河”清理河滩垃圾志愿服务活动；3月24日，组织青年志愿者开展义务植树浇水活动；6月27日，在琼结县中学开展“为梦想赋能　为学考助力”中考减压活动；7月20日起，开展为期一个月的“我为少年儿童办实事”干部职工子女托管服务，包括课业辅导、阅读、绘画，玩游戏等；8月10日，各级团委组织招募青年志愿者1536人，开展新冠疫情防控物资保障志愿活动，为期4个月内开展疫情防控知识宣传、维持核酸采集点秩序、协助公安检查站开展人员分流、流调登记等志愿服务工作；8月22日，开展“疫情慰问暖人心”志愿活动，到县医院、公安警务站以及社区慰问医护人员、公安干警和青年志愿者们，送去医用口罩、消毒用品、矿泉水等生活用品。

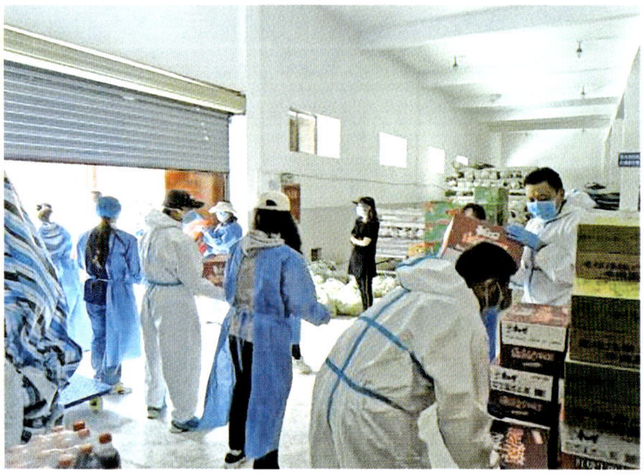

8月27日，团县委组织青年志愿者搬运新冠疫情保障物资
（团县委/供图）

【西部计划志愿者管理与服务】　1月10日，组织干部看望琼结县1名居家隔离“西部计划”志愿者，送去蔬菜、牛奶等慰问品；1月24日，组织“西部计划”志愿者召开节前慰问座谈会，发放共计5600元的慰问金；8月2日，落实志愿者岗位分配要求，将6名2022年新招录“西部计划”志愿者按照专业职能平均分配至县直各部门，并与各用人单位沟通协调为志愿者解决食宿问题。

【维护青少年合法权益】　3月25日，在县青瓦达孜广场开展青年创业就业政策宣传活动；4月28日，在拉玉乡小学开展“扫黄打非·护苗行动”进校园系列活动；6月8日，团县委联合县妇联、加麻乡派出所在加麻乡小学开展“喜迎二十大　争做好队员”法治宣传教育活动；6月9日，在县城青瓦达孜广场开展综治宣传活动，普及预防青少年违反犯罪法、未成年人保护法以及青少年自护知识；6月24日，分别在加麻乡小学和县中学开展禁毒宣传活动，发放《小朋友们看得懂的防范毒品小知识》宣传资料；7月19日，组织15名青年代表到拉萨开展创业青年考察交流学习活动。

6月8日，团县委联合县妇联、加麻乡派出所在加麻乡小学开展“喜迎二十大　争做好队员”法治宣传教育活动
（团县委/供图）

妇　联

【概况】　2022年，琼结县妇女联合会（以下简称县妇联）共有机关事业单位妇委会10个，乡（镇）妇联4个，村（居）妇委会（妇联）20个，村妇联主席100%进村“两委”班子，建立

县、乡、村级“妇女之家”25个，建立尼姑寺庙管委会“妇女之家”2个。

【妇女儿童权益保障】 修改完善信访接待制度、妇联组织家庭暴力投诉工作流程（试行）、琼结县妇联信访工作流程等。开展普法宣传，通过网络有奖答题、集中宣讲、专题讲座等形式开展《民法典》“婚姻家庭”编、《妇女权益保障法》《反家暴法》《家庭教育促进法》等普法活动8场次，参与妇女群众600余人。

【文体活动】 举办女生“关爱自我 健康成长”为主题青春期健康讲座，在萨喜钦布实业有限责任公司“两新”妇委会开展“巾帼当自强 编织幸福梦”为主题的励志教育活动，“情暖三月 花漾生活”为主题机关妇女干花相框DIY活动，在农牧区妇女中开展趣味体育活动、禁毒、防拐防骗等活动。年内开展各类活动20余场次，参与妇女群众4000余人。

【妇女儿童关爱行动】 为“两癌”困难妇女、困难残疾妇女、孤寡老人、困难尼姑等47名困难妇女进行慰问，发放慰问金3.22万元；组织动员乡（镇）及村（社区）妇联在疫情期间开展关爱困难妇女及空巢老人等96人，发放慰问物品价值5.14万元，开展巾帼志愿服务20余场次，参与巾帼志愿者100余名。开展关爱儿童四送活动、特殊群体慰问志愿服务、留守儿童慰问等活动，送去生理健康包、体育用品等价值1万余元，惠及儿童60余名。扶持妇女创业就业，为30余名留守妇女提供就业岗位的平若水磨糌粑有限公司，扶持资金2万元。

6月26日，县妇联在加麻乡昌嘎村开展关爱孤寡老人活动 （县妇联/供图）

【家庭教育】 贯彻落实习近平总书记关于“注重家庭、注重家教、注重家风”的重要指示，邀请家庭教育指导教师开展“树良好家风 做智慧父母”“科学家教家家学”等活动4场次，参与妇女群众500余人。关注关心特殊家庭，组织巾帼志愿者到单亲家庭、送教上门等特殊群体家中开展志愿服务。持续深化家庭文明建设，次仁卓玛家庭荣获西藏自治区“最美家庭”，嘎玛曲珍、尼玛曲宗、索朗拉姆、扎西卓玛荣获山南市“最美家庭”，白日社区为山南市“美丽家园 幸福人家”示范村，邦觉、索朗卓玛、曲珍、次仁玉珍、索木德庆为山南市“美丽家园 幸福人家”示范户。

【妇儿工委工作会议】 县政府召开妇儿工委工作会议，县委副书记、县长、妇儿工委主任秦梅鸯宗出席并讲话，各成员单位主要领导参会。会议传达学习习近平关于妇女儿童的重要论述，总结2021年工作，部署2022年重点工作任务，推动新一轮妇女儿童发展规划编制工作。

工商联

【民营经济工作】 琼结县工商业联合会（以下简称县工商联）召开琼结县工商联（商会）第二次代表大会，完成换届选举。全县民营企业参与“万企兴万村”活动，开展走访慰问、困难帮扶，共投入资金95.88万元。助力新冠疫情防控，为疫情防控贡献“非公”力量。疫情期间，县工商联动员会员企业以捐款捐物、送餐送水、志愿服务等多种形式加入疫情防控阻击战中，企业共投入物资价值74.99万元。

【民营企业招聘】 工商联联合县人社局在下水乡集中搬迁点开展民营企业招聘月“送政策、送岗位、送服务”活动，提前动员会员企业开发就业岗位65个（其中，高校毕业生10个，农牧民51个，残疾人4个），同时对搬迁群众进行了岗位推介。

【非公有制经济发展】 引导更多非公有制企业投身“万企兴万村”工作。根据山南市工商联关于组织动员民营企业参与易返贫监测户结对帮扶工作安排部署，县工商联组织会员企业召开会议传达学习相关通知精神，琼结县藏地商贸有限公司总经理田祖军等4名工商联（商会）新一届班子成员主动与4户易返贫监测户形成了结对帮扶，开展走访慰问6场次，送去慰问金2.15万元。达娃卓玛实业有限公司、强钦青稞酒有限公司、平若水磨糌粑有限公司、雅砻阿佳绿色食品有限公司、吉旺德建筑劳务有限公司负责人等会员企业，采取走访慰问周边困难群众、慰问县敬老院老人、购买水泥、派员工为困难户打理农田等方式帮助解决困难，共投入资金30.65万元。琼结县西藏萨喜钦布实业有限责任公司、达娃卓玛实业有限公司、强钦青稞酒有限公司、平若水磨糌粑有限公司等会员企业参与消费帮扶活动，共投入资金82.42万元。

法　治

政法委及综治

【概况】　2022年，中国共产党琼结县委员会政法委员会（以下简称县委政法委）积极适应新形势、新任务、新要求，坚持以习近平新时代中国特色社会主义思想为指导，认真贯彻落实习近平总书记系列重要讲话精神以及各级政法工作会议精神，坚持以人民为中心的发展思想，从党的百年奋斗史中汲取智慧和力量，为党的二十大胜利召开，创造安全稳定政治社会环境为主线，以执行《中国共产党政法工作条例》和区党委《实施细则》县委《实施意见》为牵引，以巩固深化“平安中国建设示范县”成果、持续推进市域社会治理现代化为载体，紧紧围绕第十次党代会确定的目标任务，奋力推动琼结县政法工作高质量发展，努力建设更好水平的平安琼结、法治琼结。2022年全县平安建设考评位列全市第一，“双联户”服务管理、网格化管理走在山南前列。县委政法委核定编制总数4名，有人员10人，其中书记1人、常务副书记1人、副书记2人、二级主任科员2人、四级主任科员1人、科员1人，公益性岗位1人。经中共琼结县委机构编制委员会2022年10月会议研究，同意设立琼结县网格服务中心，为县委政法委所属股级事业单位，核定事业编制3名，有专职技术人员1人。

【政法工作会议】　2月9日，召开2022年县委政法工作会议，总结2021年政法工作，分析形势，安排部署2022年政法各项工作。县委书记韩亮出席会议并讲话，会议由县委副书记、县长秦梅鸯宗主持。会议传达学习习近平总书记对政法工作的重要指示、郭声琨书记在中央政法工作会议上的讲话精神、陈一新同志在中央政法工作会议结束时的讲话精神、王君正书记对全区政法工作的批示、刘江同志在区党委政法工作会议上的讲话精神、山南市委政法工作会议精神等有关文件精神。县委书记韩亮分析全县政法工作面临的新形势、新任务，提出下一步工作思路和总体要求。县委常委、政法委书记、公安局党委书记、局长董惠军就做好2022年全县政法工作进行安排部署。会议强调，要深入学习领会习近平总书记系列重要指示精神，学习领会各级政法工作会议精神，扎实做好政法维稳工作。要维护社会大局稳定、持续深入开展反分裂斗争、依法管理宗教事务、加强意识形态领域管理和深化平安琼结建设。

2月9日，在县政府七楼会议室召开2022年琼结县委政法工作会议，县委书记韩亮出席会议并讲话，县委副书记、县长秦梅骞宗主持会议。刘涛、白玛多吉、米玛次仁、董惠军等县领导出席会议　　（县委政法委/供图）

【维护社会稳定】　开展维护稳定“7+1”行动，做好应对重大斗争的思想准备、物质准备、工作准备、力量准备。深化反分裂、反渗透、反自焚、反暴恐斗争，持续开展“断血”、断勾连工作，依法打击非法组织、非法供奉、非法献金活动。聚焦三大节日、“两会”、三月等维稳重点时段，落实不同戒备等级下维稳防控措施和党政军警民联防联控机制，抓细抓实网格化管理和流动人口服务管理，落实重点人分级管控和属地联保帮教措施，调配公安武警和群防群治等维稳防控力量，盯死看牢重点区域，统筹做好党政军警机关、重点要害部位、重要民生设施、旅游景区景点、人员密集场所的安全防控。全县582个联户单位，建立群防群治组织7支，将全县调整为72个网格、配齐72个网格长、72个网格员，设立网格党支部47个、党小组25个，配齐821名网格管理队伍，选派72名科级干部包保联系网格。将全县107名重点人员纳入重点管控对象，对重点管控人员进行全面走访排查，动员组织村（社区）党组织、社会志愿者开展多种形式的法律法规、思想道德、心理疏导等教育帮扶，积极落实“三帮一、多帮一”措施，协调解决他们在就医、就学、社会保障、生产生活等方面遇到的困难和问题。2022年走访社区矫正对象和刑满释放人员170余人次，开展各类帮扶活动20余次，帮扶资金达1万余元，帮助解决就业1人，召开重点人员联席会议2次。精神障碍患者36人（2人是集中特困人员，1人已划拨出乃东区），33人兑现监护补贴7.76万元。贯彻《宗教事务管理条例》和自治区出台的“七项意见”，加强对全县宗教活动管理，引导宗教与社会主义制度相适应，淡化宗教消极影响，把握宗教工作的主动权，着力解决宗教领域变相执行“三个不增加”政策的突出问题。

【平安建设】　制定下发《2022年平安建设工作要点》《2022年政法工作要点》《平安建设工作任务分解方案》等文件。排查各类涉稳隐患和矛盾纠纷，健全县、乡、村（社区）、“双联户”四级排查工作网络。建立人大代表、政协委员、“双联户”户长等参与矛盾纠纷排查化解机制。拉玉乡派出所打造新时代“枫桥派出所”，探索实践“点单式”调解模式。下水乡试点成立“基层治理服务站”，邀请法庭法官、乡（镇）、村居人民调解员、派出所民警进入服务站，负责对本辖区发生的各类纠纷进行调解。2022年共开展矛盾纠纷排查活动120余次，排查化解矛盾纠纷件7件，其中婚姻家庭纠纷2件，损害赔偿纠纷1件，房屋拆迁纠纷1件，邻里纠纷3件，均调解成功。受理信访案件14件（其中本级受理6件17人，涉及47人，5件已答复，答复率83.3%，本级受理信访案件同比下降85.37%；上级转办8件，均答复）。“双联户”户长履行矛盾纠纷排查化解、重点人员管控、外来人员登记、政策宣讲等方面职责。定期对“双联户”户长进行培训，2022年开展“双联户”户长培训20余次，1100余人次，对“先进双联户”创建活动先进乡（镇）、村（社区）、联户单位等进行通报表扬，兑现了联户长交通、通信费558720元。新冠疫情防控期间，落实各项疫情防控措施，选派130余名政法干警开展宣传引导、信息核查、人员登记、出入管理、居家管控等工作。由平安琼结建设领导小组牵头，在全县开展打击整治养老诈骗专项行动，组织召开全县打击整治养老诈骗专项行动动员部署会，研究制定并印发《琼结县打击整治养老诈骗专项行动实施方案》《关于印发琼结县打击整治养老诈骗专项行动领导小组、办公室及工作组的通知》《关于印发琼结县打击整治养老诈骗专项行动宣传工作方案的通知》等文件，明确工作责任，强化落实各项工作措施。组织平安建设领导小组各成员单位开展宣传活动，共计开展专题宣讲8次，发放各类宣传资料8000余份，受教育群众达1.3万余人次。开展整治农村黄、赌、毒等丑恶现象，治理企业、工程领域和校园周边治安环境，开展道路交通安全宣传和整治酒驾、醉驾、无证行驶等交通违法行为，深入打击整治非法传销、电信网络诈骗、盗抢骗、食药环等突出违法犯罪，整顿工程建设领域交易秩序，规范辖区酒吧、网吧、茶馆、超市的依法经营行为等。县公安局刑警大队共受理13起刑事案件，其中立案10起（其中盗窃案件5起，已破案4起，电信网络诈骗案件5起，已破2起）破案率60%，发案率同比下降37.5%，破案率同比2021年上升16.3%，不予立案3起（行政单位移送案件）。县交警大队查处无证驾驶15起、醉酒驾驶4起；电动车、拖拉机违法载人206起、摩托车驾驶员不戴头盔106起，均交到交警大队观看警示教育片，录入违法停车67辆。通过G560国道定点测速和鲁古拉路段区间测速，共录入违法超速车辆1781辆，罚款42.89万元。县检察院受理各类批捕案件3件5人，审查起诉案件8件8人（其中发回重审案件1件1人），提起公诉案件7件1人，不起诉案件1件1人。县法院受理各类案件109件，审执结104件，未结5件，结案率95.41%。

5月25日，在县公安局会议室，县委常委、政法委书记、县公安局局长董惠军主持召开打击整治养老诈骗专项行动部署会　　（县委政法委/供图）

【普法宣传教育】　全县各级各单位坚持以习近平新时代中国特色社会主义思想为指导，深入学习宣传习近平法治思想，举办法治宣讲活动，引导人民群众知史爱党、奉法强国。政法各单位利用平安建设宣传月、周、日，通过媒体宣传、走村入户宣传和悬挂横幅、发放宣传单、知识竞答等方式，深入开展爱国主义、新旧西藏对比、反分裂斗争和平安琼结建设、常态化扫黑除恶等宣传教育。2022年，共组织开展各类法治宣传活动60余场次，受教育人数达3.8万余人次，发放各类宣传册、海报6.7万余份，发放宣传物品2500余件，悬挂横幅1100余条，张贴标语4200余份。

【乡村治理】　将全县划分为72个基础网格（城区网格3个、农牧区网格69个），作为乡村治理网格化管理的最基本单元。在全县72个网格上建立了47个党支部和25个党小组。通过实地勘察明确网格四边界限，完成县城区域内标准地址命名和72个网格地理图和电子网格图的绘制。按照每个网格1名网格包保领导干部、1名网格长、1名网格员、1名网格民警、若干名网格信息员的队伍模式，配齐网格管理员队伍，明确职责任务。拟定网格管理员队伍承担十项任务和工作制度，规范工作流程，要求网格长、网格员、网格民警、网格信息员根据不同性质工作，定期深入网格，收集处理信息，落实交办工作。依托县乡综治中心和村（社区）综治工作站搭建网格化管理信息平台。以72个基础网格为单元建立微信群，网格长、网格员通过网格平台、电话等方式向上级网格中心报告有关情况，各网格中心根据情况向相关部门反馈，并督促抓好解决。

【“双联户”工作】 “双联户”户长在矛盾纠纷排查化解、重点人员管控、外来人员登记、政策宣讲、联户增收等方面履职尽责，在新冠疫情防控中，部署“双联户”投入疫情防控工作，发挥582名“双联户”户长作用，把疫情防控政策和措施落实到每个家庭、每个人。全面做好核酸检测、消毒消杀、宣传教育、物资配送、矛盾纠纷排查、群众服务保障等工作。通过“腾讯会议”App，组织“双联户”户长、网格员等开展防护知识培训和消杀消毒线上培训。2022年共开展户长培训50余次，矛盾纠纷排查6000次，参与调解矛盾纠纷7起；排查各类安全隐患6500次，整治75处，治安巡逻9300次；帮扶弱势群体600余次，帮扶资金4万余元，劳力帮扶4700余人次；文艺演出110场次，组织文化下乡活动50余场次，放映爱国影片54场次；整治环境卫生1.9万次，卫生评比活动7000场次；宣传科普知识63场次，受教育人数4400人。完成13名“先进双联户”家庭直系子女享受2022年公务员考试加分政策审核工作，做到不漏一人。114个联户单位被授予村级“先进双联户”荣誉称号，20个联户单位被授予乡级“先进双联户”荣誉称号，6个联户单位被授予县级“先进双联户”荣誉称号，2个联户单位被评为市级“先进双联户”。

【扫黑除恶】 制定下发《琼结县常态化扫黑除恶工作要点》《琼结县关于学习贯彻反有组织犯罪法实施方案》《琼结县八大行业领域整治工作实施方案》等指导性文件，明确工作任务和目标，强化常态下的责任落实。持续加大行业领域乱象治理，常态化开展盗抢骗、食药环、黄赌毒等传统治安乱象和电信诈骗、非法集资、套路贷、干扰国家重点民生工程建设等新型治安乱象排查治理。2022年，共开展线索摸排860次，对住建、交通、自然资源、网络信息、市场流通、教育、金融、医疗8大行业领域开展摸底排查700余次，制定整治方案12个。

【国家安全人民防线】 落实反奸防谍主体责任，将反奸谍安全防范工作延伸到所有乡（镇）、村（社区），覆盖所有重点单位、重点部位、重点领域。全县成立人民防线小组9个，设立人民防线联系人和联络员47名。全面推行基层人民防线网络与社会治理网格“两网合一”，全县582个“双联户”户长，72个网格员化身“信息员”“宣传员”“服务员”。在平安建设宣传月、周、日和第七个全民国家安全教育日、“11·1”《中华人民共和国反间谍法》颁布八周年纪念日等时间节点，组织各有关单位深入村（社区）、学校、寺庙、军营集中宣传习近平总书记关于总体国家安全观和国家安全工作的重要论述，宣传《宪法》《国家安全法》《网络安全法》《反间谍法》等法律法规。全年共开展宣传活动30余场次，悬挂横幅20余条，发放宣传册、宣传海报2600余份，张贴12339海报300余份，受教群众达1.2万余人次。

【队伍建设】 贯彻落实中央、区党委和市委各项决策部署。组织研讨《中国共产党政法工作条例》和《中共西藏自治区委员会贯彻落实〈中国共产党政法工作条例〉实施细则》，落实重大事项请示报告制度。履行《中国共产党政法工作条例》实施的主体责任，制定贯彻落实方案、分解任务清单，把《中国共产党政法工作条例》贯彻纳入年度平安建设考评内容，层层建立督导指导机制，做到与业务工作同安排、同落实、同检查、同考核。督促政法各部门开展《中国共产党政法工作条例》专题学习会16场次，研讨会8次，40余人次。组织乡（镇）政法委员、综治专干业务培训会2期、30余人次，组织召开政法委员述职会1次，召开县委政法委员全体（扩大）会议1次。持续巩固深化党史学习教育、政法队伍教育整顿、“三更”专题教育成果。采取集中学习、主题党日、专题党课、研讨交流等形式，学理论、学方针、学政策，组织开展品读红色书籍、参观红色教育基地、廉政教育基地，组织干警“亮身份、践承诺、当先锋”岗位大练兵。深入贯彻执行中央政法委《新时代政法干警“十个严禁”》《西藏自治区政法干警行为规范“十个一律”》。全县政法干警主动签订“十个严禁”“十个一律”承诺书200余份。开展党性、党风、党纪、优良传统、家风家教教育，通过廉政党课解读党纪法规、警纪警规。坚持把改进作风狠抓落实部署要求与政法队伍教育整顿后续工作结合起来，细化制订方案措施、任务清单，查找思想作风、学习作风、工作作风、生活作风、领导作风中存在的问题和产生根源，深入查纠工作漂浮、不思进取、敷衍塞责、效率低下等问题，清除害群之马、整治顽瘴痼疾。

公 安

【概况】 2022年，琼结县公安局（以下简称县公安局）共有4个派出所、4个便民警务站。局机关设有办公室（其中设有：警务保障室、政工监察室、警务督察大队）、指挥中心、刑警大队（兼职工作有：经济侦查工作、禁毒工作）、治安大队、国内安全保卫大队、交警大队、网络安全监察室、看守所（拘留所）。寺庙设有2个寺庙警务室（次仁炯寺、巴吾桑旦林寺）、1个寺庙派出所（日吾德庆寺），共计19个部门。

【维稳工作】 2022年，县公安局完成党的二十大、“冬奥会”“冬残奥会”、全国“两会”、自治区“两会”、三月敏感期和“萨嘎达瓦”等维稳安保任务。

【科技兴警】 2022年，县公安局依托视频监控系统建设，实现县域范围重要路段、交通路口等全部纳入24小时监控范围。建设完成并投入使用“雪亮”工程视频监控系统。

【“食药环”工作】 2022年，县公安局联合食品药品监督管理局强化对县域范围的超市（商店）、餐馆、校园、药店、诊所、乡村卫生院的定期与不定期检查整治工作，共开展检查22次，累计检查超市（商店）572家次、餐馆32家次、校园5所次、药店31家次、诊所25家次、乡村卫生院10家次。

【“道路交通安全百日整治”】 2022年，县公安局辖区重点路段进行安全隐患排查，在重要时间节点开展酒驾、醉驾、毒驾整治工作。年内，共投入警力680余人，警车260余辆，查处各类道路交通违法行为398起，其中，无证驾驶15起，醉酒驾驶4起，电动车、拖拉机违法载人206起，摩托车驾驶员不戴安全头盔106起，违章停车67起；共分发宣传资料、宣传品210余份，受教育群众230余人，组织辖区居委会签订《农村道路交通安全责任书》20份。

2月6日，县公安局交警大队组织民警前往琼结县国道G560鲁古拉路段开展除雪保通工作　（县公安局/供图）

【“大走访、大调研、大化解”】　2022年，县公安局持续推进走访、调研、化解工作。年内，走访并完成“一户一档”建立5208户、涉及1.2万余人，报送采集DNA数量2600余个，协助群众安装下载“国家反诈中心”App1000余人次；发现各类纠纷44起，其中邻里纠纷23起、劳资纠纷17起、债务纠纷2起、婚姻纠纷2起，调解邻里纠纷18起、债务纠纷2起、婚姻纠纷2起。

【打击违法犯罪】　2022年，县公安局通过专案专办、联合执法，严肃查处、打击各类违法犯罪活动。年内，共查处治安案件8起，刑事案件10起，其中盗窃案件5起（破4起），电信诈骗案件5起（破2起），破案率60%。

【疫情防控】　2022年，琼结县遭遇新冠疫情波及，县公安局捍卫人民生命财产安全，出动警力3000余人、警车2000余辆，教育引导群众6200余人，流调人员90人，协助排查一般人员152人，车辆2辆，办理涉疫案件9起、处理16人，均为违反“足不出户”政策，配合有关部门参与滞留人员帮扶工作，持续向500余名滞留人员提供饮食和生活所需，参与转运40余次；白日、白那警务站落实“四必查”要求，检查人员35353人、劝返892人，检查车辆19820辆、劝返452辆。

8月23日，县公安局拉玉乡派出所民警护送病重患者就医　（县公安局/供图）

【扫黑除恶】　2022年，县公安局坚持以扫黑除恶专项斗争常态化，扎实推进扫黑除恶工作。对重点行业从业人员开展宣传教育、培训引导，对重点行业开展突击检查，对重点领域进行线索摸排。年内，开展宣传引导60次，张贴宣传海报200张，发放宣传单1000份，悬挂横幅80条。

检　察

【概况】　2022年，琼结县人民检察院（以下简称县检察院）设有检察业务部和检察综合部。核定编制9人，实有干警15人。党支部1个，党员14名。全年，受理各类批捕案件3件5人，审查起诉案件9件9人（其中发回重审案件1件1人），提起公诉案件8件8人，不起诉案件1件1人。受理控告申诉案件1起。

【政治建设】　坚持把学习宣传贯彻习近平新时代中国特色社会主义思想作为“第一议题”，创意打造检察文化长廊。召开党组理论中心组（扩大）学习会议14次，研讨交流28人次；组织“三会一课”、检委会、业务等各类专题学习27余次，理论测试3次；向县委、县人大、县政法委、上级院请示报告工作10余次；召开党组会议17次，研究事项31次，认真执行“三重一大”制度，严格落实《中国共产党政法工作条例》。有序推进财务统管改革工作，1名检察官助理入选为员额检察官。

【党的建设】 党组专题听取党建、党风廉政、意识形态工作汇报3次。聚焦“四查四问”，查摆具体问题20条，制定整改措施25条均整改完毕。开展以传承爱国守边精神、筑牢民族团结根基等为主题党日活动12次，召开民主（组织）生活会1次，开展谈心谈话2场26人次，讲党课3次。执行“三个规定”，学习贯彻《新时代政法干警“十个严禁”》，全年无违纪违法检察人员。

【刑事检察】 开展立案监督专项检查2次，监督各类案件89件。成立全市检察机关首个在乡（镇）派出所设立的“琼结县人民检察院派驻琼结县公安局拉玉乡派出所阳光检察工作室”。采取不定期入户、查、看、问等形式对社区矫正人员进行检查10余次，未出现社区矫正人员脱管、漏管、虚管和矫正期间再次涉嫌犯罪的情形。摸排司法救助线索，排查5件5人，其中对符合司法救助条件的一起诈骗案中一名被害人资助司法救助金10万元。

5月7日，县检察院检察业务部主任卢艳带队赴县公安局刑警大队、治安大队、交警大队以及三乡一镇派出所开展立案监督专项检查工作 （县检察院/供图）

【民事检察】 从法院调取26个民事判决裁定、6个民事执行案件进行案件评查，排查出存在送达、制作法律文书、装订卷宗不规范及执行不规范等问题，发出检察建议2份，均被采纳并整改落实到位，并向市院备案。办理支持起诉案件1件，对一起农民工讨薪案件支持起诉，帮助农民工达某拿到劳动报酬5000元。

【行政检察】 摸排行政机关行政处罚类案件41件，其中，税务局29件、市场监督管理局6件、自然资源局2件、林业和草原局1件、文化局1件、住房和城乡建设局1件、生态环境保护局1件，向相关行政机关发出检察建议1份，提出整改意见被行政机关全部采纳并书面回复。对县交通部门2020年至2022年办理的行政处罚案件48件进行全面排查，对道路交通综合应用平台进行监督检查。

【公益诉讼检察】 开展公益诉讼专项活动12次，排查出线索共计6条，立案调查6件，涉及食药安全领域2件、生态环境保护领域3件，安全生产领域1件。深入县城及三乡一镇商场超市，开展食品安全专项监督检查3次，食药安全领域立案2件。履行“河（湖）长+检察长”“林长+检察长”职责，开展巡林巡河工作3次。

【未成年人检察】 投入专项资金打造未成年人法治教育长廊，并重建以心理咨询、情绪疏导、宣传法治等功能为一体的未成年人温馨谈话室。9名干警在县中学、镇完小及各所幼儿园共10所学校担任兼职法治副校长和法治辅导员，定期深入开展《未成年人保护法》《预防未成年人犯罪法》等内容法治宣传15场次。通过“走出去”和“请进来”开展“以法之名 保护少年的你”法治宣传活动。邀请县级人大代表、政协委员等共计40余人走进琼结县人民检察院，开展“携手落实‘两法’共护祖国未来”检察开放日活动，并召开未检工作座谈会，听取意见建议。赴县教育局（体育局）开展入职查询工作。赴县公安局开展未成年人犯罪记录封存专项监督检查活动。

5月31日，邀请县级人大代表、政协委员、民政局、教育局、妇联、共青团等部门负责人和中小学生代表等40余人走进琼结县人民检察院，开展“保护少年的你 法律宣传周活动”（县检察院/供图）

【维护社会稳定】 研究制订维稳方案和应急预案，开展新冠疫情防控、党的二十大召开前后各项维稳工作。动员干警参加全县武装拉练，全年共计出动警力100余人次，车辆50余台次，定期开展巡逻50次。党组书记、检察长深入联系点完成维稳蹲点任务，并投入资金5万元为驻村点雪康社区及联系寺庙坚叶寺帮助扩建值班室。

【疫情防控】 落实县新冠疫情防控指挥部“三天三检”的防疫规定。动员干警投身志愿服务98人次。查阅县公安机关办理的涉疫违法案件7件并进行监督。深入扎西村积极宣传普及最新疫情防控相关知识及政策，发放口罩、消毒液、泡腾片等防疫物资。看望慰问疫情防控卡点一线工作人员，查看人员信息登记、疫情应急处置等情况，送去价值1300元防疫物资。

【乡村振兴】 组织干警深入依法治村联系点拉玉乡各村及扎西村，开展“大走访、大排查、大服务”、扫黑除恶专项斗争、矛盾纠纷、安全隐患等排查活动15次。开展“节日慰问送温暖 检察关怀暖人心”“创建美丽庭院 助力乡村振兴”等各类活动10次，送去价值1万余元慰问品和物资。

【法治宣传】 把普法工作融入检察工作之中，全年开展公益诉讼、扫黑除恶、民法典、反电信诈骗、危险驾驶、综治等专题普法宣传22余次，发放各类普法宣传品、宣传资料2000余份，受教育群众达6000余人次。

【检务公开】 运用检察建议这一监督手段，在一起贪污案件中，通过公开化的形式向山南市职业技术学校送达检察建议。对一起交通肇事案开展公开听证，广泛接受社会监督。接受人大常委会监督，向人大常委会专题汇报2次、邀请人大代表参加听证会及检察开放日2次，广泛听取代表意见建议。通过“两微一端”“门户网站”等平台，编发信息600条，被权威媒体转发24条，其中被自治区媒体采用3篇，被市级媒体采用8篇，被县级媒体采用13篇。

法　院

【概况】 2022年，琼结县人民法院（以下简称县法院）有内设机构5个，分别为：审判管理办公室（综合办公室）、立案庭（诉讼服务中心）、综合审判庭、执行局（司法警察大队）、政治部。2022年，县法院高举习近平新时代中国特色社会主义思想伟大旗帜，全面贯彻党的二十大精神和习近平总书记系列重要讲话精神，全面贯彻习近平法治思想，贯彻中央第七次西藏工作座谈会精神特别是新时代党的治藏方略，贯彻自治区第十次党代会和山南市第二次党代会精神，坚决捍卫“两个确立”，增强“四个意识”，坚定“四个自信”，做到“两个维护”，统筹加强维稳安保、疫情防控、审判执行、队伍建设等各项工作，全年共受理各类案件120件，同比下降45.2%，审执结120件，结案率100%。

【理论武装】 2022年，共召开党组理论学习中心组学习会14次，支部学习会24次，党组书记和班子成员讲党课、专题辅导4次，开展“深刻领悟‘两个确立’的决定性意义，坚决做到‘两个维护’”主题教育。学习宣传党的二十大精神，开展线上线下集中学习、专题研讨、宣传宣讲、知识竞赛等多种形式活动6次。

【党的建设】 2022年，县法院坚持和发展新时代“枫桥经验”，推动开展“党建+审执质效”“党建+服务大局”“党建+服务民生”的“党建+”模式，构建“组织共建、活动联办、资源共享”的基层党建工作新格局。开展“唱响民族团结进步主旋律、铸牢中华民族共同体意识”“书香气息沁法院、党群茶馆话党恩”“建功新时代、喜迎二十大”等主题党日活动，开展党员“网格包保”“三包五带五促”“关爱老人、单亲贫困青少年”等志愿服务活动。开展驻村工作，选派1名驻村干警。开展精准扶贫活动5次80余人次，支出扶贫资金1.5万余元，党组慰问驻村工作队、退休老干部等5次，支出慰问金5000余元。

【党风廉政建设】 县法院执行中央政法委“十个严禁”和区党委“十个一律”，持续开展“改进作风、狠抓落实”“政法队伍教育整顿后续”等相关工作。结合自治区政法委执法司法案件“回头看”评查、山南市中级人民法院司法巡查、审务督察工作情况反馈意见，督察干警在执行中央八项规定精神、履职尽责、工作纪律和司法作风中存在的问题，在整改的基础上加强长效机制建设。落实“三个规定”，2022年执行“三个规定”情况相关信息198条，其中，外部人员过问案件信息9条、法院工作人员过问案件信息12条、与当事人和律师等利害关系人接触交往信息8条。

【刑事审判】 受理刑事案件10件，审结10件、结案率100%。判处罪犯10人。审结危险驾驶案件5件、危害公共安全罪再审1件；审结贪污罪1件、受贿罪2件；审结盗窃案件1件。对案情简单的认罪认罚案件均适用速裁程序审结，所受理的每一件刑事案件均有委托律师，落实刑事案件辩护全覆盖制度。

【民商事审判】 受理各类民商事案件46件，审结46件，结案率为100%，法定审限内结案率为100%。其中审结涉民生的劳动争议案件、借贷纠纷、合同纠纷等案件25件；审结婚姻家庭等纠纷14件；审结申请支付令3件。深化“分调裁审”工作，实行案件繁简分流、轻重分离、快慢分道，适用简易、速裁程序和独任审判审结案件37件，一审民商事案件调解结案26件、撤诉2件、按撤诉处理2件，调撤率达70%。

【执行案件】 受理执行案件64件（旧存5件），执结64件，执行结案率100%，执行到位金额353.8万元，执行到位率48.75%。追缴刑事涉财产刑车辆一辆，集中兑现128名民工工资8万余元。利用司法网络查控，限制高消费、纳入失信被执行人名单等手段和委托区外兄弟法院查找被执行人下落和财产线索。采取司法拘留1人，网络查控冻结资金39.62万元，住房公积金管理中心协助划拨38.92万元，向公安部门申请布控11人，成功触控4人，回访困难执行案件当事人5人，发布失信被执行人8人次，限制高消费令18人次。

8月4日，县人民法院执行局组织开展执行案款集中发放活动，为128名申请人追回民工工资8万余元（县人民法院/供图）

【诉讼服务】 依托智慧法院建设，大力推行网上立案、跨域立案、集约送达等便民措施。进一步畅通网上立案渠道，通过微信、张贴告示等向社会公布网上办理流程，当事人可通过人民法院在线服务小程序、12368司法服务热线等线上渠道开展网上咨询和立案工作。向社会公布立案值班电话、立案接待人员手机号码，解答疑问、倾听诉求，在线解决当事人的立案需求。2022年共网上立案10件，跨域立案2件，视频调解8件。

【司法服务】 对接各乡（镇）人民调解组织，构建“法院+云调解室”的多元化解纷体系。在加麻乡、下水乡建立首个“便民调解室”，通过线下驻点值班和线上平台入驻双轨同调，邀请乡、村人民调解员及派出所民警作为特邀调解员参与调解，人民法院法官及法官助理对接指导，通过人民法院调解平台形成“调解先行、法院确认”的联动机制，通过委派、委托调解化解纠纷，以分层递进、层层过滤的化解模式，联治减讼、联调化讼，逐步形成源头预防、非诉挺前、多元化解、分层递进的纠纷解决新路径。2022年共委托调解3件，诉前调解1件、诉前调确3件。

【法庭工作】 采取“法庭+村民委员会”“法官+人民陪审员”等形式，建立各庭室负责人兼任乡（镇）人民法庭负责人，并选派3名人民陪审员入驻人民法庭，组织人民陪审员业务能力培训。开展电话预约，提供上门立案服务工作，邀请辖区代表委员走进乡（镇）法庭，开门纳谏，开展对接联络工作，征求对法庭工作的意见建议。同时对法庭已结案件进行回访，排查人民法庭不稳定因素，探索建立“家门口的小法院”。2022年各法庭共受理案件21件、诉前调解2件、多元调解2件、巡回办案1件、举办党的政策宣讲、法治宣讲27次，形成社情民意调研报告3个。

【接受监督】 县法院在中国裁判文书网公布文书33份。中国庭审公开网直播19场次，总观看人数达7056人次。自觉接受监督，邀请检察长列席法院审委会1次，邀请人大代表、政协委员列席会议2次、旁听庭审1次、视察座谈3次。

【普法宣传】 县法院落实“八五”普法责任，开展“普法宣传进寺庙、法治意识入僧心”“送法进乡村，预防微腐败”“防养老诈骗”“呵护幼苗健康成长，法治副校长永远在路上”系列主题宣讲。开展《社区矫正法》实施两周年宣传活动，为社区矫正对象以案释法，筑牢矫正帮教对象守法用法意识。全年开展法治宣传宣讲30场次，发放宣传资料和宣传品1万余份，受教育群众达1万余人次。

3月16日，县人民法院加麻人民法庭开展法律进寺院普法宣传活动（县人民法院/供图）

【队伍建设】 坚持“请进来+走出去”相结合，组织法官外出“取经”，赴乃东区人民法院学习诉源治理先进经验。邀请曲松县人民法院、阿里市中院参观县法院诉讼服务中心建设情况。推进优秀干部常态化培养机制，选派干警参加各级培训6班次9人次。广泛开展法官论坛、案例研讨、庭审观摩等活动。

【疫情防控】 县法院落实值班备勤制度，全程参与流调、卡点值守、接送医务人员、协助核酸检测等一线重点工作，派驻加麻人民法庭（驻庭+驻村）干警，分类施策管控在村人员，构筑起守护人民群众生命安全和身体健康的坚固防线，共出动干警13名，警车2辆，开展党员志愿服务活动90余次。

司法行政

【概况】 2022年，琼结县司法局（以下简称县司法局）深入贯彻落实习近平总书记关于政法工作的重要指示和中央政法工作会议精神，按照自治区、山南市司法行政工作会议部署，开展改进作风狠抓落实工作和党建引领工作，统筹推进司法行政业务及党史教育学习、改进作风狠抓落实、创建全国法治政府建设示范县工作，取得阶段性成效。

【全面从严治党】 县司法局用习近平新时代中国特色社会主义思想武装头脑、引领党员干部增强“四个意识”，坚定“四个自信”，做到“两个维护”。坚持把落实主体责任作为推进全面从严治党的主攻方向，加强司法局党组织领导，认真落实“一把手”第一责任人职责，履行好“一岗双责”，做到“重要工作亲自部署，重大问题亲自过问，重点环节亲自协调，重要案件亲自督办”。签订2022年度党风廉政建设承诺书，定期研究党建工作和党风廉政建设工作，传达学习习近平总书记系列重要讲话精神和区党委、市委、县委会议精神，研究部署全面从严治党工作方案，定期开展廉政谈心谈话；执行民主集中制和“三重一大”等集体领导制度，凡涉及大额资金使用、重要事项安排等重大决策，必须经领导班子和集体会议研究。2022年，组织集体学习46次，撰写心得体会21份，交流研讨材料10份，谈心谈话共10人30人次，开展主题党日活动12次。

【普法依法治理】 结合县委、政府的中心工作、重点工作，将习近平法治思想、宪法、民法典学习宣传等列入年度普法工作重点，经县委、县人大、县政府研究并制定印发《琼结县委宣传部、县司法局关于全县开展法制宣传教育第八个五年规划》《琼结县2022年普法依法治理工作要点》，并开展2022年“琼结普法讲堂”；发挥普法主管部门职责，督促各单位落实“谁执法谁普法”的普法责任制，以“综治宣传月、周、日”“4·15国家安全教育日”等时间节点为契机、以“法律十进”为载体，开展“法律进宗教场所”“美好生活 民法典相伴”等专项普法宣传活动；调整充实村（社区）法律顾问，在各乡（镇）建立流动普法宣传队，培养“法律明白人”，持续开展“送教上门”、乡村治理依法治村试点工作和“法治文化基层行”活动。年底，各村（社区）共选任培养“法律明白人”60名，“法治副主任”20名，村（社区）法律顾问20名，“法治副校长”27名，并组织开展2022年琼结县“法律明白人”骨干培训班。为“法治副校长”“法治副主任”颁发任命证书，制作“法律明白人”证书和徽章，实现“法律明白人”持证上岗；联合县委宣传部拍摄藏语版普法宣传情景短剧，投入4万元印制各类藏汉双语普法宣传册、宣传品。利用普法阵地（大型LED显示屏）定时滚动播放《民法典》专题片、警示教育片、以案释法案例等普法宣传视频。2022年，县司法局结合

"为民办实事"活动，共开展各类集中普法宣传活动50余次，悬挂宣传横幅60余条，接受法律咨询100余人次，发放各类资料3000余份、各类宣传品3000余件，播放各类宣传片200余小时。

6月21日，琼结县召开"七五"普法总结表彰暨"八五"普法工作推进会 （县司法局/供图）

【法治政府建设】 制定下发《中共琼结县委员会关于贯彻落实〈法治社会建设实施（2020－2025年）〉的实施方案》和《中共琼结县委员会关于贯彻落实〈法治中国建设规划（2020－2025年）〉的实施方案》，草拟《中共琼结县关于贯彻落实〈法治政府建设实施方案（2021—2025年）〉的实施方案》等相关文件；组织开展全县行政执法人员和行政执法监督人员的证件换发工作。2022年，琼结县共有持证政法人员40人，组织全县112人参加行政执法人员网上学习；发挥政府法律顾问作用，对重要决策提出法律意见和建议，对重要合同的起草等进行审查，并在参与处理重大涉法事务，提供法律服务等方面发挥作用。全年县政府法律顾问共审查各类合同协议、规范性文件30余份，提供各类咨询20余次；制定印发《琼结县委全面依法治县委员会2022年工作要点》《中共琼结县委全面依法治县委员会2022年工作要点主要工作任务分工方案》，组织召开琼结县委全面依法治县委员会会议；完成对全县30家行政执法部门2021年以来的60件行政处罚案卷进行集中案卷评查。召开琼结县行政处罚案卷集中评查会，组织市场监管局、司法局、援藏律师等进行集中案卷评查，互相交流经验，探讨存在的问题，针对案卷评查中反映出的问题，反馈给各单位进行整改；完成琼结县行政复议体制改革工作，成立琼结县行政复议咨询委员会，设立行政复议咨询窗口。2022年1月受理一起行政复议案件，并于4月办结完毕。

7月21日，琼结县委全面依法治县委员会召开2022年第1次会议。县委书记、县委全面依法治县委员会主任韩亮主持会议并讲话 （县司法局/供图）

【矛盾纠纷排查化解】 推进个人调解工作室品牌建设，继续织密人民调解"四张网"，建立"一站式"矛盾纠纷多元化解平台，开展"大排查大调解"专项活动；举办1次全县调解员培训会。坚持每月矛盾纠纷排查工作，落实乡（镇）人民调解委员会每周1次，村（社区）、行业专业每半月1次，各司法所每月1次的矛盾纠纷"两排查一报告"制度，对排查出的矛盾纠纷坚持应调尽调的原则处理；成立由村（社区）法律顾问、政府法律顾问、援藏律师组成的人民调解工作专家库，实行村（社区）吹哨，单位（专家）报到，推出"订制调解"。

年底，全县有28个基层人民调解组织，有调解员187名，其中，村调委会15个，调解员95人；社区调委会5个，调解员25人；乡（镇）调委会4个，调解员28人；专业性行业性人民调解组织4个，人民调解员39人。2022年，开展矛盾纠纷排查活动120余次，排查化解矛盾纠纷7件，其中婚姻家庭纠纷2件、损害赔偿纠纷1件、邻里纠纷3件、房屋拆迁纠纷1件。

【特殊人群监管】　落实《社区矫正法》，细化工作流程，规范工作程序；对刑释解矫人员落实“必接必送”制度和救助帮扶政策，为特困刑释解矫人员办理社会救济、临时救助，解决就业问题；建立“五对一”矫正小组、“6+1”帮教小组；在重点时段、特殊节点实行“日报告”“面对面”“零报告”制度，运用微信平台实时共享地理位置、不定期视频抽查、实地排查走访等方式了解社区矫正对象、刑释解矫人员的生产生活情况。2022年，全县社区矫正对象共计在册2名，安置帮教人员在册35人，其中在本辖区15人，外出务工20人。2022年，开展走访、回访社区矫正对象、刑释解矫人员100余次，组织社区矫正对象参加集中学习12次、公益劳动12次。

【公共法律服务】　2022年，琼结县法律援助中心优化法律援助审批、监督等机制，完善法律援助流程，调整充实各村（社区）法律顾问，加强对法律援助的宣传，通过开展各类法治讲座，为政府和企业在劳动用工、合同履行等方面提出法律意见或建议；为妇女、未成年人、贫困户、讨要欠薪的农民工等开辟“绿色通道”，为当事人提供高质的法律援助服务；发挥援藏律师和政府法律顾问优势，推动刑事案件法律援助全覆盖。2022年琼结县法律援助中心共接待各类法律咨询80人次，代写法律文书32份。承办法律援助案件5件，均为刑事案件。

经济管理

发展和改革

【概况】 2022年，琼结县实现地区生产总值67843万元，同比增长1.7%；固定资产投资实现30441万元，同比增长35.1%；完成社会消费品零售总额12903万元，同比下降5.5%；一般公共财政预算收入完成2952万元，同比下降8.4%；一般公共预算支出78156万元，同比增长34.9%；税收收入预计完成5776万元，同比增长57.7%；农村居民人均可支配收入达到19811元、同比增长7.7%。总体来看，新冠疫情对全县经济运行未造成大的冲击，全县经济长期稳定向好的发展趋势没有改变，全年总体经济运行仍然保持“总体平稳、稳中有进”的良好态势。

【产业发展】 农牧业稳步推进，粮、经、饲比例调整为67.2∶24.4∶8.4，粮食产量稳中有增，达到1.145万吨，蔬菜产量达到8264吨。“菜篮子”二期工程投入运营，2022年高山畜牧产业项目、下水乡措杰村优质奶牛基地建设有序推进，国营牧场改制工作完成，完成肉产量870吨、奶产量1294吨。大力发展园区经济、“飞地经济”，持续做好绿色产业园和琼结江北产业园管理运营，下水乡农产品加工产业园工程形象进度达到95%。丰华光伏年发电1200千瓦时、年产值1200万元，西藏萨喜钦布藏毯年产值达300余万元，西藏雅拉香布实业有限公司实现天然饮用水年产3.8万吨、产值达9258万元，实现销售收入6319万元。深化文旅融合，强化政企合作，持续改善旅游服务软件硬件条件，拉玉乡强钦庄园片区乡村振兴示范建设、琼结宗宫堡酒店建设、东嘎景区生态提升、强钦庄园陈列、坚叶寺壁画修复等项目有序推进，累计接待区内外游客10.8万人次，实现旅游收入679.8万元。

3月10日，县委副书记、县长秦梅鹜宗（左三）带队检查项目开复工情况 （县发改委/供图）

【项目建设】 2022年，落实国家投资项目37个，招商引资项目3个。全县“十四五”规划内

44个项目前期工作完成率达85%。实行领导干部包保项目机制，坚持月调度、季盘点、年考评以勤调度推动项目快速建设，全年完成固定资产投资增速位居全市第三。"十三五"时期政府投资项目审计反馈问题已完成9大类44个问题的整改，累计落实追缴资金384.89万元。援藏资金80%以上主要用于民生领域。全年安排实施26个援藏项目，总投资达13828.57万元。

市场监督管理

【概况】　2022年，琼结县市场监督管理局（以下简称县市场监督管理局）深入学习贯彻习近平新时代中国特色社会主义思想，坚持稳中求进工作总基调，以"三大一强"为发展要求，忠诚履行强化市场监管、服务经济发展两大使命，聚焦重点领域，聚力民生关注，全县营商环境明显改善、质量发展水平不断提升、"四大安全"形势稳定向好、市场秩序持续好转，监管效能显著提升。

【登记注册】　2022年，市场监督管理执行市场监管领域15项涉企经营许可事项纳入"中央层面设定的涉企经营许可事项改革清单（2021年全国版）"，取消审批2项，审批改为备案1项，实行告知承诺3项，优化审批服务9项。2022年，市场主体共1686户，注册资金173623.03万元，市场主体总户数同比增长8.4%、注册资金总额同比增长8.3%。其中，企业238户、注册资金154445.25万元，同比增长9.6%、18%；农专68户、注册资金3378.79万元，同比减少2.8%、1.8%；个体1379户、注册资金15798.99万元，同比增长6.6%、20.2%。共办理食品经营许可证335张，三小一摊证72张，健康证364个；完成企业注销18户，完成简易注销1户；个体工商户注销78户；农民专业合作社注销4户。

【监管措施】　2022年，县市场监督管理局召开食品药品安全委员会工作会议，结合"琼结县2022年食品工作要点"，界定部门、乡（镇）、村居等各方职责，签订《食品安全责任书》，安排食品协管员、信息员24名。结合"守底线、查隐患、保安全"专项行动，强化特种设备、食品、药品安全监管，严厉打击各类违法行为；结合"药品安全宣传月"，"3·15消费者权益保护日"等重要节点，组织执法人员集中宣讲各类安全知识，向农牧民群众、经营者、消费者发放《消费者权益保护法》《食品安全法》等法律法规宣传手册1000余份，宣传物品300余份，悬挂横幅7条，咨询服务群众300余人次。

8月3日，县市场监督管理局在拉玉乡强吉村开展以弘扬"食品药品安全共治共享"理念的食品药品安全宣传活动
（县市场监督管理局/供图）

【诚信建设体系】　2022年，县市场监督管理局全面推行"双随机、一公开"制度。规范企业事中事后监管，加强社会信用体系建设，进一步做到"进一次门，查多项事"，减少对监管对象的干扰，加强信用监管，完善企业信用信息收集、公示、共享和评价制度，用好全国"一张网"，实施企业信用风险分类管理，完善企业信用修复机制。聚焦信用监管与"双随机"抽查的统筹运用，确定"双随机"抽查的范围、对象和频次，开展本级"双随机"定向抽查计划，对7家市场主体完成抽查并公示，均未发现问题；落实企业信息公

示制度，2022年市场主体年报率达到99%。

【食品药品监管】 2022年，县市场监督管理局组织实施“食品安全进校园、进村居”“疫情防控”“守底线、查隐患、保安全”等食品安全专项整治，重点查处整治不正当竞争、传销和变相传销、虚假宣传、哄抬物价、制假售假等违法行为，累计检查食品生产企业1家次、食品经营单位450家次、餐饮单位220户次，发放价格提醒告诫书44份，发放价格公示栏20个，依法没收假冒伪劣产品共计35种，总价值达1.2万元；开展药品、医疗器械、疫苗、化妆品专项检查，重点检查购销记录、购进渠道是否合法，储存方式是否规范，索证索票、有无过期化妆品，共计检查2家医院、18个村卫生室、4个乡（镇）卫生院、1个诊所、2个药店、3个化妆品店。组织全县医疗机构、化妆品经营单位的13名管理人员开展“两品一械”培训。

12月16日，县市场监管局在县中学开展校园食品安全检查
（县市场监管局/供图）

【品牌建设】 2022年，商标品牌战略有效推进，新增商标有效注册量为115件，有效注册商标总量227件。

【消费维权】 发挥12315投诉举报平台作用，快速化解消费纠纷。2022年，共接到消费者投诉举报5件，均处理完毕。

【专项治理】 2022年，贯彻落实国家、自治区、市、县对安全生产工作的系列部署要求，开展安全生产隐患、燃气安全、特种设备安全专项整治三年行动“巩固提升”攻坚战、特种设备隐患专项治理行动，共计检查特种设备使用单位28家次，下达监督检查意见书16份。

【行政执法】 2022年，县市场监督管理局共立案查处一般案件4件，简易案件1件，其中食品案件1件、销售未经备案及过期化妆品案件3件，流通领域案件1件，罚没金额共计5.62万元，结案率100%。

应急管理

【概况】 2022年，琼结县应急管理局（以下简称县应急管理局）接转县防汛抗旱指挥部办公室和县森林草原防灭火指挥部办公室职能。2022年，县应急管理局坚持以习近平新时代中国特色社会主义思想为指导，认真贯彻落实习近平总书记关于安全生产、防灾减灾和应急管理、新冠疫情防控的重要指示批示和上级应急管理部门的重要工作部署，树牢红线意识，增强底线思维，全面统筹抓好安全生产、自然灾害防治和应急管理各项工作，全县安全生产和防灾减灾形势持续稳定向好。

3月11日，县委副书记、县长秦梅鸯宗安排相关业务工作
（县应急管理局/供图）

【安全生产】　未发生较大安全生产事故，继续保持“零事故，零伤亡”目标任务。

【自然灾害】　全年发生洪涝灾害6次、干旱灾害1次，农作物总受灾面积953.91亩（绝收24.86亩），直接经济损失56.28万元，基础设施受损相对较小。全县未发生因自然灾害导致的人员伤亡事故。

【火灾事故】　未发生城乡较大火灾事故，发生一般城乡火灾2起，分别为下水乡和琼结镇；全年全县未发生森林火灾事故，继续保持“零火灾，零损伤”目标任务。

【地震灾害】　未发生地震灾害。

【落实安全生产责任】　落实党政领导责任，按照“党政同责、一岗双责、齐抓共管、失职追责”和地方党政领导干部安全生产责任制规定等要求，履行“守一方水土、保一方平安”政治责任。2022年，县委书记韩亮3次在县委常委会上听取全县安全生产工作汇报，作出重要批示指示；县长秦梅鸯宗4次主持召开安委会全体会议、4次主持县政府党组（扩大）会及专题会议研究安全生产工作。县委、县政府主要负责人及班子成员经常深入一线调研和督查指导安全生产工作。落实行业监管责任，全年修订完善10类应急预案方案，与53家安委会主要成员单位与县政府签订年度安全生产目标责任书，细化明确各部门年度安全生产工作目标和职责任务。落实企业主体责任，督促企业严格落实安全生产主体责任，切实履行全员安全生产责任制。

【防范化解安全风险】　在危化品、非煤矿山、工贸行业等行业领域推进安全风险分级管控和隐患排查治理双重预防工作。将安全、自然灾害监管系列工作贯穿全年始终，盯紧非煤矿山、道交、建筑、消防、危化品和地质灾害等重点行业领域隐患排查整治。2022年，全年对八大领域安全生产检查528次，检查1508家单位，排查一般隐患1441条，已整改1412条，整改率98%以上。

1月29日，县委副书记、县长秦梅鸯宗率队到中石油琼结县加油站、鑫隆液化气站等地开展节前安全生产、消防安全、值班值守等情况检查　（县应急管理局/供图）

【执法检查】　各行业主管部门按照“三管三必须”要求，结合安全生产突出问题集中整治和安全生产专项整治三年行动等整治行动，组织各类执法检查组深入开展执法检查。

【自然灾害预防】　2022年，是县防汛抗旱指挥部办公室设立在县应急管理局的第一年，汛前，集中对全县河道险工险段、中小型水库、旅游景区、在建涉水工程、重要基础设施、自然灾害多发点等重要区域和关键部位开展拉网式排查，对存在的隐患建立台账，督促相关单位及时消除灾害隐患。申请县级财政资金15.9万元用于补充防汛物资。汛期，成立防汛抗旱工作专班，落实24小时值班带班制度，关注险情灾情，统一指挥调度防汛抗旱。落实县、乡（镇）、村组及各防汛重点单位防汛责任，加强对水工程、防洪乡（镇）、村（社区）、学校等重点防洪区域的安全隐患大排查，修编完善各类防汛预案方案，组织防汛演练3次。配足备齐防汛抗旱物资，全县5个防汛抗旱物资储备库储备有17余类8万余件编织袋、应急灯、铅丝笼等主要物资。

【减灾救灾】 2022年，县应急管理局把琼结镇雪康社区、下水乡唐布齐村创建为县综合减灾示范村（社区），组织相关工作人员开展各项创建工作，有关申报材料经市应急管理局审核后上报至自治区。协同乡（镇）人民政府了解受灾群众在口粮、住房等方面存在的困难，为琼结县接受2022—2023年冬春受灾群众45人发放救助资金16875元（375元/人救助标准）。

【抗击疫情】 县应急管理局联合县发改委、卫健委等部门做好防疫、生活应急物资储备和调度、收回等工作。争取本级财政资金24万余元扩充折叠床、棉被、褥子等防疫物资，向一线疫情工作人员调度折资40余万元的防疫物资。组织局干部职工对帐篷、棉被、手电筒、棉褥子、棉大衣等应收应急物资进行收回利用。新冠疫情期间在物资管理上做到来源清、入库细、去向明，程序简化。县应急救援仓库存有应急救援物资36个品种，10186件。

【驻村帮扶】 选派党员干部深入白那村开展驻村帮扶工作。

【宣传教育】 结合“5·12”防灾减灾日、安全生产月、安全生产日等时间节点举办森林防灭火、防汛减灾、安全生产宣传咨询活动，开展“八进”宣传活动和“安康杯”知识竞赛。全年悬挂横幅20余条，发放宣传资料共计6000余份，宣传物品3500余件。

【行政许可】 2022年无需求办理《烟火爆竹零售许可证》。

消防救援

【概况】 2022年，琼结县消防救援大队（以下简称县消防救援大队）深入贯彻落实习近平总书记重要训词精神，全面贯彻新发展理念，为琼结县群众经济财产提供有力保障，圆满完成各类应急救援工作，琼结县人民政府先后召开4次消防安全专题会议、3次消防工作部署会议、1次基层消防安全治理。以县政府办公室的名义下发《琼结县关于加强乡镇消防力量建设和火灾防控工作实施方案》，挂牌成立了琼结县4个乡（镇）消防工作所、实体化运20个乡（镇）消防工作站、7个寺庙消防安全委员会。大队结合重大节日及敏感时间节点，先后开展消防检查54次，组织辖区消防宣传志愿者、服务队及大队消防宣传小组，深入辖区开展消防安全大检查大宣传、“我与火焰蓝同行”“争当消防志愿者”等活动，全力以赴防范化解重大安全风险，推动琼结县消防安全形势持续向好发展。

10月13日，县消防救援大队组织开展二十大消防安保决战宣誓仪式
（县消防救援大队/供图）

【灭火救援】 2022年，县消防救援大队接警28起（其中火灾扑救0起，抢险救援2起，社会救助3起、公务执勤23起），山南消防支队指挥中

心接警调度2起，大队接警室接警26起。出动车辆56余辆次，出动人员336人次，无火灾事故，抢险救援人员伤亡2人。

【监督执法】 2022年，县消防救援大队推进全县火灾防控工作，全年日常监督检查单位1045家，发现火灾隐患或违法行为956处、督促整改火灾隐患或违法行为682处、下发责令改正通知书450余份，行政处罚5家，罚款金额6.05万元，责令三停1家，挂牌重大火灾隐患1家，下发临时查封1家，召开各类约谈会5次，约谈企事业单位95余家。向各职能部门下发消防安全风险提示函46份，发送消防安全隐患通报45份。

【实战实训】 2022年，县消防救援大队加强岗位练兵，细化夏训冬训练兵方案，结合人员在位情况，分阶段设置练兵科目，重点开展枪炮协同操、60米肩梯操、出战快速出水控火操等科目训练；修订各类消防安保方案，提前组织指战员深入活动场所开展隐患排查和熟悉演练，完成各项勤务任务。

【消防宣传】 2022年，利用手机短信、LED屏、微信公众号等平台，开展"3·15消防宣传"、防灾减灾日、安全生产月119消防宣传、开学第一课等活动。全年发放宣传资料1.5万余份，协调县电视台播放各类消防公益广告35次，在县城各单位LED屏播放消防宣传标语120条。集中宣传教育54次，"六进"活动25次，上门服务15次，消防安全培训25次，受教育群众1.08万余人，开展移动式消防文化主题乐园活动2次、队站开放4次，向各职能部门推送消防火灾隐患10次，利用消防志愿者、服务队，通过入户式、上门式等方式开展10余次消防宣传工作，并制定积分制通过微信群及走访方式全面推广"全民消防学习平台"，年底，县消防救援大队全民消防学习平台注册人员620人次，学习积分167424分。

3月15日，县消防救援大队开展"三月综治宣传月"及"3·15"消防产品宣传活动　　（县消防救援大队/供图）

【基础建设】 2022年，县政府共投入经费186余万元，其中日常宣传共计10余万元，先后完成基础训练设施建设，消防智慧营区建设投入83万余元，新购资装备器材21万余元，投入新建成消防水鹤13万元。

统　计

【概况】 2022年，琼结县统计局（以下简称县统计局）统筹推进新冠疫情防控和经济社会发展各项工作，切实加强经济运行分析监测，加强与各部门、各乡（镇）的沟通、协调、指导，严格执行一度一分析。定期召开全县经济分析运行会，在数据上报期间，加强与县发改委、经信局、商务局等部门的沟通协调，及时将主要经济指标预计数、快报数、反馈数报送县领导；以《统计年鉴》《统计月报》《经济运行通报》等工作为载体，强化对经济运行情况的跟踪监测和预判预警，充分发挥统计职能作用。

【业务培训】 2月26日，组织各乡（镇）分管统计工作领导和统计业务人员、县农业农村局、菜篮子等相关工作人员，开展农牧业统计培训工作；4 月 2 日，组织项目单位的统计工作人员，以会带训的形式，现场指导项目填报操作流程和注意事项；4 月 7 日，协助县农业农村局邀请国家统计局山南调查队住户调查科科长达珍，开展农牧民增收工作培训。

【监测分析】 以 GDP、投资、工业、商业等指标监测为重点，深入企业、深入一线调查分析，对经济发展做出判断及预警。

琼结县相关指标完成情况表

指　标	单　位	2021 年	2022 年	同比增长 %	备　注
地区生产总值	万元	65450	67842. 9	1. 7	（增速为可比价）
其中:第一产业	万元	4357	4741. 9	5. 0	
第二产业	万元	27698	39339. 3	2. 3	
第三产业	万元	33395	33761. 8	1. 5	
农村居民人均可支配收入	元	18394	19811	7. 7	
社会消费品零售总额	万元	13659	12903	-5. 5	
财政收入	万元	3222	2952	-8. 4	
财政支出	万元	57921	78156	34. 9	
金融存款余额	万元	56092	66010	17. 7	
金融贷款余额	万元	64980	35262	-45. 7	
国内外接待游客人数	万人	17. 17	10. 8	-37. 1	
国内外接待游客收入	万元	1090. 2	679. 8	-37. 1	

【统计法培训】 将习近平总书记关于统计工作重要指示批示精神和中央《关于深化统计管理体制改革提高统计数据真实性的意见》《统计违纪违法责任人处分处理建议办法》《防范和惩治统计造假、弄虚作假督察工作规定》等相关统计法律法规纳入县委理论学习中心组会议 1 次、县政府常务会议 2 次、县政府党组会议 1 次、政府专题会议 1 次；以全县统计业务培训为契机，将统计相关法律法规知识作为一项重要培训内容，对从事统计工作人员进行集中学习；将统计工作相关的法律法规纳入统计局党组学习计划中，每周开展统计法律法规学习，共组织学习 20 次。

【编纂统计资料】 编制好《统计年鉴》《统计月报》等统计资料，为各单位提供统计信息咨询服务。

【队伍建设】 举办基层统计人员业务知识培训班，重点对乡（镇）、部门、企业的统计人员进行培训。

【统计执法】 11 月 2 日至 3 日，县统计局工作人员联合县纪委监委工作人员，深入各乡（镇）、各企业，各相关部门以督查与普法相结合、督查与指导相结合、督查与调研相结合“三结合”方式，通过检查台账、实地走访等形式，重点围绕各乡（镇）“六有、六化”情况，“一套表”管理规范情况，统计资料管理规范情况等方面开展督导检查；12月25日，县统计局执法人员达娃旺姆协同市统计局执法科科长刘亚玲等人员，对山南强扎建筑有限公司进行执法检查，检查是否存在漏报、瞒报、虚报等现象。

11月2日，县统计局联合县纪检委统计工作人员赴加麻乡检查指导工作 （县统计局/供图）

【结对帮扶】 深入结对帮扶贫困家庭4次，详细了解家庭状况，政策落实情况。开展慰问活动，在“三大节日”来临之际，向帮扶户送去大米、食用油、棉被等价值1650元慰问物资，送去2200元现金，同时做好帮扶对象的宣传教育、正面引导、排忧解难等工作。

自然资源管理

【概况】 2022年，琼结县自然资源局（以下简称县自然资源局）主要开展“三区三线”划定、全县“十四五”时期矿产规划编制、增减挂钩项目、地质灾害治理项目、确权登记、土地矿产卫片执法以及审批宅基地及设施农用地等工作。

【项目用地征地】 完成110千伏变电站项目，占用下水乡恰玛组林地9.6亩，完成兑现征地补偿费用170988元；2022年公租房建设项目，占用学苑小区北侧耕地13.21亩，完成兑现征地补偿费用508532.2元；朗热大道项目，占用青阿路北侧至滨河路林地、草地、耕地共计23.41亩，完成兑现征地补偿费用746248.25元；下水乡派出所项目征地，占用下水乡政府南侧耕地9.34亩。

【挂牌国有建设用地】 2022年，挂牌成交一宗居住用地（R2），面积5562.0724平方米（8.34亩），土地成交价280万元全部缴纳完毕，签订出让合同。

【项目手续】 年内，共受理并出具项目用地和选址意见书9件、用地和选址意见确认证明57个，出具用地和选址初审意见3个，用地规划许可证9个、工程规划许可证12件、乡村规划许可证14件。

【“三区三线”划定】 5月，正式启动“三区三线”编制工作，通过与县直各部门、各乡（镇）协调对接，多次召开协调推进会议，2022年年底将成果上报至自然资源部。此次“三区三线”编制工作，划定耕地保护目标5.5144万亩；划定基本农田约4.6019万亩，满足稳定耕地的85%划入永久基本农田要求；划定生态保护红线规模1.6765万亩；根据三调及转换基数情况，结合近期项目建设需求，按照转换技术的1.3倍，划定城镇开发边界面积2627亩，为近期建设项目及远期发展共预留36.51公顷用地。

5月31日，县自然资源局对琼结县“三区三线”划定工作进行现场核实 （县自然资源局/供图）

【“十四五”时期矿产规划编制】 于8月启动，编制《琼结县矿产资源规划（2021－2025年）》（简称《规划》），召开市级县级征求意见会，多次修改《规划》，与《西藏自治区山南市矿产资源规划（2021－2025年）》进行衔接。经修改，《规划》符合《市县级矿产资源总体规划编制要点》有关要求。

【增减挂钩项目】 根据自然资源部要求，实地核实复垦成耕地地块情况，并与自然资源厅对接，收集举证资料，变更复垦选址，与第三方对接把复垦耕地的数据纳入2021变更调查，并在国土调查云系统中举证。自然资源厅以内业验收方式通过审核，并下达验收批复。通过实地检查，要求施工方通过覆土、捡石头等方式改进复垦复绿状况，已通过国家验收。

【审批宅基地及设施农用地】 与县农业农村局一同到各村组农户修建宅基地和设施农用地情况进行实地核实，全年共审批66户，均不占用耕地。

【确权登记】 完成集体土地所有权资料上传归档工作。完成全县4个乡（镇）20个行政村集体土地所有权资料入库、归档工作。持续开展农村宅基地“房地一体”确权登记工作。自2021年启动农村宅基地“房地一体”确权登记工作，2022年，4个乡（镇）20个行政村全部完成外业调查、内业核实工作、公示及资料入库工作。全年办理1个首次登记、6个抵押登记。

【地质灾害治理项目】 2022年，通过争取“十四五”规划乡村振兴补助资金1600万元，实施拉玉乡堆巴村西侧地质灾害治理项目、拉玉乡德庆村德香布沟泥石流地质灾害治理项目、下水乡唐布齐村奔堆组泥石流地质灾害治理项目和加麻乡特日村三组4号泥石流治理项目。年底，4个项目完工，并完成资金支出。

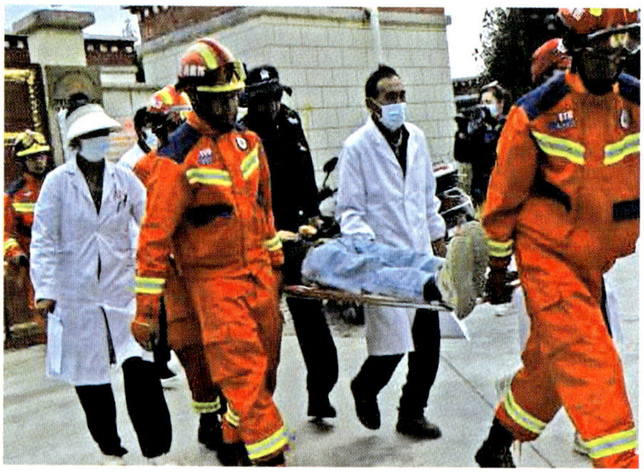

7月28日，县自然资源局组织县应急管理局、交通局、发改委、水利局、气象局、公安局、消防、医院等相关单位在下水乡久河村开展突发地质灾害应急演练 （县自然资源局/供图）

【土地矿产卫片执法】 对2021年年底下发的87个补充图斑和2022年一至三季度下发的5个图斑进行实地核实，并填报综合监管平台。按照临时用地、宅基地和矿产等违法用地不同种类进行处置，并整改到位。

【“我为群众办实事”活动】 组织干部职工对结对帮扶人员开展调研慰问3次，送去价值7100元的慰问品。结合农村宅基地确权登记工作，深入基层群众、了解群众诉求，加快推进不动产权证书颁发各项工作。组织干部群众150余人次开展地质灾害应急演练工作。

农牧业·水利·林业

农业农村

【概况】 2022年，琼结县农业农村局（以下简称县农业农村局）实有人员6人。琼结县农牧综合服务中心，为县农业农村局管理的副科级公益一类事业单位，有27人，其中主任1名、副主任1名。县农业农村局加挂县科学技术局牌子，设副科级领导职数1名，专门负责科协相关工作。

【农业产业结构调整】 2022年，全县农作物播种面积2.74万亩，其中粮食作物面积1.84万亩，经济作物面积6700亩，饲草料作物面积2300亩，粮、经、饲比例从2021年的67：20：13调整为67.2：24.4：8.4。全年完成粮食产量2289.61万斤，单产较2021年增1.21斤；其中，青稞产量1683万斤，单产比2021年增2.09斤；蔬菜产量1652.82万斤；油菜产量142.446万斤。粮食产量比目标增9.61万斤，青稞产量比目标增3万斤。全县牲畜存栏43073头（只、匹），新生仔畜16708头（只），仔畜成活数16221头（只），仔畜成活率达97%，肉年产量870.34吨，奶年产量1294吨，蛋年产量57.52吨。

【农业现代化】 2022年，农机购置补贴资金279.44万元，全年共落实国家补贴资金153.81万元，其中，国补107.36万元，省补46.45万元，购置农机具257台套，受益户171户。深松整地工作已全部完成，完成农机深松整地面积6000亩，涉及农机合作社2家、大型深松机4台，通过县级自验。年底，全县各类机具9134台套，全县机耕面积2.6万亩，机播面积1.65万亩，机收面积2.53万亩，全县农业机械化水平在85%以上。

【基础设施建设】 10月6日，全县高标准农田建设项目开工建设，总面积9700亩。其中，琼结镇总面积3069亩，下水乡总面积2843亩，拉玉乡总面积3788亩。

10月6日，琼结县2022年高标准农田建设项目开工仪式在下水乡措杰村赞巴搬迁组举行，县委常委、常务副县长叶建勇出席开工仪式并讲话 （县农业农村局/供图）

【科技科普】　以“五下乡”“科技活动周”“全国科普日”等活动为契机，大力推进科普进“校园”、进“农村”、进“社区”宣教活动10次，发放科普宣传读物和物品各1300余册、2000余件；举办农牧业技术培训2次，参训人数80人。协助第二次青藏高原综合科学考察研究工作。向西藏科协推荐“基层科普行动计划”科普示范社区2个、科普带头人2名、先进农村专业技术协会1家、科普信息员2名。全县农牧民科技特派员40名，本级财政解决10名居委会科技特派员1次性生活补助6万元，派遣村（居）科技专干23名，实现20个村（居）全覆盖。派遣农业农村工作专员17名，选派三区科技人才4名，选派“县管乡用”技术人员3名；村级动物防疫员24名，农技特聘人员8名。

【农村劳动力转移】　全年兑现各类惠民资金2765.24万元，完成转移就业6504人，创收6502.2万元，分别完成年度目标任务的101.6%和116.1%，其中组织化转移就业3985人，占103.7%，创收4714.66万元。全年开展技能培训800人，完成培训638人，162人正在培训中，培训后实现就业141人，农牧民培训就业率52%，不断巩固高效就业。辖区内创业农牧民人数68人，创业农牧业带动增收人数9714人。全县土地流转2798亩，年创收251万元。

4月7日，琼结县开展农牧民增收暨劳务输出基层统计业务知识培训　（县农业农村局/供图）

水　利

【概况】　2022年，琼结县水利局（以下简称县水利局）紧扣“抓机遇、抓项目、抓建设、抓管理”的工作思路，突出“服务经济、服务基层、服务民生”工作重点，坚持防汛与抗旱两手抓，水资源开发利用与节约保护并重，水利建设与管理并举的工作理念，逆势而进，乘势而进，砥砺奋进，克难攻坚，各项工作取得新成效，水利事业再上新台阶。

【资源管理】　2022年，通过“健全制度、落实责任、提高能力、强化监管”四项措施，严格控制用水总量、用水效率、入河湖排污总量“三条红线”，重点抓好水安全、水管理、水环境、水生态、水景观及水文化建设。2022年，琼结县用水总量控制指标为4600万立方米，实际用水总量为3458.58万立方米，其中农业用水3201.65万立方米，占92.6%，生活用水251.96万立方米，占7.2%，工业用水4.97万立方米，占0.2%。

【水利规划】　完成水利“十四五”时期项目规划编制和储备工作，2022年自治区列入“十四五”规划落实资金项目2个，琼结县翻身沟生态清洁小流域建设项目，总投资2021.34万元；琼结县拉玉乡灌区续建配套与节水改造工程，总投资1788万元。另有4个项目在办理项目前置手续。

【基础设施建设】　2022年，县水利局实施的水利工程项目8个，总投资5104.34万元。其中翻身沟生态清洁小流域建设项目，总投资2021.34万元；山南市琼结县小型水库维修养护工程，总投资387万元，已完工并投入使用；

琼结县拉玉乡灌区续建配套与节水改造工程，总投资1788万元已完工；琼结县节水型社会达标建设项目，总投资500万元，完成40%；琼结县2022年自治区水利救灾资金项目，总投资150万元，已完工并投入使用；琼结县2022年农村饮水安全工程，总投资83万元，已完工并投入使用；2021年农村饮水维修养护工程，总投资120万元，已完工并投入使用；2022年水利工程水毁修复工程，总投资55万元，已完工并投入使用。

6月20日，县委副书记、县长秦梅鸯宗（右三）调研水利基础设施建设情况 （县水利局/供图）

【农田水利建设】 2022年，总投资1788万元的琼结县拉玉灌区续建配套与节水改造工程，新建取水枢纽1座，对原有3处取水口进行清淤处理。

【农村饮水安全】 2022年，进一步完善农村饮水安全相关方案、预案、管理办法等文件，落实政府主体责任、水利行业监管责任、各乡（镇）、村（居）运行管理责任，明确农村饮水设施有专人负责。编制2022年农村饮水养护资金83万元的方案，完成全部建设内容，对全县67个饮水点进行了全面彻底的排查和管护等工作，对农村饮水实施每月清淤、消毒，完成全县67份水质样品采样送检等工作。

12月28日，副县长维色加措（左一）带队调研农村饮水安全工作 （县水利局/供图）

【防汛抗旱】 组织召开琼结县防汛抗旱工作会议，安排部署防汛抗旱各项工作，并与各乡（镇）签订目标责任书；开展汛前防汛大检查，共梳理出问题10余项，针对隐患问题及时落实整改措施并限期完成，对4条淤塞河道进行了清淤，机械用时累积70天；县级财政配套150万资金中对15处险工险段堤防进行补修，总长3.2千米，新修建5处谷坊，补充35万元防汛物资铅丝笼；落实全县4座中小型水库均“三个责任人”制度；进一步修订完善《琼结县防汛抗旱应急预案》《水库大坝安全应急预案》《水库调度方案》《水库防汛抢险应急预案》，并签订《水库安全运行责任书》，投入387万元对3座小型水库进行除险加固；投入150万元对雪康村和赞巴村乡村防洪堤进行除险加固。

【河湖长制】 县级河长对重点河流和水库开展15次巡查，乡级河湖长开展555次巡查，县河湖长办共开展8次河道巡查。组织群众开展河湖“清四乱”工作，全年共开展专项检查6次。各乡（镇）共组织280余场次河道垃圾整治工作，组织干部职工及农牧民群众累计3144人次，清理河道垃圾共计约18.3吨。利用“世界水日、中国水周”和“全市河湖保护宣传周”等时机，宣传水利相关法律法规。

【行政执法】　落实水资源管理制度，定期开展砂石场和入河排污口的监督检查，打击河道乱采乱挖、排污口乱排乱放、私设排污口的等水事违法犯罪事件。规范生产建设项目水土保持事中事后监管，严格水土保持方案审批。强化水土保持方案的刚性约束，对不符合生态保护和水土保持要求的项目，坚决不予审批。开展水法律法规宣传教育。

【水利工程质量安全与管理】　加强项目建设全程监督管理，严格项目建设程序（勘察、设计、施工、验收等），健全工作机制，细化工作措施，突出重点任务，加强对工程建设全过程的质量监管，履行法定程序和质量责任。落实安全生产责任制，压实监管责任和主体责任，开展安全生产隐患大排查大整治活动。年内，水利行业安全生产零事故，全年未发生“双拖欠”问题。

【党的建设】　完成上级党组织交办的各项工作任务。年初召开党建工作部署会议，总结2021年度党建工作安排部署2022年党建工作，签订了2022年度党建工作目标责任书，将党建工作任务分解细化，建立完善党员干部网格化助力疫情防控工作台账，组织党员干部下沉联系村入户走访察民情，开展党员志愿服务及送政策到村活动等。学习贯彻习近平新时代中国特色社会主义思想和党的十九大、二十大精神，以及习近平总书记关于西藏工作重要论述和新时代党的治藏方略。全年组织开展集中学习41次，县水利局党组学习12次，开展主题党日活动12次，上党课4次，召开民主生活会1次，专题组织生活会1次，开展“作风怎么看、工作怎么干”专题研讨1次，累计学习人数达205人次。

【党风廉政建设】　2022年，把反腐倡廉与业务工作任务同研究、同部署、同检查、同落实、同考核。制定党风廉政建设局党组主体责任、纪委监督责任实施办法，以及违反规定实施责任追究办法。印发《2022年党风廉政建设和反腐败工作要点及任务分工》，层层签订《党风廉政建设责任制目标管理责任书》，明确局党组对党风廉政建设和反腐败工作担负主体责任；局党支部检查委员承担监督责任，协助局党组工作，抓好党风廉政建设工作。

林业和草原

【概况】　2022年，琼结县林业和草原局（以下简称县林草局）共有干部职工10名。琼结县林地面积26399.97公顷，森林面积24189.6公顷，占林地面积的91.62%，森林覆盖率25.4%。2022年县林草局持续推进国土绿化，结合乡村振兴战略，将乡村“四旁”植树与义务植树相结合，共植树6.7万株，栽植面积400亩，直接带动群众增收72万元。组织开展病虫害防治450亩，带动群众增收5.77万元。

3月28日，县林草局组织干部群众在下水乡吾母村开展义务植树活动　（县林草局/供图）

【森林资源管理】　2022年，县林草局依法行政，通过森林督查，查处违法占用林草地案件13起，共处罚款69.689万元，督促涉案单位全部完成整改。依托原生植物保护、湿地保护，将自然保护地与野生动植物和生物多样性保护宣传相结合开展宣传教育。

【森林草原防火】　开展森林草原防火工作，通过森林草原防火“百日攻坚战”活动，开展森林草原防火隐患排查，治理森林草原防火隐患10起。全年未发生森林草原火灾，森林草原火灾发生率和受害率均在千分之一以下。

11月9日，山南市林草局党组副书记、局长桑旦罗布（右一）在琼结县林草局开展林草综合调研　（县林草局/供图）

【森林病虫害防治】　针对白那检查站杨树林成片病虫害，6月23日，县林草局组织专业技术人员和护林员采取清除带有病虫害枯枝树枝，集中焚烧、撒药等方式，对以杨二尾舟蛾和地老虎（俗称“地蚕”）为主的病虫害开展集中防治，防治面积共计450亩。

【生态效益补偿】　2022年，县林草局按照自治区和市县关于生态岗位的相关文件精神，通过遴选和村、乡、县三级公示，与全县98位生态岗位人员签订生态管护合同，并兑现生态管护资金126.6万元。

【重点工程建设】　2022年，县林草局重点项目有2个：草原生态修复治理项目，完成网围栏、界桩、宣传牌安装等基础设施建设；重点区域造林项目，正在建设中。

商贸·旅游

商　贸

【概况】　2022年，琼结县商务局（以下简称县商务局）紧扣全县经济社会发展大局，全面发挥商务职能，加强商贸流通管理、整顿市场秩序、推进商务项目建设、落实促消费活动，努力促进商务工作平稳健康发展。

【供销合作社】　2022年，设立琼结县供销合作社，隶属县商务局管理，为参照公务员法管理的副科级事业单位，安排3-5名编制，已招录2名工作人员。

【社会销售品零售总额】　2022年，琼结县完成社会消费品零售总额12903万元，同比下降5.5%，增速在12个县中排第一，其中限额以上两家企业完成1059.5万元，比2021年增加112.7万元；限额以下完成11843.5万元，比2021年减少868.9万元。按消费形态分，批发业、零售业、餐饮业收入分别减少23.5万元、678.4万元、54.3万元；按经营属地分，城镇、乡村完成消费品零售额7671万元、5232万元，同比下降1.1%、13.8%。从消费支撑看，限额以上企业2家，山南市限额以上企业39家，琼结县占5%。

【项目建设】　推进电子商务进农村整体推进项目。县级电商公共服务中心总面积388平方米，目前已全面装修改造完成。农村服务站已按建设标准完成基础建设。开展的业务有网销网购、在线支付、人员培训、文案策划、咨询服务、产品展示、代买代卖、缴费充值等基本功能。推进县域商业体系建设项目，总投资500万元。

【物资交流会】　组织合作社、企业共18家34人参加山南市第42届雅砻物资交流会。物交会期间，琼结县上市商品总额138.72万元，累计成交额62.889万元；累计收集消费券832张，完成消费券兑现金额6.775万元。与2021年相比，参展商户减少20家，商户参展率同比下降53%，成交额同比下降79.4%。

【市场监管】　加大对商贸领域及成品油的安全监督检查力度，定期不定期对超市、菜店、快递等商贸领域进行监督检查，掌握市场主体安全生产、疫情防控、消防措施等落实情况，了解生活必需品市场供求情况。贯彻落实上级有关安全生产法律法规，强化成品油实名制登记、零散成品油审批手续监督检查力度，督促企业在质量、计量、消防、安全、环保（油气回收）等方面按要求抓好落实。

6月24日，县商务局、县公安局等单位联合开展加油站安全生产监督检查工作 （县商务局/供图）

【为企业办实事】 在新冠疫情期间，县商务局多次与市商务局、市粮食局等部门联系对接，确定从粮食局提供原材料，保障琼结县5家糌粑供货商原材料需求；为供货商开具往返市县的通行证。在调研中发现的糌粑包装袋紧缺问题，县商务局联系第三方公司帮助解决。对接市邮政部门解决糌粑调运问题，超额完成糌粑调运任务，累计生产、调运糌粑28吨。

【结对帮扶】 2022年，县商务局结对帮扶6户26人，入户走访慰问4次。为结对帮扶户送去大米、暖水瓶、锅具等生活物资，价值5200元；了解每户基本情况，为结对帮扶户长远发展出谋划策；开展政策宣传和思想引导；宣传党的二十大及二十届一中全会精神。

【市场保供】 按照市商务局新冠疫情防控工作相关要求，在县城商贸领域及各乡（镇）确定29家保供企业，通过闭环管理开展琼结县生活必需品保供工作，特别是落实好蔬菜、水果、肉类、米面、粮油、方便食品等货源保障。

【市场监测】 建立全县生活必需品每日监测报告制度，督促各乡（镇）摸清本辖区的生活必需品需求、储备、销售情况，了解和掌握市场应急波动情况和市场最新动态，加强组织货源，向上级和县相关部门报告市场监测情况。

【疫情防控】 联合县市场监管局、县公安局重点到县城区域商超、餐饮、快递等企业，通过现场查看等形式，就企业新冠疫情防控主体责任落实、来客登记、进门测温扫码、佩戴口罩、场所清洁通风消毒消杀、人员流量管控、设置一米线、规范处理垃圾等疫情防控措施落实及快递件消杀等情况进行督导检查。对部分不配合、措施落实不到位的商贸企业进行思想教育，要求他们及时整改；按照县疫情办下发的个体商户核酸检测采样的通知要求，县商务局督促指导各商贸企业参加采样工作，同时统计各商户核酸采样情况；邀请县疾控中心工作人员为琼结县保供企业进行防护服穿脱及消毒液的使用以及物资装卸、配送人员抗原检测试剂的使用情况等方面进行专题培训。

【服务保供企业】 为县城区域及各乡（镇）保供企业运输一线工作人员发放防疫物资。新冠疫情期间为保供企业开通电子通行证80次、开展防疫培训2场次、发放防疫物资161件、联合市场检查24场次、全县个体商户参加核酸检测75场次，共11025人次。

【复商复市】 联合县市场监督管理局、县公安局、县消防救援大队等部门，通过“线上”“线下”两条战线，对许可复商复市行业采取商户申请签署“琼结县疫情期间复商复市申请书”、相关部门实地核验的方式落实复商复市工作。要求商户落实新冠疫情防控主体责任，各经营场所必须具备店铺消杀、从业人员持24小时核酸阴性证明、在门口醒目位置张贴场所码、配备消毒液、体温枪、安排专人落实“一扫三查”防控措施方可营业。制定复商复市措施，分批恢复琼结县城区域正常生产生活秩序；全县商贸领域开展落实“一扫三查一登记”督导检查工作，并逐一填报商超用工情况及区外户籍在琼结县务工人员返岗摸底调查表。引导各商超工作人员严格落实琼结县疫情防控各项措施，进一步开展复商复市工作；制定商户申请办理通行证流程，要求商超、菜店按流程向县商务局提出申请，待县商务局审核之后，报县疫情办开具临时通行证，再将通行证发给商户，并将商户进货情况进行统计。

【促进消费活动】 贯彻落实“山南市关于稳定市场主体推动复工复产的十项措施”要求，举办琼结县农牧民“助企惠民·城乡共促·享购琼结”促进消费活动。此次活动面向全县农牧民15755人，按照每人最多抵扣100元的消费金额的标准，发放价值157.55万元消费券，消费券可用于餐饮商超、家具卖场、副食百货、蔬菜瓜果、民族手工品、特色农产品等。全县参与活动商户103家，共促进消费509万元。

10月21日，琼结县农牧民“助企惠民·城乡共促·享购琼结”消费券发放仪式在琼结镇雪巴社区居委会大院举行
（县商务局/供图）

旅 游

【概况】 2022年，琼结县旅游发展局（以下简称县旅发局）以旅游业高质量发展为目标，加强旅游基础设施建设、提档升级景点景区、加强旅游宣传、做好行业新冠疫情工作等，推动旅游业向好发展。受新冠疫情影响，2022年全县各旅游景区（点）、农家乐、藏家乐、度假村等共接待游客10.8万人次，实现旅游收入679.8万元，同比下降37.1%、37.71%。

【旅游资源】 文化旅游资源主要有：国家级重点文物保护单位藏王墓，拥有众多文物古迹的青瓦达孜山及山上著名的琼结宗遗址、日吾德庆寺遗址，西藏第一美女达娃卓玛故居，民族团结进步旅游步行街，西藏第一个按照规划修建的村落雪村，中国传统村落强吉村及强吉庄园、强吉林卡，生态家园东嘎景区，自治区文保单位雪康庄园、平若庄园；国家级非物质文化遗产久河卓舞、宾顿白面藏戏，自治区非物质文化遗产拉玉谐钦。

【项目建设】 拉玉乡强钦庄园片区乡村振兴示范建设项目总投资2000万元，2022年完成工程进度的55%，带动老百姓增收39万余元；广场LED屏新建项目全部完工，带动老百姓增收达5万余元；东嘎景区生态提升项目全部完工并验收，带动老百姓增收达17.92万余元；核心景区标识标牌更换完成。

3月29日，琼结镇党委书记、县旅游发展局局长、白鲸文旅集团一起考察东嘎景区
（县旅发局/供图）

【旅游宣传】 参加山南市举办的“西藏人游西藏”旅游惠民政策发布会，推介和宣传琼结县的旅游优惠政策及资源，现场与30多家旅行社签订了合作协议；制作琼结县旅游地图，以图文形式介绍琼结县旅游景点、特色产品、美食等，为游客提供游览路线，并在拉萨等地的民宿、餐馆、酒店、旅游景点等进行宣传推广。

【景区创建】 藏王墓景区申报国家AAAA级景区创建工作，完成琼结县藏王墓景区控制性详细规划招投标，规划企业完成初稿并召开二次评审会议；旅游资源普查工作完成招投标；强吉景区、东嘎景区3A级旅游景区创建完成自检、推荐测评和前期测评工作；一家民宿申请乙级旅游民宿。

【乡村旅游】 强吉村民宿完成升级改造，解决了厕所、上下水、装修等问题，民宿基础设施更加完善；完成东嘎景区设施及设备检修工作，东嘎景区试运营；修订完善《关于与旅行社进行联合宣传促销琼县乡村旅游的方案》。

【增收工作】 2022年，县旅发局发展生态岗位11人，兑现生态岗位工资3.85万元；县旅发局将管辖内的旅游厕所托管给第三方公司，并从建档立卡贫困户中安排6名厕所保洁员，每人每月最低工资为2050元，全年拨付工资14.7万元；2022年各项目带动群众增收64万元。

财税·金融

财 政

【概况】 2022年，琼结县财政局（以下简称县财政局）坚持以习近平新时代中国特色社会主义思想为指导，深入贯彻党的二十大精神，锚定“四件大事”“四个确保”，聚焦“四个创建、四个走在前列”和“六个走在全区前列”，充分发挥财政工作职能，全面贯彻落实积极的财政政策，有力统筹新冠疫情防控和经济社会发展，有效落实国务院、自治区和山南市稳住经济一揽子政策措施和全县补充措施，全力以赴稳经济、抓收入、优支出、保重点、防风险、强监管，为琼结长治久安和高质量发展提供了坚实保障。

12月13日，县财政局开展集中学习暨党的二十大理论测试专题会议 （县财政局/供图）

【财政收支】 2022年，本级财政收入完成2952万元，比上年同期减少270万元，下降8.4%（扣除增值税留抵退税1114万元因素，全年收入较上年增加844万元，增长26.2%），其中税收收入完成1730万元，非税收入完成1222万元。财政支出完成78156万元，比上年同期增加20235万元。其中一般公共服务支出16868万元；公共安全支出5824万元；教育支出9878万元；科学技术支出18万元；社会保障和就业支出7414万元；卫生健康支出5671万元；节能环保支出1194万元。

【体制改革】 梳理、总结内地预算绩效管理经验，出台和修订事前绩效评估、绩效目标管理、绩效运行监督和绩效评价管理等多项制度，对农村线路改造、新冠疫情隔离点、琼结镇完小洗漱间等3个项目完成事前绩效评价，对菜篮子二期、强钦酒庄、琼结镇完小、东嘎景区4个项目开展事后绩效评价。

【财务管理】　全面推行国库集中支付，撤销各类专户2个，将64家预算单位基本户全部转化为零余额账户。开展2021年财政资金专项检查工作，对46家预算单位资金使用的真实性、合法性进行专项检查。督促县各预算部门全面整改2020年度预算执行和其他财政收支情况审计存在的问题，建立完善各项财务工作制度，进一步强化审计成果运用。

【市场经济调控】　落实“疫情要防住、经济要稳住、发展要安全”要求，贯彻落实“山南市提振经济发展保市场主体保就业的若干措施”和“山南市关于贯彻落实《关于稳经济若干临时性措施》的配套措施”等工作举措；助力市场主体发展，解决资金1382万元。

【重点保障】　统筹整合乡村振兴衔接资金15646.08万元（包含：雪巴社区人均环境整治项目1585万元、措杰村人均环境整治项目1200万元、三乡一镇宏农藏鸡养殖二期入股项目2500万元、自然灾害防治资金1479.88万元、高山畜牧业产业项目950万元、下水乡唐布齐村危桥改造项目339万元等），用于巩固拓展脱贫攻坚成果同乡村振兴有效衔接。

【财务培训】　组织全县62家预算单位开展全县财会人员能力提升培训会、审计整改业务知识培训会、财政代管资金专户账务管理及对账工作专题培训会、财政预算绩效管理培训会、预算管理一体化系统操作培训会等培训会6场次。

10月21日，县财政局组织开展全县预算绩效管理培训

（县财政局/供图）

【疫情防控】　安排资金628万元用于解决隔离场所费用，抗疫物资需求，提升核酸检测能力等方面。落实扶持政策措施，为小微企业和个体工商户减免房租共计90.74万元，其中为63户承租国有房屋的商户减免9个月房租，共计86.21万元；为17户承租政府公租房的商户减免9个月房租，共计4.53万元。

【盘活存量】　清查各预算单位存量资金，盘活财政存量资金4975.82万元，统筹用于重点民生领域支出。

【财政决算】　按照财政决算审核工作规程，细化审核环节和审核内容，明确审核重点和环节，组织干部骨干指导各预算单位做好年终决算工作，同时针对各预算单位财务人员的多样化学习需求，充分利用微信推送年终决算知识。

琼结县 2022 年一般公共预算收入情况统计表

序号	收入科目	金额(万元)
1	税收收入	1730
2	国内增值税	1384
3	企业所得税	−5
4	个人所得税	123
5	资源税	55
6	城市维护建设税	135
7	印花税	38
8	非税收收入	1222
9	专项收入	343
10	行政事业性收费收入	33
11	罚没收入	458
12	国有资源(资产)有偿使用收入	108
13	其他收入	280
14	一般公共预算收入合计	2952

琼结县 2022 年一般公共预算支出情况统计表

序号	支出科目	金额(万元)
1	一般公共服务支出	16868
2	公共安全支出	5824
3	教育支出	9878
4	科学技术支出	18
5	社会保障和就业支出	7414
6	卫生健康支出	5671
7	节能环保支出	1194
8	城乡和社区事务支出	670
9	一般公共预算支出合计	47537

税　务

【概况】 国家税务总局琼结县税务局（以下简称县税务局）内设办公室、纳税服务股，设有综合办税缴费服务厅，在编干部 7 人，外聘人员 4 人。2022 年，县税务局坚持以习近平新时代中国特色社会主义思想为指导，全面加强新时代税务工作，不断推进税务工作与时俱进完善发展，为琼结县长治久安和高质量发展贡献力量。

5月16日，县税务局组织干部职工在县城主街道开展税收宣传活动 （县税务局/供图）

【税费收入】 全年共组织税费收入14514.61万元，同比增收2296.88万元，增长19%。其中税收收入5775.58万元，同比增收2112.4万元，增长57.67%；非税收入575.16万元，同比增收252.23万元，增长79%；社保收入8252.02万元，同比增收20.4万元，增长1%。

【税收法治】 2022年，县税务局按照“三个务必，三个坚决”要求开展工作，绝不收“过头税费”。深入推行行政执法三项制度，落实全国税收征管、纳税服务和税务稽查规范，构建“全面覆盖、全程防控、全员有责”的内控体系。

【减税降费】 2022年，有13户纳税人享受留抵退税政策，共计办理退税2228.24万元，小微企业“五税两费”共减免134.57万元，缓缴税款62万元，办理企业所得税退税143.9万元、个人所得税退税140.4万元，办理车购税减免1.36万元。留抵退税过程中，由县政府牵头，“财、税、银”联席，形成国库充足、流程顺畅、资金到位的三方机制，税务、检察、公安共同商讨打击留抵骗税工作。

【征管改革】 2022年，县税务局聚焦大数据运用，深化部门协作和数据共享，加强经济税源的联动化、一体化管理，形成税收汇集效应。坚持“税费并重、征管并举”，社保费征收和非税收入划转工作有序推进，实现两项非税收入划转和工会经费委托代收。建立健全税费数据质量源头治理、系统治理、持续治理的长效工作机制，落实“全电发票”试点扩围工作。学习借鉴“枫桥经验”，打造标准化、规范化、团队化的“税费争议调解室”和“税费政策辅导室”。

【纳税服务】 2022年，县税务局落实系列便民办税举措，为纳税人、缴费人办实事解难题，电子税务局申报率达到99%以上。通过“走进直播间”“云回答”“群推送”等“非接触式”渠道，向全县纳税人、缴费人开展政策宣传和辅导，并通过《琼结新闻》、“网信琼结”“抖音平台”等多家媒体多渠道播放，为全县纳税人、缴费人开展税法宣传。将导税咨询、资料预审前置，提前分流人群，形成“咨询业务-判断分流-引导办理”办税流程。主动邀请税费服务体验师通过“操作系统亲自办”“走进大厅陪同办”“深入一线体验办”等形式，改进政策落实过程中的短板弱项。围绕纳税人、缴费人急难愁盼问题，运用微信小程序开展问卷调查，公开信访举报渠道。

中国农业银行股份有限公司琼结县支行

【概况】 中国农业银行股份有限公司琼结县支行（以下简称农行琼结县支行）隶属中国农业银行股份有限公司山南分行的一级支行，属于国有商业银行分支机构。辖内共有5个营业网点，网点主要分布情况为1个县级一级支行，下辖4个乡（镇）级营业所。

【经营情况】 截至2022年年底，各项存款时点余额66010万元，较年初增加9918万元，其中储蓄存款余额42719万元，较年初增长5461万元，对公存款余额 23291 万元，较年初净增 4457 万元；截至 2022 年年底，各项贷款余额 35262 万元，较年初减少 29718 万元，其中个人贷款 31048 万元，对公贷款 4214 万元。

【服务实体经济】 累计投放流动资金贷款 9580 万元，发放绿色贷款 6991 万元。参与全县智慧项目建设，为合作单位年内提供 54.3 万元左右的电子显示屏、测温仪等固定资产设施设备；监管口径小微企业贷款余额 1104 万元，比年初增加 522 万元，增速 89%，高于全行各项贷款增速 89 个百分点；普惠型小微企业有贷户数实现增长，贷款户数 9 户，比年初增加 5 户；持续为小微企业提供普惠金融服务，积极宣传落实好民营和小微企业减费让利、降低融资成本要求，全年减费让利金额达 1.5 万元，惠及小微企业 151 家，个体工商户 36 家。

【服务乡村振兴】 全年累计发放农牧户贷款 690 户，金额 7837 万元，其中，农林牧渔业投放 7006 万元，农户生产经营类投放 789 万元，农户消费类投放 42 万元；持续推进互联网金融服务三农“一号工程”，“惠农 e 贷”占比在全行贷款中上升 48 个百分点。乡村振兴信用卡发放 204 张。

12 月 16 日，行长洛桑扎西（左一）、纪检委员多吉占堆（左二）到下水乡就金融服务乡村振兴方面开展调研

（农行琼结县支行/供图）

【疫情防控】 筹集物资送往辖区内新冠疫情防控关卡和交通枢纽站开展慰问。购置枪式体温器 30 余支送至村委会、“三农”金融服务点；疫情期间全员在岗，坚持 A、B 岗轮流值班，处理应急业务 28 笔，金额约 119 万元；落实疫情特殊金融政策，对到期的 72 户、709 万元的贷款进行延期还本付息维护，并将所有延期贷款信息上报人行征信中心，协助消除不良记录报告。

【结对帮扶】 以高度的责任感扎实开展结对帮扶工作，了解新冠疫情当下结对帮扶户的生活与健康状况，前往各结对帮扶户中开展慰问。年内，累计慰问帮扶结对户 4 次，帮扶资金 1.5 万余元；为县内群众提供安保、押运、门卫、厨师、清洁工、司机等岗位 15 个，月均工资 3000-5500 元；通过员工购买、食堂采购等方式帮助农户销售藏鸡蛋、蔬菜等农产品 20 万元左右；2022 年 1-9 月为全辖 22 个“三农”金融服务点发放劳务补贴 17.97 万元，发放话费补贴 3360 元。

【金融知识宣传】 开展防范电信诈骗、征信宣传、消费者权益保护宣传等数十次，发放宣传资料 500 余份、宣传受众达 3000 余人。

7 月 4 日，农行琼结县支行开展消费者权益保护宣传工作

（农行琼结县支行/供图）

交通·邮政·通信

交通运输

【概况】 2022年，琼结县交通运输局（以下简称县交通运输局）坚持以习近平新时代中国特色社会主义思想为指导，坚定做好当前交通领域各项工作任务。县交通运输局为创建“四好农村路”全国示范市提供智慧和力量、推进完善琼结县交通运输领域建设为目标，突出项目建设、狠抓安全生产、加强行业监管、常抓疫情防控，继续深化农村公路“养护承包责任制”经验，全面推进琼结县“四好农村路”高质量发展。

【公路建设】 截至2022年年底，琼结县境内泽下公路贯穿全县，全县农村公路总里程达到177.233千米，其中县道62.433千米，专用公路（旅游公路）10.233千米，村道104.567千米。乡（镇）通硬化路100%，建制村通硬化路100%，自然村通硬化路100%，建制村通客运班车100%。

【项目建设】 实施乡村振兴整合资金项目下水乡唐布齐村1号桥，全长37米，全宽5.5米（0.5米防撞护栏+4.5米车行道+0.5米防撞护栏），总投资339万元。年内投入专项资金对危桥进行改造。

【养护工程】 实施农村公路养护工程，总投资240万元，主要是恢复公路原貌，安全性能以及使用功能。

3月17日至19日，县交通运输局组织三乡一镇交通专干、村“两委”班子、市交通设计院对全县农村公路、桥涵水毁隐患点进行修复设计 （县交通运输局/供图）

【日常养护】 实施农村公路养护承包责任制，将养护补助标准由每人每年3500元提高至1万元。

【快递“下乡进村”工程】 2022年4月启动，年底覆盖到3乡1镇20个行政村，全县快递服务乡（镇）、村（居）覆盖率达到100%。将多个快递品牌整合到县城农村快递分拨中心，依托邮政快递配送体系，借助“交邮合作”模式，通过客车代运件100余件。

【主题党日活动】 开展“二十大精神系你我 交通连着千万家”主题党日活动。交通运输局党组书记、局长在现场与群众面对面交流，宣传党的二十大精神，鼓励大家学习普通话。

【路政执法】 按照《道路交通安全法》开展路政巡察工作，建立长效机制，针对县域内主要路段附属设施、非法破坏、占用公路、违建等行为进行检查、建立台账，督促整改到位。县交通运输局每月开展2次路政巡察，同时设立24小时举报电话。

【公路应急抢险保通】 县交通运输局深入三乡一镇开展雨季道路交通安全隐患排查，疏通道路、涵洞6处，雇佣装载机、运输车4辆，清理泥石流4000余立方米。

7月22日，县交通运输局在拉玉乡堆巴村主干道安排专业人员清理淤堵 （县交通运输局/供图）

【党的建设】 制定党组议事、学习等工作制度，专题召开局党组会议12次，召开党支部会议12次，党课4次，观看教育片4次，撰写心得体会2篇，落实管党治党主体责任，教育引导党员干部增强“四个意识”，坚定“四个自信”，做到“两个维护”。

邮 政

【概况】 2022年，中国邮政集团有限公司西藏自治区琼结县分公司（以下简称中国邮政琼结县分公司），高举中国特色社会主义伟大旗帜，以习近平新时代中国特色社会主义思想为指导，深入贯彻落实党的十九大、十九届历次全会精神和党的二十大精神，自治区第十次党代会和历次全会精神，锚定“四件大事”“四个确保”，聚力“四个创建”，努力做到“四个走在前列”，不断增强“四个意识”，坚定“四个自信”，做到“两个维护”，坚定不移地履行央企担当，服务助力地方经济建设发展。中国邮政琼结县分公司所辖中心支局一个，乡（镇）网点3个，设21个村邮站。有干部、职工共15人，其中城市投递员2人，乡（镇）投递员3人。

【目标完成情况】 2022年，经营预算目标126万元，实际完成86万元，完成预算目标68.25%。

【业务开展】 2022年，中国邮政琼结县分公司主要业务范围有：函件业务、机要业务、报纸杂志发行、集邮与文化传媒业务、金融业务、速递物流业务、电子商务、数据库商函、文化传媒业务、代收交警罚没款、分销业务、代理各类增值业务等。

中国电信集团有限公司琼结电信局

【概况】 截至年底，中国电信集团有限公司琼结电信局（以下简称县电信局）在县城有一个主营业厅和一个销售便利店，在乡（镇）有两个营业厅，县辖20个行政村全部开通电话，无线基站覆盖率达到98%。乡乡通光缆，行政村全部覆盖光缆及宽带。

琼结县电信局荣获中国电信山南分公司2022年度“基础业务融合格局战优秀单位”称号（县电信局/供图）

【主要经营指标完成情况】 全年收入完成目标的98%，移动市场占48%，宽带市场占44%，2022年智慧社区指标11部，完成年计划的133%，完成数字乡村3个。

3月8日，中国电信西藏公司党委书记、总经理周清久一行到琼结县电信局开展慰问和调研（县电信局/供图）

【宽带网络覆盖和无线网络覆盖情况】 县辖20个行政村全部通无线网络和宽带资源；通宽带网络自然村56个；有通信信号自然村53个、信号弱覆盖3个。2022年建6个基站（其中5G基站5台），对10个基站进行网优。

【疫情防控】 在新冠疫情防控期间，成立党、团员战“疫”突击队，部署安排网络及通信信息服务的支撑工作。对县疫情防控领导小组成员单位开通绿色服务通道，新装电话当日完成，通信故障24小时维修排查。对有网速需求的专线单位免费提速，对特殊保障的座机号、手机号办理免停机服务。开展天翼云会议系统培训服务。提供重要时期免催停服务，优化线上业务办理流程。要求开店营业厅营业员佩戴口罩，营业厅每日消毒。优化装维人员上门服务流程，配齐装维人员防护用具。做好员工（含第三方员工）人员流动统计上报工作。智慧家庭工程师通过微信视频方式远程指导客户排除故障。

【成立党支部】 11月15日成立琼结县电信局党支部，党支部成立后，党支部书记与党员之间开展一次谈心谈话，开展一系列党的建设工作。

【维稳和通信保障】 在敏感时期启动护院队及治安联防队，抓好院内安全和区域安全，完成“三大节日”、全国“两会”、三月敏感期等特殊时间节点和重大活动的维稳和通信保障任务，做到“二不出”。

琼结县移动分公司

【概况】 琼结县移动分公司（以下简称县移动分公司）位于青瓦达孜路一号，业务区包括一镇三乡。设立有1家渠道，2个网格。共有7名正式员工、2名营业员、3名直销员、1名驾驶员，员工平均年龄为30岁，负责为全县提供办卡、缴费、办理宽带及数字产品、处理故障等基础服务。2022年，县移动分公司深入贯彻落实党的二十大精神，落实公司战略转型、改革创新、廉洁健康的战略，以客户为中心，以市场为导向，以执行提升为保障，面向数字时代转型，打造可持续发展新能力，为琼结县百姓提供更加优质的通信服务，推动山南移动琼结县分公司可持续健康发展。

【脱贫攻坚】 持续投入农村家庭宽带点位建设和完善琼结县通信基础设施建设，针对全县贫困户群众推出“扶贫套餐”弥补“数字鸿沟”。对琼结县下水乡支那村2户结对帮扶户开展慰问帮扶活动8次，宣讲防疫措施2次，向结对帮扶群众送去价值2000元的防疫物资和生活物资。

【疫情防控】 执行属地化管理要求，落实四方责任，加强营业厅、大门出入及代维人员管理，推动全员核酸检测，落实“一扫一戴四查”，做到不漏一人。开通免停机服务，为全县2000余名师生免费赠送30GB定向流量网上学习流量礼包。为全县抗疫一线的医护人员、公安干警和抗疫志愿者赠送“10GB”流量线上服务。成立抗疫应急通信保障队，对县城、乡（镇）、村（自然村）基站进行常态保障，保障“核酸检测点”“疫情防控隔离点”区域的网络信号畅通。为群众及集团单位安装家庭宽带23个，处理家庭宽带故障近70起，基站故障5起。

8月25日，移动维护人员入户处理家庭宽带故障

（县移动分公司/供图）

【市场运营】 夯实服务基础，在存量保有的基础上，全面推进各项工作，扩大行业领先地位。在农村市场、家庭市场和集客市场通过常态化营销、驻点服务等方式提升市场掌控能力。对所有集团双人进行梳理，查缺补漏，要求客户经理并组织全员定期对集团业务进行培训，将各个集团分配到集团客户经理及各网格手中。对有合作往来的集团单位提供每月1次的专线巡检服务。为终端速率不匹配客户免费提供网关更换服务，共免费更换网关24部。加大渠道点服务力度，通过统一组织培训、跟班学习、帮扶等措施提升所有业务员的整体业务、服务能力。加强直销团队的管理、分工，培训力度，充分利用直销团队加大业务发展。

【提升网络质量】 从网络触点出发，以投诉为抓手，优先解决投诉量大、感知差的弱覆盖区域，加强网络指标测试，通过路测、实测等方式做到先于客户发现问题。注重营销和家宽资源自建设，利用现有资源进行整合，做家庭宽带资源扩容和补点。在农村家庭宽带资源建设方面，针对没有资源或端口已满区域，通过跳纤、布放光缆自建资源，同步进行网格化营销及重点宣传。对集团单位提供每月1次的专线巡检服务。2022年，为终端速率不匹配客户免费提供网关更换服务，免费更换网关24部。

【提升服务水平】 优化营业员业务培训和考核制度；做好基础服务工作，及时处理客户投诉；推荐合理套餐，套餐优势区别宣传；树立“客户第一”服务意识，加大重点集团驻点服务力度；强化流程制度，提升规范化管理能力。

城乡建设与环境保护

住房和城乡建设

【概况】 2022年，琼结县住房和城乡建设局（以下简称县住建局）坚持以习近平新时代中国特色社会主义思想为指导，紧紧围绕巩固脱贫攻坚成果和重点民生项目，全面推进城市功能与品质提升，大力开展城乡环境综合整治，着力抓好安全质量、住房保障，不断提升政务服务水平，推动琼结县住房城乡建设事业高质量发展。

【党的建设】 制定《琼结县住建局2022年党建工作要点》，将党的十九大及十九届历次全会精神、党的二十大精神、中央第七次西藏工作座谈会精神，自治区第十次党代会精神等列为重点学习内容，落实“三会一课”、主题党日制度，执行“三重一大”制度和民主集中制度。2022年，召开党员大会4次，支委会12次，党组会21次，主题党日12次、讲党课4次，组织党员干部集中学习54余场次，撰写心得体会40余篇，开展党员干部学习研讨会5次，预备党员如期转正1名，开展法治宣传活动16次，发放宣传手册3000余份。

【党风廉政建设】 制定《琼结县住建局2022年度党风廉政建设工作要点》，签订《目标责任书》，研究执行《干部职工8小时以外监督引导制度》，开展“改进作风 狠抓落实”工作，利用学习强国、青年大学习等平台，学习习近平总书记系列讲话和指示批示精神，组织党员干部观看《建党伟业》《长津湖》等爱国主义教育片，开展以“转作风、抓落实”“讲作风、守初心”为主题党课。

【项目建设】 5个项目（琼结县加麻乡垃圾转运站建设项目、琼结县下水乡垃圾转运站建设项目、琼结县2022年干部职工周转房建设项目、琼结县朗热大道建设项目、琼结县调剂2020年公租房建设项目）前期手续全部跑办完成，争取到2个项目，分别为琼结县朗热大道建设项目和琼结县调剂2020年公租房建设项目。

【工程质量和安全生产监管】 对全县2个续建项目、7个新建房屋建筑（市政）工程项目进行安全生产、工程质量监督，签订《安全生产目标管理责任书》12个，开展24次工程质量分部分项验收，完成工程竣工验收项目5个，验收一次性通过率95%，整改后复验通过率100%。在房屋建设、市政工程等建筑领域开展扫黑除恶、在建项目扬尘治理大排查整治工作，督促建筑企业落实建筑工人实名制，深化重点项目安全生产专项治理。2022 年，共开展质量安全专项检查 9 次，发现各类质量、安全隐患 52 余处，下达整改通知 12 份，出具停工通知 2 份。

10 月 14 日，县住建局在拉玉乡开展工地安全生产检查
（县住建局/供图）

【农村住房安全保障工作】 制定《琼结县城乡居民自建房安全专项排查整治工作方案》《琼结县 2022 年农村住房安全保障工作方案》，成立相对应的领导小组。召开培训会 3 次、动态检查 10 次，完成 5304 栋自建房排查，对存在安全隐患的 20 栋自建房全部完成整改并兑现危房改造资金 31.8 万元。完成琼结镇白日社区、加麻乡昌嘎村、拉玉乡白那村、下水乡下水村 4 个村（居）共 835 户农牧民老旧线路改造任务，总投资 270 万元，并通过验收。

【保障性住房建设】 2022 年，争取到琼结县调剂 2020 年公租房建设项目和朗热大道建设项目并开工建设。清理房屋 4 间，分配房屋 55 间，收取干部职工住房押金 4.7 万元，收取公租房、电力公司、福利院房租 116330 元。

【住房公积金】 对全县 63 家单位 1263 人的公积金核定工作全部完成，核定基数为 461.2128 万元；完成公积金缴存 5874.2564 万元；审核 38 人公积金支取，24 人公积金贷款工作。

【城市管理和综合执法】 累计维修更换破损井盖 300 次，挡车器 350 次，网格栏 1000 米，维修下水管道 11 处，清理雨污下水道 3 次，修补各式路面约 400 平方米、人行道约 1500 平方米、路牙约 700 米，维修、更换主干道路灯 46 盏，收回破损路灯 200 余盏；主干道消防栓 4 个，总造价 50 余万元；共清理乱摆摊位 23 处，占道经营 8 处，乱堆乱放 18 处，占道停车 16 处，堆放建筑材料 2 处，处理城区、农村生活垃圾约 7600 吨，处理水量为 41.53 万吨、平均日处理量为 1384.59 吨左右，污泥处理量为 13.1 吨，污泥脱水后含水率达到 80%左右；完成“为民办实事”的“琼结县水表改造项目”，更换智能水表 1545 户，工程造价 84.8 万元；完成在线监测设备更换，落实“手工监测+自动监测”双重数据质控体系，持续加大污水处理厂监管力度。

生态环境保护

【概况】 山南市生态环境局琼结县分局，正科级建制，无内设机构。2022 年全面开展生态环境保护工作，大力宣传生态环境保护法律法规，严格落实生态环境保护措施，坚决打击环境违法行为，积极应对突发环境事件，为全面创建生态文明高地营造良好生态环境。

【生态文明高地建设】 强化落实“琼结县关于创建国家生态文明建设示范区、加快建设美丽琼结的实施方案”。2022 年，生态环境部公告，琼结县创建为第六批国家级生态文明建设示范县。

【环境移动执法检查】 在辖区内开展环境执法检查 65 次，主要是县医废处置中心、县城垃圾填埋场、砖厂、污水处理厂、德庆村养猪场、拉玉乡养鸡场、拉玉乡砂石厂等重点企业及在建项目等，依法录入移动执法检查电子记录，对发现的问题及时反馈，要求立行立改，累计处理各类环境问题 20 次。在县域内，组织干部群众开展环境综合整治 10 余次。

10 月 27 日，山南市生态环境局琼结县分局工作人员到加麻乡卫生院，对新冠疫情期间医疗废物处置情况开展全面检查
（山南市生态环境局琼结县分局/供图）

【环境保护宣传】 在县城及村（居）开展“共建清洁美丽世界”为主题的环境保护宣传活动，6 月 5 日至 6 日，组织县发改委、林草局等 11 家单位在县城内开展一条街主题环保宣传活动，各乡（镇）同步开展。在拉玉乡堆巴村开展“环保知识进社区”宣传活动，在东嘎社区开展“垃圾分类”讲解活动。悬挂横幅 20 条、发放环保袋 1.5 万袋、发放各种宣传册子 5000 余份、发放各种宣传用品 3500 个，受益人达 3000 人左右。

【生态环保督察整改】 根据市整改办下发的通知文件要求，参照山南市中央第四生态环境保护督察组反馈意见整改任务清单，琼结县涉及 3 个大项 9 个小项问题。针对 9 个问题逐一制定整改措施和完成时限，明确牵头单位和责任单位，确保整改工作落到实处。其中菜篮子二期工程未批先建，于 6 月 16 日市生态环境局下发《关于山南市琼结县菜篮子二期工程环境影响评价报告表的批复》，已完成整改。

【环境质量检测】 委托第三方机构对琼结县定期开展环境质量监测工作，琼结县空气、地表水、饮用水水源地、声环境均达到《环境空气质量标准》一级标准限值、《地表水环境质量标准》Ⅲ类标准限值、《地下水环境质量标准》Ⅲ类功能区标准限值、《声环境质量标准》0 类功能区环境噪声限值，监测结果按季度均通过网信琼结及县政府网站向社会进行公布。

教育·体育

教育体育

【概况】 2022 年，全县有各级各类学校 27 所［其中初中 1 所，乡（镇）小学 4 所，幼儿园 22 所］。全县在校生共 2228 人（其中初中在校生 452 人，小学在校生 1164 人，幼儿园在园幼儿 612 人）。农牧区学前三年儿童入园率达到 99.67%，小学适龄儿童入学率达到 100%、巩固率达到 100%，初中入学率达到 100%、巩固率达到 100%。2022 年年底，全县教育系统干部及教职工共 365 人（其中局机关行政人员 5 人，县中学行政人员 1 人，中小学校、幼儿园专任教师 264 人，公益性岗位 22 人，乡村振兴幼教 8 人，临时工 61 人，聘用教师 3 人，“三支一扶”1 人）。县中学教职工 84 人，其中专任教师 69 人，行政人员 1 人，临时工 12 人，公益性岗位 2 人。小学教职员工 176 人，其中专任教师共计 139 人，临时工 30 人，公益性岗位 6 人，“三支一扶”1 人；幼儿园教职工 100 人，其中专任教师共计 56 人，临时工 19 人，乡村振兴幼教 8 人，公益性岗位 14 人，聘用教师 3 人。全县初中、小学、幼儿园专任教师学历合格率 100%。全县共有高级教师 47 人，一级教师 106 人，二级教师 100 人，三级教师 12 人。

【学前教育】 出台“学前教育联席会议制度”，3 月召开学前教育普及普惠迎检动员部署会议。年内，召开 3 次学前教育普及普惠工作推进会议，专题研究学前教育“去小学化”和发展瓶颈问题。有学前教职工 100 人，专任教师 56 人。改善办园条件，加强政策宣传，规范招生体制，提升学前三年毛入园率。持续增加学前教育资源配备，投入 60 余万元实施幼儿园维修改造、设备添置、调整充实教师队伍。2022 年，全县有 22 所幼儿园，其中，县级幼儿园 1 所，乡级幼儿园 2 所，村级幼儿园 1 所，小学附设双语幼儿园 2 所。县域内在园幼儿 612 名，3-6 周岁适龄幼

6 月 27 日至 29 日，自治区督学达瓦吉律（前排右二）带队的推进县域学前教育普及普惠工作过程督导组在琼结县开展为期三天的督导评估 （县教育局/供图）

儿学前三年毛入园率为99.67%，比自治区规定的毛入园率提高14.67%。截至2022年，7所幼儿园通过市级一类评估认定，3所幼儿园通过市级二类评估认定，评估认定率达到45.5%。通过学前教育普及普惠自治区过程性督导评估验收。

【基础设施】 2022年，共组织实施项目4个，总投资860万元。琼结县白日村幼儿园薄弱改造建设项目，总投资200万元，已拨款136.8万元；琼结县拉玉乡小学供暖工程建设项目，总投资250万元，已拨款177.3万元；琼结县琼结镇完全小学供暖工程二期建设项目，总投资210万元，已拨款142.9万元；山南市琼结县薄弱幼儿园办学条件改善建设项目，总投资200万元，已拨款135.5万元。

【师资队伍】 2022年，琼结县教育系统初中、小学、幼儿园教师学历合格率均达100%。完成2022年度中学教师高级职称推荐和中初级职称评审工作，8名教师评为高级教师、7名教师评为一级教师、4名教师评为二级教师。派遣学前幼儿园教师到日喀则开展学前教育普及普惠工作情况学习观摩活动。依托湖北省襄阳市教育资源和师资力量，以及先进教育工作模式，派遣教育局机关干部3名、小学优秀教师4名和学前优秀教师11名观摩学习内地办学经验和教育管理，参加国培、区培、市培、新课程培训等业务培训，共培训教师795人次等。截至2022年年底，各级各类骨干教师有55人，学科带头人25人，自治区级骨干教师1人、特级教师1人、名教师1人、教学能手2人；全年共有78名教师和教育工作者获得区、市、县先进个人和优秀荣誉奖。11月17日，琼结县教育局召开教育系统教师岗位设置专题会议，全面完成265名教师的首次岗位认定工作。

【教育经费】 主要经费来源于中央、自治区、地方财政的投入，适用范围主要包括干部职工工资福利、民生教育经费、教师公用经费、学生公用经费、基础教育建设经费等。

2022年度琼结县教育事业经费支出情况表

教育事业经费支出(万元)					县投入经费支出	占全县财政经费比例%
总计	中央经费支出	自治区经费支出	市级经费支出	其他经费支出		
12847.42	8682.92	1620.38	288.2	300	1955.92	65.19%

【教育扶贫】 全面落实从学前到高中教育阶段15年免费教育和“三包”等“三免一补”政策。2022年，年初预算“三包”经费838.94万元，年初预算营养改善经费147.8万元，年初预算生均公用经费210.2万元，年初预算免费教育经费124.15万元。落实2022年山南市大学生资助资金388.1万元，受惠人数519人；落实2022年西藏自治区建档立卡大学生资助补差资金80002元，资助建档立卡大学生100人；拨付学生交通经费22.73万元等。

【党建及党风廉政建设】 2022年，教育系统设有秘书组1个，党组1个，党支部6个，未设党的纪律检查委员会和联合党支部。局机关、各学校党组织按照“一汉一藏”的书记、校长配备要求设置。教育系统各党支部共有党员161名，分别设5名支委会委员，培养积极分子2名，发展对象6名，预备党员2名，预备党员转发展对象及时参加县委组织部开展的集中培训；推进“8534”党建模式，落实“双培养”工作机制，以骨干教师和学科带头人与青年教师、非党员教师形成师徒结对，进行思想教育，开展师徒教研活动，指导业务工作和教育教学，积极参加党员活动和学校活动；教育系统 3 名党支部书记参加第六期全国中小学校党组织书记网络培训示范班等。创建自治区铸牢中华民族共同体意识示范学校 1 所，自治区防震减灾科普教育示范学校 1 所，山南市党建工作示范学校 1 所，山南市民族团结进步示范学校 2 所，西藏非物质文化遗产进校园示范基地 1 所，县教育局荣获全区实施妇女儿童发展规划先进单位和全区教育系统先进集体。教育系统收听收看“党的二十大”开幕式盛会，专题研讨学习 5 次党的二十大精神。全年集中学习 13 次和专题研讨 5 次，讲党课 3 次，谈心谈话 30 余次，征求意见 20 余条，警示教育 8 次，观瞻红色基地 2 场次，知识测试 2 场次。利用智慧党建和学习强国平台线上学习。执行“三会一课”制度，开展党日活动累计 72 次，党员大会 7 次，支部委员会 26 次，上党课 12 堂。各党支部召开组织生活会议，开展批评与自我批评，召开民主评议党员会议，对 45 名优秀党员进行表彰。教育系统全面实行党组织领导下的校长负责制，执行“三重一大”事项民主集中制。全年局党组会议集体讨论研究事项共 12 次，局长办公会议研究事项 14 次，各学校校领导班子集体研究事项共 22 次。

【德育工作】 2022 年，开展“培养什么人、怎样培养人、为谁培养人”专题教育活动，规范学校德育室设置，组织学生开展以“共同团结奋斗、共同繁荣发展”“民族团结一家亲、同心共筑中国梦” “诵读红色经典 唱响时代旋律”“童心向党、永远跟党走”等为主题的师生书画展示、经典诵读、歌咏比赛和师生手抄报等活动，全面普及双语教学。组织观看《零容忍》警示教育片和 10 多部红色经典爱国主义影视片；开展参观廉政教育基地和清明节扫墓等活动。实施非物质文化遗产进校园活动，幼儿园和县中学非物质文化遗产舞蹈参加琼结县“非物质文化遗产”启动日活动，并在《西藏日报》《山南报》等媒体报道。各中小学校、幼儿园引进非物质文化遗产，通过久河卓舞、宾顿白面藏戏、热巴舞、阿谐等融合课间操，打造特色课间操；开齐开足课程，把爱国主义、民族团结、反分裂斗争、法律法规、意识形态教育等融入课堂教学全过程。开展民族团结进步示范校创建活动，建立其他民族学生和联姻子女的关心关爱机制，结合“三联三进一交友”长效机制开展师生结对帮扶活动，打造“民族团结进步教育校园品牌”“联姻子女关心关爱”等民族团结教育品牌，和湖北省襄阳市三十五中、四十六中、襄阳市荆州街小学开展书信往来。

民族团结进步示范校创建活动 （县教育局/供图）

【教学研究】 继续推行琼结县“两个提升工程”，即：提升教育教学质量工程、提升常规管理质量工程，研究制定《琼结县教育教学质量提升三年行动计划》，即“一年强基础，两年提内涵，三年出成效”的工作思路，开展教育质量提升工程，分析教学质量现状，研究提升质量策略，建立质量标准体系、质量评价体系、质量监控体系和质量保障体系。县教育局教研人员深入各校，参与学校教研教改活动 50 余次，参加市级课题研究4项，参与教师人数20人。开展教师培训，落实“传帮带”结对帮扶工作机制，骨干教师带动青年教师提升教育教学能力。通过法律讲堂、县本培训和“走出去、请进来”方式，提升教师法律法规意识和业务能力水平。3月30日，召开教育系统教学质量分析大会，全面总结2021年教学工作情况，分析研究存在的问题，提出整改措施和目标，对教学质量提出新举措新目标新任务。

3月30日，县教育系统召开教学质量分析暨学前教育普及普惠迎检动员部署会议　（县教育局/供图）

【教育教学】　继续狠抓“三科”教学班指导，全年“三科”教学网上培训255人次。狠抓教师“一考三评”工作。局督导室、教研室深入学校进行7次专题教育教学常规检查，提出整改意见建议，要求限期整改。实施素质教育，落实阳光一小时体育活动。4月14日至15日，举行全县中小学教师“教学技能大赛”；4月25日，开展全县中小学生数学知识竞赛；5月16日，举办“双减”政策下的中小学生作业质量评比活动；5月20日，邀请县人民政府法律顾问李磊律师开展“样板课堂”——法治教育专题讲座，全县教师参加培训；6月，5名教师参加市级数学技能提升培训；6月17日，召开2022年学考、小考考务工作动员部署会议；7月，3名学前教师参加区级幼儿园教师能力提升培训，16名幼儿园、中小学教师赴湖北省襄阳市考察学习；7月14日，开展“双减”政策下的教学质量检测和分析。因受新冠疫情影响，全面实施线上教学，针对线上教学中出现的问题和瓶颈，召开2次研讨会议。加强对学生手机、睡眠、作业、课外读物和体质健康的管理，加强学生手机使用管理；规范学生生活作息时间，合理布置学生作业，排查学生课外读物，重视学生体育健康教育。狠抓“五个百分之百”教育发展目标，开齐开足课程，加强对占课、挤课、拖课问题排查和整治。

【校园安全】　成立校园安全和新冠疫情防控工作领导小组，不断完善各类方案预案，实行疫情防控“五级联防联控”机制和道路交通安全“四级联动”机制。层层签订目标责任书，强化四方责任，不断加大投入力度完善安全基础设施和防疫物资。开展各类安全、抗疫知识宣传教育，组织观看《生命重于泰山》安全教育专题片，联合与公安、消防、市场监督、卫健委管等部门开展校应急处突演练和隐患排查等工作，抓好淡化宗教消极影响教育活动和网络安全教育活动暨防电信诈骗宣传教育活动等。召开11次疫情防控工作部署和调度会议，研究部署疫情防控工作、秋季开学事宜、师生返校报到、生活物资保障、核酸检测、教材发放、安全评估等工作。坚持校园消毒消杀，实行学校封闭式管理，落实“一日三检”制度，落实核酸检测和抗原检测。成立秋季开学及疫情防控督导检查专班，强化督导检查力度，教育局对各中小学校督导排查安全隐患20次，应急处突演练8次，卫生安全专题教育15次；储备防疫物资，教育局、各学校共储备和使用医用外科口罩13万个、一次性橡胶手套530双、背式喷洒喷雾器6个、医用帽子250个、连体防护服124套、隔离衣288套、水银温度计16个、手持测温仪（额温枪）76支、84消毒液238

瓶、免洗手消毒液226瓶、泡腾片51瓶、抑菌洗手液110瓶，保障满足各学校开学后1个月的防疫物资需求。安排46万元资金用于学校设施设备更新维护及隐患排查整治。

【体育卫生艺术】 利用西藏百万农奴解放纪念日、清明节、青年节、儿童节、建党节、教师节、国庆节和校园文化艺术节等重大节假日开展文艺演出、手抄报制作、书画比赛、征文活动、朗诵演讲等活动。学习贯彻习近平关于民族工作的重要论述和在西藏考察时的重要指示批示，打造民族团结进步校园文化，开展以“团结稳定是福、分裂动乱是祸”“没有共产党，就没有社会主义新西藏”“铭记历史、珍惜现在”“从小学党史，永远跟党走”“讲新旧西藏对比史，感党恩，重温习近平总书记系列回（贺）信精神”，“学党史，感党恩，跟党走”退休老党员讲西藏历史活动，“聆听历史，感恩于党”老党员讲党史活动，“从小学党史，永远跟党走”等为主题的喜迎党的二十大系列活动。开展2022年学生体检和疫苗接种工作，各中小学校开展预防艾滋病、传染病等疾病的宣传活动，受众人数达2561人。各学校开展春秋季运动会和保障“两操一课”，落实阳光一小时体育运动。

【教育发展】 持续巩固拓展教育基本均衡发展成果，5月开展义务教育均衡发展情况自查自评工作，查摆出40项问题并限期整改。6月，召开义务教育优质均衡发展动员部署会议，完成自治区学前教育普及普惠过程性督导评估迎检工作，通过学前教育普及普惠自治区过程性督导评估。落实义务教育阶段农村学校寄宿制，农村适龄儿童全部成为寄宿制学生，并享受国家相关教育优惠政策。全面实现义务教育阶段适龄儿童入学率、巩固率100%，成为“双百”县。完全消除“大班额”，解决随迁子女就学、家庭无法正常履行教育和监护责任的农村留守儿童入校寄宿等突出问题。重视控辍保学工作，调整充实琼结县控辍保学工作领导小组，制定出台《琼结县义务教育控辍保学工作实施方案》《琼结县义务教育阶段控辍保学工作监督和问责机制》等文件，加强组织领导，压实工作责任，明确工作任务。实行控辍保学“四书制”，以教育局和乡（镇）党委政府包保形式加强属地管理。全县共有5名送教上门学生，其中县级送教上门学生1名，山南市特殊学校送教上门学生4名。建立健全送教上门学生的工作台账和“一人一案”，以送政策、送康复、送文化、送温暖等形式，全年开展送教上门工作不少于12次。教育系统对结对帮扶户开展帮扶活动15次，捐资捐物及慰问共计10万余元。教师与学生形成“一对一”“一对二”帮扶措施，建立一人一卡台账，跟踪指导学生思想、生活、学习等全年不少于8次。易地搬迁户适龄儿童45名，学生人数45名，所有学生在集中安置区附近学校就读。全县共有365名教师，全县师生比1∶6，乡村幼教岗位54名。义务教育均衡发展校际差距综合差异系数小学为0.18，初中无差异系数，达到自治区标准。

【教育信息化】 参加信息技术2.0应用能力提升培训班265人次，铸牢中华民族共同体意识培训班265人次，教育教学能力提升网络培训456人次。举办中小学校（幼儿园）第四届课件制作比赛；组织参与“国培计划”“区培计划”共560人次。开展名师示范课、教师技能比赛、经典阅读，组织中、小考知识竞赛。实施校园安全监管网络项目全覆盖。利用“智慧党建”平台推送理论政策、业务知识等学习内容。组织开展网络视频调度会议等。开展网上师生禁毒知识培训、预防网络诈骗宣传和培训，参与人数6678

人次；开展网上理论考试，参考人数1830人次。组织参加西藏自治区第四届101PPT课件大赛，推荐优秀课件参加自治区、全国课件大赛。参加自治区、市、县教师公开大赛，取得良好成绩。通过国培、区培、市培、新课程培训等业务培训，共培训教师795人次。在新冠疫情期间，8月17日，全县千名学生齐聚“线上课堂”，百名教师按时到岗到位，启动线上教学活动。线上教学学生参与率达到98%以上，教师线上授课率达到100%，并逐步提升学生参与率。投入300万元实施琼结镇完全小学信息化项目。

【招生工作】　县教育局完成学业水平测试、小考（内地西藏初中班）的各项考务工作。琼结县人民政府办公室印发《琼结县人民政府办公室关于做好琼结县2022年招生工作的通知》，按照招生计划招生556名，其中初中163名，小学221名，学前232名。195人参加小学毕业考试，全部升入初中，升学率100%。145名初中生报名参加全区高中招生考试，内地西藏班（校）上线7名，占4.8%；重点高中上线24名，占16.6%；普通高中上线83名，占57.2%；区内中职上线31名学生，占21.3%；初中总体毕业率100%；全县中考平均495.89分，比2021年提高54.89分，总成绩名列全市12个县（区）第八名。

【内地办学】　2022年，参加内地西藏初中班（校）招生考试88名，录取5名考生，位列全市12县（区）第6名。参加全区高中班（校）招生考试145名，内地西藏高中班（校）上线7名考生，同比2021年增加2名上线考生。

琼结县中学

【概况】　琼结县中学（简称县中学）占地面积42206平方米，建筑面积12036平方米，绿化面积7254平方米。教学及辅助用房面积8347平方米，体育运动场地面积7254平方米，藏书1.4万余册。有12个教学班，在校学生437人，教职工68人。全部高于国家规定学历要求，专任教师学历达标率100%。中学教师高级11人，自治区级教学能手1人，自治区学科带头人1人；市级骨干教师4人，市级学科带头人1人。2022年，中考内地西藏班上线7人，总均分495.89分，比2021年提高了54.89分。被自治区授予第二批西藏非物质文化遗产进校园示范基地荣誉，获得琼结县“七五”普法先进集体荣誉。

【基础设施】　有1栋4层综合教学楼，1栋3层教学楼，3栋学生宿舍楼，3栋教职工宿舍楼，800平方米学生餐厅；投入50多万元对学校围墙进行维修；有300米跑道运动场，篮球场；有广播室、多媒体教室、电教室、语音室、电子白板、网络系统等现代化教学设施；有物理、化学、生物实验室，图书室，藏文兴趣班活动室，学校科技馆等。办公楼一栋1150平方米，食堂改扩建1029.58平方米。

【党的建设】　5名预备党员转正，18名教师为入党积极分子。组织开展集中学习12场次，安排自主学习20多次，开展“3·28”百万农奴解放日、“7·1”建党、铸牢中华民族共同体意识、党的二十大精神等专题学习宣传活动10场次，持续开展转变作风狠抓落实工作，国旗下讲话、书记讲党课等活动常态开展。

【制度建设】　制定出台“琼结县中学科室、功能室年度考核办法”“琼结县中学功能室工作量化内容”“琼结县中学工作督导办法”等制度规定，对教职员工请销假、科室考勤等严格管理，补上管理漏洞和短板。

【队伍建设】　有 68 名教师，党支部书记 1 名，校长 1 名，分管教学副校长 1 名，分管德育教育副校长 1 名。下设办公室、教务处、政教处、团少部、后勤处、稳安办、电教中心 7 个处室，另设有心理咨询、图书、档案、广播站等功能室 10 余个。

【安全工作】　落实新冠疫情防控各项工作措施，定期开展消防安全检查消防演习，及时整改存在问题。加强学校食品安全工作。加强对师生安全常识教育宣传，制定各种应急预案。开展综合治理宣传月，社会治安综合治理宣传周，社会治安综合治理宣传日，防火防灾宣传周等活动。

【思政教育】　制定落实廉政文化进校园活动工作计划，将廉政文化建设纳入文化建设的整体之中，将廉政教育纳入学校德育建设的整体之中。对学生进行爱国主义、集体主义、法律法规校纪校规、中学守则、中学生行为规则等系列教育。组织开展纪念西藏民主改革 63 周年暨民族团结主题宣讲活动，综合思想政治课教育、党史教育等，通过开展课外活动和校外活动，加强学生品德教育。

5 月 4 日，校团委组织开展新团员入团仪式，开展爱国主义宣传教育活动　（县中学/供图）

【助力乡村振兴】　2022 年，结对帮扶贫困户 3 户（白日一组）。帮扶教师利用课余时间到户宣讲国家政策和国家针对西藏的特殊照顾政策；帮助群众树立劳动光荣意识，改变固化思想，转变观念；宣传教育政策，鼓励群众送孩子上学；全年慰问和消费扶贫 4 次；2022 年，送教上门服务一人。

文化·广电

文 化

【概况】 2022年，琼结县文化局（以下简称县文化局），为琼结县人民政府组成部门，正科级，加挂文物局牌子，负责全县文化、文物工作，下设琼结县综合文化服务中心、县艺术团。县文化局坚持以习近平新时代中国特色社会主义思想为指导，紧紧围绕“四件大事”、聚力“四个创建”“四个走在前列”和“六个走在全区前列”战略任务，认真贯彻落实“举旗帜、聚民心、育新人、兴文化、展形象”的使命任务，按照区、市、县部署要求，坚持创造性转化、创新性发展，不断推进琼结文化、文物事业高质量发展，不断满足人民群众的精神文化需求做出应有贡献。

【大型活动】 举办“感恩新时代·迈向新征程”琼结县行政村文艺演出队文艺会演各乡（镇）专场演出4次。举办“欢乐过大年 喜迎冬奥会——我们的美好生活”2022年全国“村晚”示范展示活动暨西藏琼结县强吉村“村晚”“3·28”西藏百万农奴解放纪念日系列活动；举办以“喜迎党的二十大暨欢度藏历水虎新年”为主题的文艺演出，开展以“连接现代生活 绽放迷人光彩”为主题的2022年“文化和自然遗产日”启动仪式、“民族团结颂党恩 同心喜迎二十大”琼结县民族团结进步主题文艺会演和“庆七一 喜迎二十大”文艺演出。

“欢乐过大年 喜迎冬奥会——我们的美好生活”2022年全国“村晚”示范展示 （县文化局/供图）

【文化艺术】 组织艺术团创作文艺作品舞蹈《祥照雅砻》《文明对话》、小品《大计划、相声《生态环境 人人相关》等16个作品，开展“送文艺”下乡演出62场（次），其中赴错那县等地开展文化润边行对外交流演出8场（次），服务群众1.6万余人（次），配合县委宣传部创作《等你回家》等8个新冠疫情防控短剧，点击观看人数达8万余人次。组织艺术团演职人员深入行政村文艺演出队编排节目 90 余个，开展演出 128 场次，服务群众达 4 万余人次。组织 2 个藏戏队开展戏曲展演出 68 场（次），服务群众 4.2 万人次。

琼结县 2022 年文艺精品创作统计表

序号	作品名称	类型	时长(分)	编导
1	《飞驰踢踏》	舞蹈	4：49	扎西多吉
2	《话幸福　迎二十大》	舞蹈	4：00	达瓦扎西
3	《欢歌迎盛世》	果谐	3：52	格桑次旦
4	《文明对话》	舞蹈	4：16	次旦卓嘎
5	《祥照雅砻》	谐钦	4：28	达瓦扎西
6	《厉行节约》	小品	15：00	索朗德吉
7	《青春正当时》	舞蹈	3：20	德央
8	《家园》	相声	14：00	达瓦扎西
9	《双喜临门》	小品	25：00	索朗德吉
10	《大家小家》	小品	13：00	索朗德吉
11	《伟大转变》	表演唱	5：36	益西拉姆
12	《天下最幸福家园》	歌曲	4：00	次旦卓嘎
13	《点赞新时代》	舞蹈	3：46	次旦卓嘎
14	《民歌联唱》	表演唱	7：23	次旦卓嘎
15	《琼结之春》	歌曲	4：28	次旦卓嘎

【公共文化服务体系】　举办 2022 年“晚间两小时”播音主持培训班，琼结县第一、第二期“悦之声”扎念琴培训班，2022 年琼结县公共文化服务体系建设专题培训班，组织县艺术团 26 名文艺骨干分组深入全县 20 个行政村开展为期 16 天的行政村文艺演出队业务指导培训；开展“建设文明乡风　弘扬传统文化”加麻乡传统果谐培训，完成琼结县图书馆 2022 年纸质图书补充更新，更新图书 1000 余册；开展图书进村（社区）、进寺庙、进机关等活动 20 余场次。建立 20 个村（社区）的公共文化服务平台专网。全县各级文化馆（站）免费开馆接待人数 8919 余人次，开展各类文化活动 240 场次，服务人数 2.8 万余人次。通过国家公共文化云平台、网信琼结、文化琼结等网络平台开展线上文化活动 20 余场次，参与人数 20 余万人次。完成第七次全国县级以上公共图书馆评估定级申报工作。

【市场监管】　春节、藏历新年、劳动节、国庆节等各大节点，组织开展文化市场日常巡查 60 余次，联合相关部门开展执法检查 10 余次，立案调查文化市场违法案件 2 件。

【对外文化交流】　组织县艺术团赴错那县开展

文化润边行对外交流演出8场次，服务群众1.6万余人次。

【文化产业】 县财政投入本级财政收入3%作为文化产业发展资金，主要用于扶持文化产业发展和文化事业建设。

【市场安全】 深化“扫黑除恶”工作，全年未发现琼结县文化市场存在涉黑涉恶线索。开展行政执法案卷评查工作，开展法治教育培训。

【非物质文化遗产】 建立健全琼结县首届非物质文化遗产专家评审小组和专家评审委员会。国家级非物质文化遗产琼结县久河卓舞传承人尼玛老人荣获2021“中国非物质文化遗产年度人物”称号。琼结县中学于2022年3月31日被正式公布命名为第二批西藏非物质文化遗产进校园示范基地。自治区级非物质文化遗产德庆铁器制作技艺被列入“西藏自治区非物质文化遗产项目传习基地”。市级非物质文化遗产强钦青稞酒列入县级“非物质文化遗产工坊”。久河卓舞参加2022年自治区藏晚、全区树立农牧民新风貌行动推进会等演出，为群众兑现6万余元补助。申报联合国教科文组织非物质文化遗产国家级非物质文化遗产琼结卡卓扎西宾顿白面藏戏保护补助项目，争取到22万元保护补助项目经费和自治区级非物质文化遗产堆巴谐钦专项资金15万元。完成县级第二批非物质文化遗产项目3大类10名传承人申报工作。完成两个市级非物质文化遗产项目（强钦青稞酒酿制技艺、唐布齐噶尔羌姆）申报区级名录工作，完成一名市级传承人（唐布齐噶尔羌姆普布次仁）申报区级传承人名录工作。完成4名（堆巴谐钦传承人班觉、强钦青稞酒酿制技艺传承人洛桑多吉、琼结卡卓扎西宾顿白面藏戏传承人巴珠、久河卓舞传承人旦巴曲扎）县级非物质文化遗产传承人申报市级传承人工作。组织琼结卡卓扎西宾顿白面藏戏和雪阿吉拉姆藏戏队开展濒危剧种演出48场，喜迎党的二十大文化惠民非物质文化遗产巡演20场次，共兑现误工补贴44万元。对琼结县三名国家级传承人进行考核评估，2名传承人考核结果为优秀，1名传承人考核结果为合格。县文化局投入5万元创作涵盖琼结县所有非物质文化遗产元素的13分钟非物质文化遗产课间操音乐，组织传承人、艺术团骨干深入中学、各幼儿园开展为期10天的“非物质文化遗产课堂开课啦”培训活动，投入5万元购买非物质文化遗产演出服装、道具，安排参展活动。开展以“连接现代生活 绽放迷人光彩”为主题的2022年“文化和自然遗产日”启动仪式，组织非物质文化遗产节目展演，为第二批县级非物质文化遗产项目代表性传承人颁发证书、开展线上有奖竞答活动，设立线下非物质文化遗产购物展销点，实现非物质文化遗产促增收达5815元，参与群众人次达800余人。自治区级非物质文化遗产拉玉谐钦队28名群众演职人员受邀参加山南市非物质文化自然遗产日启动仪式演出，实现非物质文化遗产增收1万余元。为区级非物质文化遗产德庆铁器制作技艺争取保护补助项目15万元，开展传习技能培训和购买原材料和相关设备。协助完成西藏卫视《西藏诱惑》栏目组采访拍摄自治区级非物质文化遗产德庆铁器制作技艺传承人。购买5套音响设备用于非物质文化遗产演出队。开展下水乡琼结卡卓扎西宾顿白面藏戏2021-2023年西藏自治区民间文化艺术之乡典型案例申报工作，提前开展全区第二次非物质文化遗产普查挖掘工作，召开全县第一次非物质文化遗产普查挖掘成果评审会，对普查挖掘到的19项具有地方特色、文化特点的非物质文化遗产项目进行公示。

琼结县非物质文化遗产名录传承人及项目基本情况表（截至 2023 年 3 月）

序号	项目类别	“非遗”项目	项目级别	项目入选批次及时间	序号	传承人级别/负责人姓名	传承人入选批次及时间	项目保护单位
1	民间舞蹈	久河卓舞	国家	区第二批（2007 年 6 月）	1	尼玛（国家）	（区第二批 2010 年 12 月）（国家第五批 2016 年）	下水乡人民政府
					2	桑珠次仁（区级）	（区第一批 2008 年 12 月）	下水乡人民政府
					3	旦巴曲扎（市级）	（县第二批 2022 年）（市第 批 2023 年）	
2	传统戏剧	琼结卡卓扎西宾顿白面藏戏	国家	区第一批（2006 年 12 月）	4	白玛（国家）	2006 年	下水乡人民政府
					5	嘎玛次仁（国家）巴珠（县级）	2008 年（国家）	下水乡人民政府
					6	巴珠（市级）	2022 年	下水乡人民政府
3	传统技艺	德庆铁器制作技艺	区级	县第一批 2013 年 3 月	7	多吉（区级）	2013 年	拉玉乡人民政府
4	民间舞蹈	拉玉谐钦	区级	区第二批 2007 年 6 月	8	格桑（区级）	2010 年	拉玉乡人民政府
5					9	班觉（市级）	2017 年	拉玉乡人民政府
6		唐布齐噶尔羌姆	区级	县第一批 2013 年 3 月 市第一批 2016 年 11 月 区第五批 2023 年 1 月	10	普布次仁（区级）	2023 年 1 月	下水乡人民政府
7		强钦青稞酒酿制技艺	区级	县第一批 2013 年 3 月 区第六批 2023 年 1 月	11	洛桑多吉（市级）	2022 年	拉玉乡人民政府
8		达娃卓玛服饰	县级	县第一批 2013 年 3 月	12	阿旺曲扎（县级）	2022 年	琼结镇人民政府
		琼结水晶玉石	县级	县第一批 2013 年 3 月	13	达瓦次仁（县级）	2022 年	琼结镇人民政府
9	传统舞蹈	坚耶羌姆	县级	县第一批 2013 年 3 月	14	索朗顿点（县级）	2022 年	加麻乡人民政府
10		加麻百·甲江	县级	县第二批 2017 年 1 月	15	土旦更参（县级）	2022 年	加麻乡人民政府
					16	次仁（县级）	2022 年	加麻乡人民政府
11		雪阿吉拉姆	县级	县第一批 2013 年 3 月	17	扎西尼玛（县级）	2022 年	琼结镇人民政府
12		白那果谐	县级	县第二批 2017 年 1 月	18	格桑德吉（县级）	2022 年	拉玉乡人民政府

截至 2023 年 3 月，琼结县有传承人 18 名，非物质文化遗产项目 12 个，其中（国家级非物质文化遗产项目 2 个、区级非物质文化遗产项目 4 个、县级非物质文化遗产项目 6 个）全县非物质文化遗产传承人 18 名，其中，国家级传承人 3 名、区级传承人 4 名、市级传承人 4 名、县级传承人 7 名。

自治区级非物质文化遗产——拉玉乡德庆铁器制作技艺提升培训班开班仪式　（县文化局/供图）

【文物管理与保护】　召开琼结县2022年文物安全工作联席会议。组织各相关单位在各类节点开展安全隐患排查12次，举办1场文化市场、文博单位消防安全知识培训及应急演练。完成2021年度文物数据统计录入工作。投入17万元实施完成藏王墓M1、M6、M5、M4松赞干布、赤松德赞等墓葬局部塌方和防水工程和松赞拉康屋顶女儿墙维修工程。投入5万元实施完成雪康庄园、邦嘎遗址的防水维修保护工程和投入4万余元对雪康庄园、强钦庄园存在的屋面漏水、墙体裂缝等问题进行修复。投入6000元购置巴吾桑旦林寺手台消防机动泵。投入5.04万元对20处未核定公布等级文物保护单位、野外文物点设立警示牌工作，明确未核定公布等级文物点的文物安全责任人和管理人，接受社会监督。对唐布齐寺、坚耶寺珍贵壁画进行调研，开展相关资料搜集工作。联合县委统战部、县国保大队、各寺管会开展财税监管第二批罗仁寺等4处文物保护单位的可移动文物清查工作，完成全县9处所有寺庙和拉康等各级文物保护单位的可移动文物清查复核工作。为白松村拉康沟遗址、扎西村扎西卡和赛旦古名居（附属庄园）进行实地调查，搜集影像资料，建立不可移动基础信息。通过“西藏自治区文物安全监管云平台”，基层文物安全巡查人员执行手机App定位轨迹文物安全巡查及时发现和整改消除文物安全隐患。兑现野外文物看管人员工资46.68万余元。争取了750万元坚耶寺壁画修复项目和693.54万元强钦庄园陈列项目。

【博物馆接待】　博物馆全年接待参观人数2320人次。

广播电视

【概况】　2022年，琼结县广播电视台（以下简称县广播电视台），事业编制10名，实有12人，其中科级领导3名。县广播电视台始终坚持党管媒体原则，做好党和人民的喉舌，大力宣传党的理论和路线方针政策，突出宣传习近平新时代中国特色社会主义思想，提高新闻舆论传播力、引导力、影响力、公信力，不断巩固壮大主流思想舆论，努力推动“党的光辉照边疆，边疆人民心向党”的大好局面在琼结县枝繁叶茂、开花结果。

【自办节目】　策划《琼结新闻》等栏目，完成“党代会”“两会”专题报道，开辟《喜迎党的二十大　决战决胜疫情防控阻击战》《喜迎党的二十大向党说句心里话》《疫情防控各类公告》《党的二十大快问快答》《党的二十大金句》《树立农牧民新风貌 我和我的家乡》《党的二十大精神我来讲》《疫情短剧》等节目。全年累计制作刊播新闻320条，上报山南台114条，采用85条；上报西藏台50条，采用28条。

【安全播出】　全面落实安全播出工作责任制，健全完善应急预案，特别是在党的二十大、全国“两会”及区、市、县三级党代会等重要节点，执行24小时双人双岗值班制度，完成广播电视信号转播、传输任务。

10 月 22 日，琼结县广播电视台技术人员在机房监测党的二十大直播盛况　　（县广播电视台/供图）

【有线和无线电视】　定期对主干线路、用户线路进行排查，及时更换老化线路及配件等。对用户报修故障特别是对因建筑、道路施工等原因造成的有线电视线路突发故障进行及时抢修。发布有线电视收视费缴纳公告，督促用户限期缴纳收视费，对未缴纳费用用户作停机处理。组织人员定期不定期对无线广播电视进行检修。

【“户户通”“寺寺通”】　到各村（社区）安装调试置换广播电视“户户通”设备，深入下水乡下水村、拉玉乡强吉村、琼结镇东嘎社区等地为群众安装调试置换新一代直播卫星接收设备，并录入系统，同时对原有的“户户通”机顶盒进行回收再利用，全县安装调试置换新一代直播卫星广播电视 250 套。

1 月 12 日，琼结县广播电视台技术人员西洛旺久到白日社区安装“户户通”设备　　（县广播电视台/供图）

【应急广播】　利用县、乡、村三级应急广播系统分时段开展应急广播播放工作。尤其是新冠疫情期间，及时传达疫情防控措施。播放《疫情防控知识》《致全县各族干部群众的倡议书》《致广大教师的一封信》《琼结县有序恢复社会面生产生活秩序公告》《防止电信诈骗》《抗击疫情——法律与道德同行》《新冠肺炎预防常识（双语）》《法律知识》《应知应会 100 问》《二十大金句》等内容。

卫　生

卫生与健康

【概况】　琼结县卫生健康委员会（以下简称县卫健委）始终以习近平新时代中国特色社会主义思想为指导，全面贯彻落实国务院、区、市、县卫生健康工作的方针政策和决策部署，不断调整防控措施要求，持续开展新冠疫情防控工作，坚持新时代卫生健康工作方针，进一步补齐短板弱项，推进县、乡、村医务队伍建设，聚焦重点人群和疾病，不断加大健康管理力度，全面推进基本公共卫生服务，全县卫生健康事业得到进一步发展和进步。全县各级医疗机构 24 所，其中县级医疗机构 2 所，乡（镇）卫生院 4 所，村卫生室 18 所。

【疫情防控】　组织县、乡、村三级医护人员开展新冠核酸检测标本采样、《新冠肺炎诊疗方案（试行第九版）》、卫生手消毒知识、院感防控措施等培训，参训人员达 400 余人次。前往县、乡、村三级医疗机构，白日、白那检查站等疫情防控一线，督导疫情防控工作 10 余次。采取定期向各乡（镇）推送符合条件却未接种人员名单措施提高接种率，截至 12 月 30 日，60-79 岁第一、第二、第三针接种率分别达到 98.04%、99.80%、96.82%；80 岁以上第一、第二、第三针接种率分别达到 91.78%、98.24%、89.41%；3-17 岁第一、第二剂接种 5643 剂，18-59 岁接种第一、第二、第三剂接种 30177 剂，60 岁以上接种第一、第二、第三剂 6553 剂。截至 12 月 30 日，全县累计接种第一剂人数为 16808 人、第二剂接种人数为 14340 人、第三剂接种人数为 11232 人。从市卫健委、发改委争取价值 20 余万元的防疫医疗物资，主要包括 N95 口罩、防护服、泡腾片、医用帽子、外科口罩等，并统筹医疗卫生系统内部可用资金及时采购补充医疗物资。制定下发新冠疫情防控知识宣传手册 500 余份；制定《琼结县区域核酸检测采样点及人员力量的分配明细表》，明确 27 个采样点 64 个采样台，明确单位或人员职责分工。调集全县医疗资源，补充完善救治专家组、流调组、消杀消毒组，安排医疗物资、患者转运、区域核酸检测、流调溯源和救治等工作，明确责任分工。组织召开全系统专题部署会、推进会、分析研判会 10 余次，开展健康科普知识宣传；休假在市内的 10 余名干部职工全部返回工作岗位。做好隔离场所选址布局，启用隔离点 3 个，隔离房间 69 间，工作人员 11 名。加强隔离转运，配备 2 辆负压转运车和 2 辆救护车，实行“点对点”闭环管理。强化隔离点内部管理，落实每日消杀和终末消杀，规范医废和生活垃圾处置，实行专人专车定点闭环转运，累计隔离人员 175 人，解除隔离 160 人，转运至方舱医院 2 人，实现隔离场所零感染。对集中隔离观察对象实行严格健康管理。与公安部门共同做好进入琼结县的车辆、人员的旅居史询问、核酸查验、采样和体温发热病人现场处置工作，共派出医护值班力量 360 余人次。做好群众用药需求，疫情期间县人民医院共接诊 1341 人，其中门诊治疗 1250 人、留观 27 人、重症患者 16 人、出诊 26 人、住院 19 人，手术 3 人，协调解决群众诉求 14 件。通过市级调拨、援藏捐助、社会捐赠、自行采购等方式和渠道，确保 N95 口罩、防护服、医用口罩、消毒液、负压救护车、呼吸机、体温枪、试剂、试管等防疫物资全程充足。为医院、隔离点、公安检查站等重点单位一线工作人员、健康监管人员等免费熬制、发放藏药累计 3000 人份。做好抗疫资源重复利用工作。派遣医技人员 93 人次赴扎囊、乃东、拉萨，在方舱、社会面风险区和隔离点开展治疗、采样、护理、健康监测等工作，帮助拉萨、兄弟县（区）开展核酸检测工作，累计核酸检测 20 余万人份，58 个物表。全县核酸采样人员 154 人；核酸检测人员原有 9 人，另增加 9 人到疾控中心和人民医院 2 间核酸实验室做检测工作，另 5 人在接受培训，能够 12 小时内完成全员核酸检测；消毒消杀组有 120 人。优化核酸检测标本提取、扩容、检验等流程，疫情期间核酸检测效率比平时提高 50%，全部实现采集、上传结果均在 12 小时内完成，全年累计采样检测 65 万余人份、1000 余份物表，做到全员核酸检测无遗漏。安排一线医护人员轮休轮班，向一线医护人员发放方便面、矿泉水、饮料 1000 余箱；争取县管党费资金 2 万元，慰问一线抗疫的 63 名县、乡、村公益性岗位、聘用医护人员和两个 PCR 实验室。统筹区域医疗资源，摸底调查重点人群健康状况，加强老年人新冠病毒疫苗接种工作，规范县级发热诊室、乡（镇）、村（居）发热哨点，储备新冠对症药品，推进新冠相关症状患者的基层首诊、有序转诊工作。保持县人民医院 1 个固定点，灵活动用 4 个乡（镇）流动组，按需求入村、入户开展新冠病毒疫苗接种；保持县人民医院预检分诊站及发热门诊 1 个，基层卫生院（室）设置发热诊室 22 个，组织力量按照流程开展发热患者就诊，建立《琼结县医疗机构疑似新冠患者接诊情况登记表》；预留救治床位 6 张、留观床位 42 张，备齐集中隔离场所 1 所、负压车 2 辆，呼吸机 3 台，肺功能仪 1 台。对全县 65 岁以上老年人开展健康摸底调查 1493 人，其中重点人群 103 人、次重点人群 202 人、一般人群 1188 人，并落实健康随访管理制度；针对摸排人员落实健康监测、每日上报，建立登记台账，明确医疗机构和转诊流程，组织县、乡、村医疗机构医护人员开展应对新形势下新冠疫情分级分类管理知识。开展药品采购储备工作，32 万元采购项目陆续到货，有关药品共计 16 品种、5995 盒，抗原检测试剂 1.84 万人份；对 44 万元药品种类进行调整。

8 月 8 日夜，医护人员做核酸检测　（县卫健委/供图）

【项目实施】　制定 2021 年医疗卫生能力提升资金使用计划，完成 280 余万元的县、乡医疗设备及县医院电子票据系统建设项目；完成 80 万元的乡（镇）卫生院检验室净化改造项目建设及设备安装工作，逐步开展检验工作；完成 41 万元的乡（镇）村卫生院（室）就医环境设施维修改善项目；完成“十四五”规划项目疾控中心能力提升可研、用地、稳评等前置手续；统筹各项资金分配完成230余万元的应急医疗防疫物资采购工作，并通过援藏、市卫健委、市发改委等渠道争取120余万元的医疗防疫物资；完成藏医院130万元的信息化升级改造及牙科建设设备购置项目评审招标挂网工作；完成576万元县域医共体信息化建设项目资金的整合及前置手续和评审工作。

【助力乡村振兴】 各乡（镇）卫生院陆续组织乡（镇）医护人员及村卫生室村医深入“三个一批”患者家中，开展2022年度巡回诊疗、家庭医生随访服务，开展为行动不便患者上门送药送医服务。由签约医生到各辖区内行动不便患者家中去送药，指导合理服药并做好随访工作。与乡村振兴部门沟通衔接，开展三类重点监测人员信息核准和系统更新工作，全县脱贫户慢性病338人，大病8人，四种慢性病（高血压238人、糖尿病2人、严重精神病8人、结核0人）248人，其他慢性病90人。开展昌嘎村村级“健康智慧小屋”建设工作。迎接国家乡村振兴考核检查组，县基层医疗卫生工作得到检查组肯定。

【卫生惠民工程】 完成12974名全民免费健康体检，其中对2588名0-18周岁儿童开展先天性心脏病筛查，对3名疑似患者由市卫健委统一进行鉴定，结果均为正常。对全县36名严重精神障碍患者服务管理率达100%，其中5名患者在林芝侨仁医院接受治疗。组织县人民医院、藏医院深入各乡（镇）、社区、福利院开展免费义诊、送医送药、知识宣讲活动5次。推进琼结县村（居）民公共卫生委员会成立，制定上墙有关制度规则，举行揭牌仪式，推选101名委员，针对委员会职责，开展业务培训2次。兑现2021年12月至2022年12月109名农牧民群众住院一次性分娩奖励金、住院分娩补助、奖励待产生活补助共26.009万元。营养包发放2878盒，营养包覆盖率达95%以上。推动琼结县35-64岁农牧区妇女和城镇贫困妇女“两癌”免费筛查工作，2022年度任务数470人，初筛完成480人。县辖区13岁以上在校女生302人，接种HPV疫苗147人。对1172名70岁以上老年人兑现老年人健康补贴、寿星老年人补助68.41万元。兑现2022年度“一孩双女”“死亡家庭”“伤残家庭”补助资金137.364万元，享受补助资金人数共744人。

【队伍建设】 制订年度医疗卫生人才培训方案，通过跟班带教、派出进修等方式，选派10名县、乡、村三级医护人员到湖北省襄阳市中心医院、襄阳市第一人民医院、自治区母子保健协会、山南市保健医院参加医学影像、放射、母子保健、村医提高班等培训；安排13名乡村两级医护人员到县人民医院、藏医院参加血常规、尿检、藏医骨干医生和村医岗前培训。县人民医院、藏医院、疾控中心组织县乡村医护人员开展急救知识、常规疫苗管理、藏医药适应技术、处方规范、医废处置等知识培训10余次。完成琼结县计划聘任的3名高级和5名中级人员的考核有关资料上报工作，并制定细化《琼结县职称评定考核细则》，制定下发《琼结县卫生系列职称岗位设置等级认定办法》。完成2021年度村（居）卫生室医护人员年度考核工作，对考核前4名村卫生室、前6名村医进行奖励。完成2022年卫生系列岗位设置等级认定考评，晋级副高五级1人，晋级中级八级6人、中级九级8人，晋级初级十一级11人。

【疾病预防控制】 全县无孕产妇死亡，孕妇46名，产妇数136名，住院分娩活产数135名，孕产妇早期建册数124名，孕产妇系统管理率91.2%；7岁以下儿童1253人，0-7岁儿童管理数1222人，系统管理率97.5%；0-3岁以下儿童536人，系统管理数522人，系统管理率97.4%。包虫病建档立卡56人，自愿药物治疗24人，手术21人，仅随访无需治疗12人，包虫病患者建档率100%，随访管理率100%。10种疫苗应接种数为1550人次，实际接种数为1156人次，接种率达74.6%，无疫苗接种安全事故等情况发生。35岁以上高血压患者有1362例，65岁以上老年人1599人，糖尿病24例，结核病有12人，其中治愈1人，完成治疗4人，药物治疗7人，管理率均达100%，全县36名严重精神障碍患者服务管理率达100%。执行鼠疫“零报告”制度，保护性灭獭面积为650公顷，密度为0.04匹/公顷，开展保护性灭獭工作投药堵洞170个，堵废弃洞300个，开展血清学监测，采集绵羊血清28份，野狗血清52份，检测结果反馈为阴性。对疑似鼠疫病例的发生及时响应，启动琼结县重大公共卫生应急处置预案，投入20余名医护力量，全面开展鼠疫疫情各项防控处置工作，开展密切接触者排查、发热病人筛查、环境消杀消毒、物件焚烧填埋及鼠间鼠疫监测等工作。

【卫生监督】　进一步规范全县24个暂存间（点）标识标牌，建立医疗废物管理台账，完善有关制度预案，安装紫外线消毒灯、监控等所需设备，在乡级以上落实医废专（兼）职人员负责日常工作。完成县人民医院、藏医院、县域诊所年度校验及项目变更手续。对县辖区内住宿、理发店、淋浴场所、医疗机构日常检查3次，均未发现重大问题；组织召开琼结县医疗卫生行业综合监管第一次联席会议，进一步完善琼结县医疗卫生行业综合监管领导小组、联席会议制度。

【重大会议及活动】　召开琼结县2022年卫生健康工作会议，传达学习国家、区、市卫生健康工作会议精神，对2021年度卫生健康工作先进集体和先进个人进行表彰，总结2021年工作，安排部署2022年全县医疗卫生工作，李鲲鹏副县长出席会议并讲话。5月10日，县卫健委组织县人民医院、藏医院、疾控中心、乡（镇）卫生院以及村卫生室医护人员开展以“护士：引领之声——加大护理投入，尊重护士权益，守护全球健康”为主题的技能操作大赛，县领导分别为优秀护士以及技能操作比赛获奖选手颁发奖状，当天还举办文艺会演，医护人员表演歌舞《以舞抗疫，大爱无疆》《健康西藏动起来》《我们一定行》等节目。

【卫生体系改革】　县人民政府副县长李鲲鹏率县卫健委、财政局、组织部编办、医保局、县人民医院负责同志及工作人员赴贡嘎县进行县域综合医改工作考察学习；完成县藏医院“一级甲等”民族医院创建工作；完成县域医共体信息化建设项目方案编制和建设资金统筹等工作。

医疗保障

【概况】　2022年，琼结县医疗保障局（以下简称县医保局）坚持以习近平新时代中国特色社会主义思想为指导，深入学习贯彻落实党的二十大精神，全力聚焦能力提升、基金监管、行风建设、信息化建设，党的建设五项重点工作，全面贯彻落实基本医疗保险、大病保险、医疗救助三项重大制度，切实减轻群众就医压力，2022年全县医疗保障事业呈现出持续健康发展的良好态势。

【城乡居民基本医疗保险】　全县城乡居民基本医疗保险参保15468人，参保率99.8%，重点救助对象参保率100%；全年城乡居民住院、门诊慢性病特殊病报销1018余人次，报销金额411.93万元。按照经办服务需求配置必要的设备和物品，规范应用医疗保障官方标志，全面梳理医保政务服务事项清单和办事指南，优化服务流程，制定完善医保服务中心各项制度。推进医保信息化建设，持续推进乡、村两级医保联网结算，推动定点村卫生室医保信息化和标准化建设，完成18个村（居）卫生室定点医疗机构协议签订、挂牌以及医保编码系统贯标赋码、医保结算工作。

【城镇职工医疗保险】　全县城镇职工医疗保险参保1081人，城镇职工住院、门诊报销800余人次，报销金额256.11万元；职工生育报销27人次，报销金额39.94万元；职工清户23人次，金额11.19万元；发放体检费917人，发放金额90.92万元。

【医疗救助】　办理医疗救助562人次，救助金额136.89万元，其中一般对象普通医疗救助527人次，救助金额133.09万元；重点对象普通医疗救助35人次，救助金额3.81万元；特困人员、重度残疾人员、孤儿、低保对象，脱贫不稳定（边缘易致贫）且纳入民政、乡村振兴等部门低收入监测范围的参保人员和乡村振兴部门认定的返贫致贫人口等特殊困难人群参保缴费进行资助，全年资助614人，资助金额19.09万元。

【医保政策宣传】　联合县老干部局、县强基办、定点医药机构，深入村（社区）、企业、医院、寺庙，通过发放宣传资料、设立宣传展板、政策讲解、现场解答、现场指导激活医保电子凭证等一系列活动载体，主要宣传、宣讲城乡居民医保缴费、城镇职工医疗保险门诊共济、医疗救助、医疗报销流程、医保法律法规和条例等相关政策。全年组织宣传、宣讲12余场次，发放宣传资料2500余份，宣传礼品1500多份。深入定点医药机构、基层社区宣传医保电子凭证使用推广医保电子凭证培训，还通过银行、第三方平台进行大力宣传。激活医保电子凭证5862人次，激活率40%以上。

5月25日，县医保局经办服务人员深入乡（镇）卫生院、定点医院和药店现场指导医保电子凭证激活工作

（县医保局/供图）

【医保基金宣传检查】　加大打击欺诈骗保集中宣传力度，通过综治宣传日、周、月等活动为契机，开展以“织密基金监管网、共筑医保防护线”为主题的《医疗保障基金使用监督管理条例》宣传活动4场次，发放宣传资料1500余份，宣传小礼品1500多份；持续开展专项检查，对县定点医药机构开展医保基金安全专项检查及“回头看”工作，重点监督检查医疗收费、挂床住院、串换药品、耗材、诊疗项目、盗刷社保卡、医保卡套现等行为，全年出动10余人次，开展监督检查4次。

4月15日，县医保局在县城开展“打击欺诈骗保　维护基金安全”宣传活动

（县医保局/供图）

卫生服务

【概况】 琼结县卫生服务中心(以下简称县卫生服务中心)设有县人民医院、县疾病预防控制中心、县妇幼保健站3个单位。卫生服务中心建筑面积13897.13平方米，其中县人民医院11339.98平方米，妇幼保健站430平方米，疾控中心516平方米，传染病医院1611.15平方米。县人民医院设有内科、外科、妇科、儿科、五官科、急诊、药房7个临床科室，检验、病理、超声、放射、胃镜、心电图、消毒供应室7个医技科室，院办、医务、护理、医保、药剂、财务、信息、院感、总务、设备10个职能科室及部分后勤科室，编制床位15张，实际开放床位43张。拥有美国GE多排螺旋CT、蓝韵7100数字化X光机、日本东芝彩色B超机、史托斯腹腔镜、日立全自动生化分析仪、奥林巴斯电子胃肠镜等一批先进设备，能够对临床科室的常见病、多发病及部分疑难病做出正确诊断并治疗，能开展乳腺癌根治术、胆总管探查、胆囊切除、剖宫产、阑尾、疝气及计划生育等各种类型手术。

【疫情防控】 新冠疫情期间，县卫生服务中心在承担自身疫情防控任务的同时，切实保障急、危、重患者救治任务，并安排医务人员在白那卡点进行24小时值班。每日安排医务人员在青瓦达孜广场固定核酸采样点进行12小时值班，安排流动核酸采样组深入各村（居）、社区进行采样。选派16名医务人员先后到拉萨市、乃东区、扎囊县支援抗疫工作，并接收来自拉萨、贡嘎等地的核酸标本帮助进行核酸检测。组织县、乡、村三级医疗机构医务人员开展疫情防控知识培训15次，组织开展疫情防控演练3次，开展疫情防控督导排查10次。

【人才培养】 县人民医院派出5名医务人员分别前往湖北省襄阳市第一人民医院和襄阳市中心医院进修学习。卫生服务中心全年安排讲座33个课题，院内人员授课30个课时，院外及援藏授课3个课时，受训人数1117人次，覆盖率100%，合格率100%。授课内容多是新冠疫情防控相关专业知识、三基三严、院感、医保政策等相关知识，培训后均组织理论考试。

【援藏工作】 湖北省襄阳市于7月派出2名一年半期和4名半年期援藏干部援助县人民医院，2名一年半期援藏干部均兼任县卫生服务中心副主任一职。援藏干部带领本地医务人员开展胆囊切除术、剖宫产等各种类型手术20台，收治住院患者120余人次，接诊门急诊患者3000余人次。

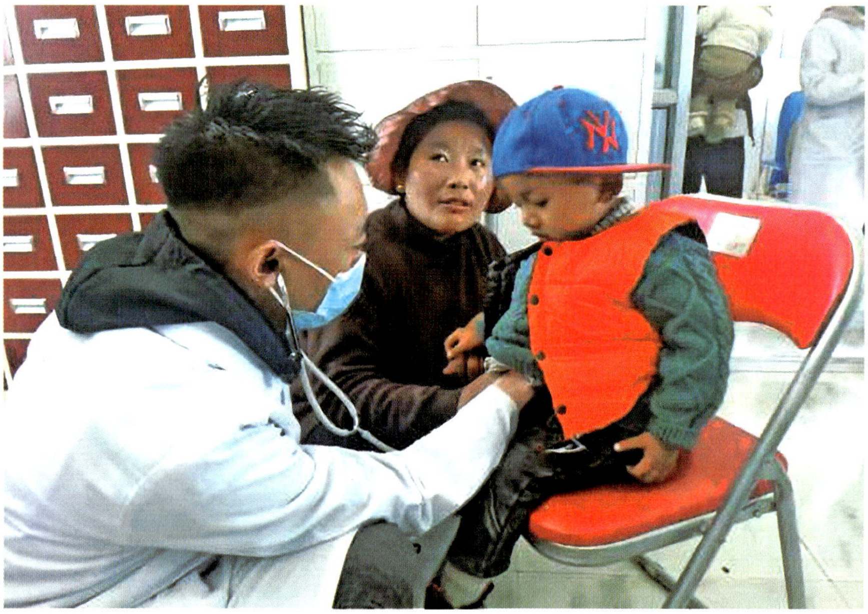

县人民医院医生为幼儿进行心脏听诊 （县卫生服务中心/供图）

卫生系统援藏干部名录

姓　名	性别	政治面貌	援派单位	专业(职务)	职　称	援助时间
谭志彬	男	中共党员	襄阳市第一人民医院	副主任	主治医师	2022 年 7 月至 2023 年
石　亮	男	中共党员	襄阳市第一人民医院	副主任	主治医师	2022 年 7 月至 2023 年
柳娟娟	女	中共党员	襄阳市第一人民医院	感控科	副主任护师	2022 年 7-12 月
张　薇	女	群众	襄阳市第一人民医院	妇产科	主任医师	2022 年 7-12 月
向守贵	男	群众	襄阳市第一人民医院	门急诊	主治医师	2022 年 7-12 月
冯敬芳	女	群众	襄阳市第一人民医院	住院部	主任医师	2022 年 7-12 月

【传染病医院】　琼结县传染病医院 8 月正式投入使用。

【医疗业务】　县人民医院接诊门急诊病人 19688 人次，入院 321 人，出院 321 人，住院手术 42 例；实际开放总床日数 15695 日，实际占用总床日数 2018 日，出院者占用总床日数 2018 日，出院者平均住院日 6.27 天；治愈人数 222 人，治愈率 69.2%；好转人数 88 人，好转率 27.4%；转院人数 11 人，转院率 3.4%，住院死亡人数 0。急诊留观死亡人数 0。

【护理工作】　深入开展优质护理服务工作，医院优质护理病房覆盖率 100%。落实责任制整体护理，实施责任制整体护理模式。加强护患沟通和健康宣教，完成科室满意度 95%以上，出院病人回访率 100%。

【疾病预防控制】　县疾病预防控制中心贯彻落实传染疾病防治法相关规定，完成各项目标任务。开展流行病例监测和宣传教育工作，通过办讲座、发传单的形式向群众普及预防流行病知识。2022 年琼结县发生 11 例传染性疾病，其中水痘 4 例、流行性腮腺炎 3 例、乙肝 2 例、梅毒 1 例、细菌性痢疾 1 例。2022 年脊灰旬报门诊总数为 2142 人，无脊灰状态。10 种疫苗应接种 1550 人次，实际接种数为 1156 人次，接种率为 74.6%。全年无疫苗相关疾病流行和接种安全事故等情况发生。通过城乡居民暨在编僧尼免费健康体检开展性病、艾滋病高危人群筛查 200 人，未发现新发阳性病例。共有 2 例 HIV 阳性患者，进行每年 2 次管理和随访工作。

【地方病和寄生虫防治】　开展碘缺乏病防治工作，全年开展食用盐样本采样 300 份，其中孕妇采样 100 份，学生家庭采样 200 份，碘盐食用合格率达 100%；开展包虫病防治工作，包虫病建档立卡 56 人，自愿药物治疗 23 人，手术 21 人，仅随访无需治疗 12 人；开展农村环境卫生监测和学生营养健康状况监测工作，10 月至 11 月，不定期对琼结县三乡一镇 20 个行政村进行监测点基本情况调查，采集土壤样品 20 份，送往自治区检测，对 100 户家庭进行农村环境监测入户调查和现场观察，并对 5 所学校进行农村学校环境卫生状况调查，同时完成农村学生营养改善计划与营养健康状况常规监测工作。

【慢性病和精神卫生工作】　全县 35 岁以上高血压患者有 1362 例，65 岁以上老年人 1599 人，糖尿病 24 例，重症精神病患者共 36 人，所有患者均进行信息登记，建立个人健康信息档案，记录患者及监护人基本情况，并与监护人签订知情同意书。全县有结核病共有 12 人，其中治愈 1 人，完成治疗 4 人，药物治疗 7 人。

【鼠疫防治】 执行鼠疫“零报告”制度，2022年保护性灭獭面积650公顷，密度为0.04匹/公顷。开展保护性灭獭工作投药堵洞170个，堵废弃洞300个。采集绵羊血清28份，野狗血清52份进行血清学检测，结果均为阴性。与各乡（镇）人民政府和农牧民施工队签订鼠疫防控目标责任书。

【妇幼保健】 县妇幼保健站全面实施贫困地区儿童营养改善项目，发放营养包3098盒，营养包覆盖率达90%以上，营养包有效服用率达90%以上。为全县109名产妇兑现住院分娩奖励补助金共计260090元。其中包括提前待产补助、住院护送补助、陪护补助、村医护送补助。发放叶酸485盒，服用叶酸人数136人，服用率100%，服用依从人数136人，知晓率达98%以上。为孕产妇及所生儿童提供“三病”母婴传播综合干预服务，2022年孕期“三病”筛查136人，其中，艾滋病阳性数0人，乙肝表面抗原阳性数3人，梅毒感染孕妇数2人。

【“两癌”筛查】 开展35-64岁农牧区妇女和城镇贫困妇女“两癌”免费筛查。琼结县2022年度任务数480人，初筛任务完成480人。其中乳腺癌0人；宫颈HPV检测人数480人，HPV异常人数33人；宫颈细胞学检测480人，异常33人，其中6-12个月复查人数24人，上级医院进一步做阴道镜和组织活检人数9人。

【妇女儿童保健】 2022年，全县产妇总数135人，活产总数135人，孕产妇建册人数124人，孕产妇系统管理率91.2%，孕产妇血红蛋白检测人数136人。婚前检查及孕前优生优育检查人数172人。7岁以下儿童1253人，0-7岁儿童管理人数1222人，儿童系统管理率97.5%，0-3岁以下儿童总人数536人，系统管理人数522人，系统管理率97.4%；0-6岁眼保健筛查人数818人，视力筛查人数380人；5岁以下儿童血红蛋白检测498人，其中重度贫血4人。为了降低孕前孕期围产儿并发症的发生率及死亡率，减少出生缺陷发生，保障母儿安全，2022年全县孕期12周至22+6周无创实查孕妇90人，新生儿耳聋基因检测89人，新生儿疾病筛查89人。

【大病救治】 县人民医院大病办公室继续对全县大病患者进行筛查、管理，对确诊患者建立台账，对愿意治疗的大病患者集中统一救治，截至2022年年底，建立台账人员22人，其中卡内6人，卡外16人。大病办公室医疗专家每季度对大病患者及慢性病患者进行入户随访，对长期居住在外患者进行电话随访，了解患者病情并进行健康指导，宣传医疗保险相关政策，通过开展大病集中救治、慢性病签约管理服务等，做到发现一例，建档一册。

【健康体检】 1月17日至4月28日，开展城乡居民暨在编僧尼免费健康体检工作，对全县农牧民、城镇居民、在编僧尼、散居儿童以及1所中学、4所小学、18所双语幼儿园学生进行B超（肝、胆、胰、脾、双肾）、心电图、生化全套（19项）、乙肝两对半、血常规18项（三分类）、尿常规等检查，对部分人员进行X光检查，同时开展白内障、包虫病、结核病、肝炎、风湿病（骨关节病）筛查工作，对0-18周岁儿童开展先天性心脏病免费筛查工作，对妇女开展免费孕检和妇科疾病筛查工作。全县应体检16215人，实际参检12974人，参检率达80.01%，其中异常人员3953人，疾病多为妇科疾病、高血压、乙型肝炎、胆结石、白内障、高原红细胞增多症等。开展儿童先天性心脏病筛查2588人，其中疑似先天性心脏病3人。医务人员均向患者做出反馈，针对不同病症面对面进行健康素养、合理营养、膳食及加强疾病预防等方面的知识宣教。按照“体检一人、建档一份”原则，不断充实完善个人健康档案。每天向各村村医进行反馈。

【党建工作】 县卫生服务中心党支部进一步增强党组织活力，提高党员综合素质，注重引导钻研业务。进一步加强党支部建设，严格考核党建工作目标，年初制订《琼结县卫生服务中心党支部2022年党建工作计划》《琼结县卫生服务中心党支部2022年党建学习计划》等多个计划、方案等。强化党员管理和服务，开展主题党日活动12次，召开党员大会4次，支部委员会12次，开展理论学习12次，专题研讨4次，集中参观红色教育和警示教育基地2次，集体观看红色电影和警示教育片4次。

【党风廉政建设】 2022年年初，县卫生服务中心党支部制定《琼结县卫生服务中心党支部2022年党风廉政建设工作计划》。建立医疗服务信息公示制度，在医院醒目位置公示常用药品价格、主要医疗服务项目收费标准及投诉电话，对投诉涉及医德、医风问题坚决查处。每月由职能部门负责人到各科室进行1次医疗、护理、院感、药事、总务等综合质量检查，及时对检查问题进行反馈。设立投诉箱，公布投诉电话，不定期召开医德、医风监督员座谈会，对病人及家属提出的问题或建议进行整改或采纳。综合测评门诊、住院患者的满意度均达到95%以上。

气　象

【概况】　琼结县气象局（以下简称县气象局）系山南市气象局下辖县级气象主管机构，内设气象观测站，属于国家级基本气象站。琼结县气象局承担琼结县域内的气象数据的监测、防灾减灾、气象保障服务、人工影响天气、防雷监管等工作。

【气象要素】　2022 年，琼结县平均气温 8.6℃，年平均最高气温 17.0℃，年平均最低气温 1.2℃，极端最高气温 28.4℃，出现在 8 月 26 日，极端最低气温-15.8℃，出现在 1 月 17 日。月平均气温低于年平均气温的有 5 个月。总日照时数 3487.5 个小时，年平均日照百分率 79%，每月日照时数均高于 200 小时以上。总降水量 271.1 毫米，日最大降水量为 20.1 毫米，出现在 9 月 4 日。6 月份降水量最多，降水量为 79.1 毫米；11 月、12 月未出现降水；最长连续降水日数为 8 天，起止时间为 7 月 28 日至 8 月 4 日；最长连续无降水日数为 67 天，起止时间为 10 月 26 日至 12 月 31 日。县城降雪开始时间为 2021 年 12 月 23 日，结束时间为 2022 年 5 月 3 日，降雪周期为 130 天，实际降雪天数为 13 天。无霜期为 269 天，降霜初日 3 月 1 日，终日 3 月 30 日。年平均湿度 41%，12 月最低，9 月最高。全年风向频率主要是南风，年平均风速 3.1 米/秒，极端最大风速为 24.5 米/秒，出现在 4 月 3 日，大风日数为 67 天。2022 年最大冻土深度为 15 厘米。县城地面平均气压为 645.9 百帕，平均气压最高为 648.2 百帕，最低为 642.5 百帕，平均最低气压出现在 2 月，最高出现在 11 月。年平均水气压 4.9 百帕。月平均水汽压为 8 月最大，12 月最小。

2022 年琼结县各月平均气温

单位（℃）

月份	1	2	3	4	5	6	7	8	9	10	11	12	年平均气温
平均气温	-2.0	-1.2	7.3	9.8	12.6	15.5	16.6	16.0	13.5	9.6	4.8	0.2	8.6

2022 年琼结县各月极端气温

单位（℃）

月份	1	2	3	4	5	6	7	8	9	10	11	12
最高气温	10.7	13.1	24.2	22.2	24.1	27	28.3	28.4	25.8	22.8	17.1	15.8
出现日期	8 日	18 日	30 日	3 日	31 日	4 日	17 日	26 日	2 日	7 日	27 日	13 日
最低气温	-15.8	-14.5	-12.8	-4.4	-2.1	6.5	6.1	5.3	2.7	-4.7	-9.2	-12.0
出现日期	17	13 日	8 日	12 日	4 日	30 日	5 日	11 日	30 日	21 日	25 日	20 日

2022 年琼结县各月降水量

单位（毫米）

月份	1	2	3	4	5	6	7	8	9	10	11	12
降水量	0.0	5.7	0.0	11.8	40.9	79.1	45.9	16.4	53.7	17.6	/	/

【监测站网布局】 在琼结镇东嘎村建立 1 个省级智能自能站，截至 2022 年年底，全县有 8 个国家、省、市级地面气象观测站（1 个国家级地面站、1 个省级区域站、5 个雨量监测站、1 个智能自动站），4 个人影标准化作业点。

【气象服务】 监视天气气候变化，及时发布各类监测预报预警信息服务产品。截至 12 月 31 日，全年通过纸质、县级气象公服平台、西藏自治区突发事件预警发布系统、微信等多渠道，共发布 389 份预测预报预警信息服务产品，其中强降水蓝色预警信号 2 期、雷电橙色预警信号 1 期、强降温蓝色预警信号 1 期、天气消息 15 期、天气实况汇报 1 期、节日专题预报 2 期、每日天气预报 365 期、雨情公报 1 期、党的二十大专题预报 1 期；预测预警信息接收面覆盖县、乡两级党委政府和部队、学校、交通、农牧、水利、自然资源等涉灾部门主要领导以及社会公众，接收人次达 2 万余人次，预测提前时效达 48 小时，临近预警提前时效达 25 分钟。年内，2 期气象服务产品得到县委、县政府主要领导防灾抗灾指示性批示。

【人工影响天气】 5 月中旬完成人工影响作业高炮和火箭炮年检，6 月同江西省瑞联厂专家，再次对高炮和火箭炮进行一次年检，对作业人员进行技能培训，就人工影响作业机制、安全教育及装备维护和应急处理等方面进行培训和安排部署。受训人数 26 人次。与三乡一镇签订《2022 年琼结县人工影响天气目标责任书》。5 月下旬开始，所有作业装备和作业人员进驻炮点。对雪巴人工影响作业点双管式 37 毫米高炮升级改造，实现自动化作业标准。

6 月 30 日，县气象局巴桑扎西在年度人工影响作业培训现场，给学员讲解示范人工影响设备操作流程 （县气象局/供图）

【防雷安全监管】 安排全年易燃易爆场所监管工作重点及工作计划，组织执法人员学习相关法律及工作条例。对琼结县易燃易爆场所防雷内控工作开展2次安全专项检查。

【气象灾害普查】 组织开展琼结县气象灾害风险普查工作。

【灾情数据采集及承灾体信息收集】 出动10余人次，沟通协调县应急管理、自然资源、水利、交通运输、农业农村、档案馆（局）、统计等部门，收集整理全县历史气象灾害数据68条，其中暴雨洪涝占49%、冰雹28%、气象地质灾害12%、干旱6%、雷电4%、连阴雨1%，并收集承灾体信息（牲畜数量、农田设施、居民房屋、道路）。2022年年初，完成数据收集任务，并报送区气象局专家校审。

【气象灾害致灾因子信息】 通过气象灾害风险普查信息收集系统收集6种气象灾害致灾危险因子信息，完成率达到100%，完成致灾危险因子数据灾情质量检查。

【科普宣传】 加大气象防灾减灾等科普知识宣传力度，在“3·23”世界气象日、“5·12”防灾减灾宣传日、3月综治宣传月活动和6月安全生产月活动等各节点以科普宣传为契机，向群众广泛宣传气象法律法规，防灾减灾、便民服务等气象工作，提醒各界公众警惕暴雨、大风、冰雹、雷电等当地常见的气象灾害。发放气象科普宣传手册以及防雷避险手册、雷电灾害科普知识读本等700余册。

6月16日，县气象局组织人员在加麻乡加麻村开展气象科普宣传

（县气象局/供图）

【脱贫攻坚】 县气象局干部职工到下水乡久河村五组的两户结对帮扶家中，通过“以买带帮”、宣传教育、物资慰问等方式开展4次帮扶工作，折合人民币3000余元、消费扶贫1200元，共计4200元。另聘请8名炮手和单位临时工2名，帮助解决就业问题。

【党建工作】 成立党建工作领导小组，层层下达党建工作目标，建立目标考核机制，一把手亲自抓，相关负责人具体抓，逐项抓落实，不定期对支部组织开展活动情况进行检查；完善规章制度，坚持“三会一课”制度，进一步完善党务公开制；做好党员发展和党费收缴工作，强化对入党积极分子培养教育，做好党费收缴与管理工作。

【党风廉政建设】 采取集中学习和个人自学相结合方式，开展学习新《党章》《中国共产党廉洁自律准则》《中国共产党纪律处分条例》等，并组织学习媒体通报的多起《有关违反中央八项规定的通知》。参加县里组织的警示教育活动，组织研讨会对通报的腐败案例开展深入剖析，查找引发腐败的主观原因，吸取惨痛教训。推进局务公开、财务公示和民主决策工作，戒除小范围议事甚至独断专行作风，把“三人决策”落到实处。

民政与社会保障

民　政

【概况】　琼结县民政局（以下简称县民政局）是琼结县人民政府管理有关社会行政事务的职能部门，主要承担社会救助、社会福利、基层政权建设、社会组织、婚姻、区域地名等职能，属于社会事务管理和公共服务的范畴。

【社会救助】　对社会救助实行动态调整，按时兑现生活保证金。对低保申请人严格核对财产状况，出具核对报告，明确责任，坚持“谁入户、谁签字、谁负责”调查制度。对上报来的申请表和资料进行审核，对符合保障条件的予以审批，并在所在村委会对申请人姓名、共同生活人口、补助金额等进行张榜公布，接受群众监督。全县农村低保65户168人，兑现资金61.08万元；城镇低保共4户5人，兑现资金2.08万元；事实无人抚养儿童共3人，发放救助金2.3万元，在新冠疫情期间为4名留守儿童发放慰问生活物资1224元。经卫健委鉴定和诊断的精神障碍患者33名，兑现补贴资金7.76万元。全年30人申请临时救助，兑现资金6.146万元，其中乡（镇）备用金支出2.6万元。流浪乞讨人员救助4人，发放资金300元。符合《关于贯彻落实自治区稳经济若干临时性措施扎实做好疫情期间困难群众基本生活保障有关工作的通知》中关于强化因病导致生活困难群众救助类型1人，救助1万元。

10月21日，县民政局党支部对困难群众开展发放小礼包活动　（县民政局/供图）

【福利事业】　在全县范围内开展特困对象认定、摸底排查工作，全面落实特困供养政策，按时足额兑现供养资金。为117名分散特困人员兑现补贴资金88.95万元；为75名集中供养特困人员兑现零花钱34.03万元；每季度前往半自理分散特困人员家中开展上门服务工作，包括心理疏导、政策宣传、打扫房间、整理衣物、清洗老人衣服及个人卫生，同时对民生资金是否发放进行排查，及时了解特困人员的生活需求、集中意愿、生活状况等问题，做好台账登记。由县民政局牵头，与乡、村（社区）委会和特困老人签订《琼结县特困人员救助供养服务协议》，保障分散特困老人享受基本生活保障和照料服务。及时兑现提供照料服务的个人补贴。详细了解集中供养老年人的既往史、手术史、现病史。对一般人员实行常规护理，对半自理人员实行二级护理，对生活完全不能自理的人员实行一级护理。定期到老人宿舍开展倾听诉求、交心谈心、解决困难等活动。在三大节日、中秋、重阳等特殊节日来临时，发放服装、年货等生活用品，组织工作人员制作卡塞、油炸果、牛肉干，购置糖果、水果等，精心准备年货；建立兴趣小组、每日由中心工作人员领操藏医保健操。针对行动不便、长期卧床的特困人员，实行护理、医疗、饮食等上门服务。协调医院、主治医师对重病老人给予最优救治方案，在充分尊重老人及亲属意愿基础上，为老人提供膳食、照护等一系列临终关怀服务。

【残疾人事业】　开展残疾人基本状况摸底调查。为全县863名残疾人兑现残疾人两项补贴资金162.01万元，一级、二级重度残疾兑现十大民心资金77.42万元；办理残疾人证23人，其中变更等级2人、迁移1人、挂失1人，注销39人。自主创业残疾人扶持3人，发放扶持资金5万元。为28名0-16岁残疾儿童、4名送教上门残疾儿童每月开展送教上门、送康复、送温暖活动，为210名残疾人适配轮椅、坐便椅、助听器等各类辅助器具261件。5月15日开展以“促进残疾人就业，保障残疾人权益”为主题的助残日活动，慰问20名建档立卡重度残疾人和山南市特殊教育学校7名残疾儿童，为他们送去慰问金和鞋子、牛奶、饼干等慰问品，涉及资金13636元；走访慰问21名重度残疾人家庭，为他们送去被褥、毛毯、四件套等生活用品。全县有4家单位安排残疾人就业，剩余58家单位和3家企业缴纳残疾人就业保障金，资金共289.365632万元。村（社区）成立残疾人协会，共成立20个残疾人协会，选举残协主席20名，均由村“两委”班子成员担任；选举专职委员28名，均由残疾人或残疾人家属担任。村（社区）残协专职委员岗位补贴为每人每月200元，2022年共兑现补贴资金6.72万元。推进残疾人家庭无障碍

5月15日，县民政局党支部开展以“促进残疾人就业，保障残疾人权益”为主题的全国助残日活动
（县民政局/供图）

改造工作，完成20户贫困残疾人家庭改造，兑现资金7万元。12月13日完成残疾人联合会换届选举工作，召开琼结县残疾人联合会第一次代表大会第二次会议，审议通过《琼结县残疾人联合会第一次代表大会选举办法（草案）》，以不记名投票方式，选举出琼结县残联第一届主席团委员25名、出席山南市残联第二次代表大会代表5名。残疾人联合会第一次代表大会第一届主席团会议，选举产生琼结县残疾人联合会第一届主席团主席、副主席；聘请名誉主席、名誉副主席；推举产生执行理事会理事长、理事，并在琼结县残疾人联合会第一次代表大会第三次全体会议上宣布当选人员。完成残疾人家庭医生签约服务工作，共250人，全年兑现资金4.75万元。

【行政事务管理】 推进婚姻登记咨询、婚姻知识宣传、婚姻情感调解等服务，全年累计办理结婚登记147对，离婚登记27对，冷静期12对，登记合格率100%。协调三乡一镇，组织婚姻登记工作人员及乡（镇）民政专干在辖区内开展婚姻登记流动巡回服务。在巡回服务中，工作人员向群众详细阐述《中华人民共和国民法典》中关于婚姻登记、离婚登记有关规定，以及办理婚姻登记、离婚登记时应注意事项和办事流程，倡导科学文明的婚姻理念。

【疫情救助】 在新冠疫情期间，与各乡（镇）对接，落实分散特困老人、残疾人、事实无人抚养儿童、农村留守儿童、特殊困难群体人员关爱服务工作。与各乡（镇）协调，各项社会救助工作适度优化简化审核审批程序，及时将符合条件的困难群众纳入救助保障范围，待疫情结束后再补办手续。与县疫情办、人民医院、藏医院对接，做好供养中心内物资保障、老年慢性病药品配送等工作。加强对“一老一幼”以及重病重残等特殊困难人员走访探视、慰问等服务，与县应急管理局协调申请生活物资，委托各乡（镇）向分散特困人员发放饮料及方便面等食品，折合人民币1.02万元。与县应急管理局对接，为拨打救助电话的9名务工人员送去方便面、糌粑、大米、饮料、矿泉水等物资，折合人民币1745元；为从日喀则到琼结县的8名务工人员提供日常生活物资及蔬菜、方便面等生活物资。组织工作人员前往三乡一镇采取发放民生“小礼包”形式，对城乡低保、特困供养人员进行慰问，“小礼包”发放涉及360人，资金合计3.776万元。

【党建工作】 县民政局党支部学习党的二十大精神，《中央办公厅关于推动党史学习教育常态化长效化的意见》，全国、自治区、山南市稳住经济大盘电视电话会议精神，《地方党政领导干部安全生产责任制规定》，各级疫情防控工作会议精神等相关文件精神。党支部以思想教育和推进消费扶贫相结合的方式开展党建促乡村振兴工作，结合结对帮扶、“三包五带五促”活动，开展干群结对帮扶，“面对面”宣传党的扶贫政策；结合“我为群众办实事”开展“让初心使命在内心深处真正扎根”“宣传防疫知识、入户温暖人心”等结对帮扶慰问活动，为帮扶户送去保温桶、高压锅、大米、面粉、洗衣粉、蔬菜、饮品、方便面等价值3160元的慰问品及2500元现金。同时让干部职工高度关注贫困户生活，把“初心、使命”作为工作的出发点和着力点，从根本上帮助他们解决实际困难。春节和藏历新年即将来临时，党支部于1月19日到20个行政村（社区）开展三大节日慰问活动，发放慰问金15万元；3月28日，围绕“传承民族红色基因，争做团结进步先锋”主题，在民政系统开展“民族团结进步”活动，号召全体党员做民族团结进步者、做民政最美奋斗者；6月8日在特困人员集中供养服务中心开展以“关爱老人、预防诈骗”为主题的宣传教育活动；7月1日，县民政局党支部联合工商联、市监局以及县特困供养中心老人开展“讴歌党的恩情，安享幸福晚年”轮值党日活动；依托“我为群众办实事”“三包五带五促”以及“包保网格”等活动，围绕乡村人居环境整治提升，在日玛岗一组开展“庭院清洁卫生美、庭院绿化格局美、居室整洁靓化美”创建活动。县民政局党支部选派2名科级领导干部和1名专业技术人员到日玛岗一组进入网格开展工作，从“迅速响应，搭建包保联络网”“宣传引领，筑牢疫情安全网”“立足本职，织好民生保障网”三个方面，发挥兜底保障职能，帮助日玛岗一组解决实际问题。县民政局党支部落实推进基层治理体系和治理能力现代化要求，以党建为引领，探索以“自治、法治、德治”相融合的基层治理体系，引导各村结合自身实际，将学法守法、遵守社会公德、爱护环境卫生、维护社会秩序、交通食品卫生安全、喜事新办、丧事简办、民族团结、疫情防控等写入各村村规民约中。

【平安边界联检】 6月15日，与扎朗县民政局衔接，在琼结县与扎朗县的交界处实地开展边界联检工作。要求在平安边界创建工作中，进一步规范边界管理，建立边界管理长效机制，从源头掌控滋生边界矛盾纠纷苗头。

【天葬台管理】 制定《琼结县巴吾桑旦林寺天葬管理暂行通知》，并与新冠疫情办衔接，将此通知转发至其余各县。将送葬遗体及送葬人员信息、核酸检测、行程码等状况进行备案，督促驻巴吾桑旦林寺管委会及天葬师负责做好消杀消毒工作。

【项目建设】 项目为特困人员供养中心提升改造。农村幸福院项目前期资料准备工作完成项目设计。

退役军人事务

【概况】 琼结县退役军人事务局（以下简称县退役军人事务局），主要职能是统筹做好全县“双拥”工作、退役军人就业创业工作、退役军人的接收安置工作、退役军人（农村籍）档案管理工作、退役军人保密管理工作、退役军人建档立卡工作、退役军人优待证申领工作、涉及退役军人及优抚对象的政策性资金发放管理工作。

【机制创建】 对县级服务中心和三乡一镇服务站进行打造升级，打造标准化退役军人服务中心（站），按照退役军人服务中心（站）标准化建设细则，健全完善基础设施和体制机制，5月通过市级验收。以打造退役军人之家为目标，争取湖北省援藏资金支持9万元和襄阳市援藏资金支

4月13日，副县长出席2022年度退役军人光荣返乡集中欢迎座谈会

（县退役军人事务局/供图）

持10万元。

【帮扶援助】 梳理35岁以下农村籍退役军人学历、就业、创业状况，鼓励年轻退役军人积极参加成人教育考试提升学历，积极宣传上级院校针对退役军人技能培训优惠政策，了解掌握全县自主创业退役军人状况，经常联系走访自主创业退役军人，通过政策宣传、协调解决创业担保贷款等方式鼓励他们度过创业艰难期，积极与上级业务部门和县人社局沟通为12名退役军人解决就业难题。根据全县“美丽庭院”建设工作要求，将联系村组1名退役军人家庭列入帮扶计划，为其解决1万元资金美化庭院，为拉玉乡莫古村和下水乡唐布齐村2户困难退役军人家庭解决帮扶资金2.5万元。

3月17日，县退役军人事务局组织就业困难退役军人参加“春风行动”专场招聘会 （县退役军人事务局/供图）

【待遇保障】 足额兑现各类民生直达资金，为40名优抚对象兑现抚恤和生活补助金23.62万元，为8名退役军人兑现一次性经济补助和家庭优待金71.2万元。完成全县退役军人优待证申领前期各项工作，为全县306名退役军人进行建档立卡信息采集，并完成上报审核工作。

【荣誉奖励】 军地联合开展双拥共建活动，邀请县政府主要领导参加春季新兵入伍仪式并进行讲话；为在部队立功的现役军人家庭送去立功喜报8次并兑现慰问金9000元；军地联合开展困难退役军人慰问活动，县人民武装部投入帮扶资金2800元；军地联合开展现役军人家庭走访慰问活动，详细了解现役军人家属的生产生活状况，鼓励他们支持军人为军队和国防建设建功立业。“三大节日”“八一”建军节等重大节庆日，县委、县政府走访慰问广大退役军人，发放慰问金6.4万元。县退役军人事务局每季度开展1次常态化困难退役军人走访慰问活动，共计投入资金1857.12元。走访慰问1名去世退役军人家属和1名因病致困退役军人家庭。向上级推荐提供优秀退役军人典型事迹材料7份。

【党建工作】 走访农村籍退役军人和现役军人家庭83户，全面了解退役军人的现状，宣传和讲解退役军人法规及优惠政策。动员退役军人参与新冠疫情防控物资捐献和志愿服务队等活动，1名创业退役军人为雪康村防疫一线捐助价值1.8万元物资，10名退役军人响应上级号召前往拉萨参与疫情防控志愿服务。走访慰问参与疫情防控10名退役军人家庭，为他们送去价值8000元物资。

【纪念活动】 组织开展老兵喜迎党的二十大微视频拍摄活动。在清明节、烈士纪念日等节日组织开展全县网上祭英烈活动。

人力资源和社会保障

【概况】 琼结县人力资源和社会保障局（以下简称县人社局）是综合管理全县人力资源和社会保障工作的政府工作部门。县人社局（加挂劳动监察大队）下设临时机构：双业工程领导小组办公室、高校就业联席办公室、劳动保障监察大队。2022年，县人社局以习近平新时代中国特色社会主义思想为指导，认真学习贯彻党的二十大和十九届历次全会精神，坚持人力资源和社会保障工作服从和服务于全县经济发展，构建和谐社会这一中心任务，纵深推进党史学习教育和清廉机关建设，大力推动党建与业务工作深度融合，确保上级各项工作部署的贯彻落实，在全局形成党建和业务“双提升”的良好格局，使全县人力资源和社会保障工作取得了明显成效。2022年琼结县人社局被中共山南市委、山南市人民政府授予“2022年度全市劳动力转移就业先进县区”；被琼结县委平安建设领导小组办公室授予“2022年度综治考核先进单位”。

【转移就业】 对农牧民转移就业，重点采取项目带动、组织化外出务工等措施，坚持400万元以下的工程建设项目交由当地农牧民施工队进行建设，发挥16家农牧民工联队、10家基地作用，鼓励和引导更多的群众增收致富。全年组织化转移就业共3985人，完成组织化转移任务目标的102%，创收4714.66万元。完成农牧民转移就业6506人，完成年度目标任务6400人的102%；完成创收6502万元，完成年度目标任务5600万元的116%，完成城镇新增就业540人，完成年度目标任务539人的100.1%。

【技能培训】 针对农牧民技能需求，结合乡村振兴有效衔接，采取以工代训、订单式方式开展技能培训。依托种植养殖基地、建筑工地、合作社组织等各类培训机构，通过“以工代训”和“订单培训”等方式，全年开展培训22期800人，完成年度目标任务的106%，培训后就业141人。

【高校毕业生就业创业】 制发《琼结县高校毕业生结对帮扶工作方案》，对231名高校毕业生安排222名以上领导干部结对开展就业帮扶。邀请区内外市场内已就业的学生家长，成立宣讲组广泛开展就业创业宣传，全年开展就业宣传430余人次，发放资料达400余份。针对新冠疫情，先后召开13次线上线下招聘会，开发就业岗位885个。通过制作区外就业宣传片，广泛开展区外就业政策，全年实现高校毕业生区外就业10人。2022年应届高校毕业生实现就业228人（其中离校前就业106人，离校后就业122人），就业率达98.7%。

【人才人事】 成立乡村振兴人才振兴工作专班，制订《琼结县人才振兴实施方案》。全年招录14名专技人员（其中，乡村振

3月25日，县人社局在青瓦达孜广场举办2022年“春风行动”招聘会 （县人社局/供图）

兴专干2名、村干部转干1名、部队定向生2名、事业单位招录5名、农村订单定向免费医学生2名、专招生2名)、9名四类人员（科技专干、农业农村专干、村医护人员、村幼教人员)、11名“三支一扶”人员、47名政府购买岗位人员。按照专业技术和工勤人员职称评定办法，对符合条件人员开展职称评定，落实初级职称9人，中级职称7人，高级职称4人。推动政府系统事业单位岗位设置，完成242个岗位核准工作，审核通过《琼结县政府系统事业单位岗位设置登记认定办法》，落实事业单位管理人员职级晋升，对符合晋升七级职员的5名事业单位管理人员落实职级待遇。将3名乡村振兴专干转录公职岗位(1名公务员和2名事业人员)。确定教育、文化、卫生、农牧领域的18名专业技术人才开展为期一年的“县管乡用”技术下沉工作，推荐农牧领域1名专业技术人员参加专业技术人才特殊培养。

【劳动监察】 县人社局通过发放宣传单、进入企业讲解、网信琼结等宣传手段，向各用人单位、企事业单位、施工现场和农牧区宣传《农民工民工工资支付条例》等法律法规，教育和引导农民工合法讨薪。全年开展劳动监察宣传宣讲5场次、发放宣传资料1500余份，受教育1200余人次。先后18次通过联合或专项形式不定期到企业、工地、村庄了解和检查落实“五个全覆盖”长效机制执行情况，对发现的问题明确时间限制要求责令整改。先后召开4次根治欠薪工作领导小组会议，协调解决欠薪问题。全年共受理案件11起，涉及32人，涉及金额29.87万元，实现欠薪案件动态清零。

【社会保险】 参保人数共10811人，参保率保持在97.5%以上，完成目标任务8153人的100%，征缴资金157.64万元，基金征缴率达到97%。社会保障待遇发放（退休金、救济金、补助金等)，总计有2655人领取，其中，2022年新增到龄213人，累计兑现养老金31026人次，兑现资金732.0069万元，对符合政府代缴条件人均已享受政府代缴100元政策，代缴资金2.43万元；领取养老金人数339人。全面开展资格认证工作，认证率达100%；违规领取资金12740.25元，全部追回上缴。城乡居民养老保险数据核查治理52人，通过收集佐证资料，核查系统数据等方式进行分析、找出问题根源。机关企业养老保险，机关参保人数2344人，资金4227.98万元；失业参保人数1669人，资金97.32万元；工伤参保1616人，资金23.42万元；企业养老保险参保人数844人，资金累计840.56万元。

国网西藏电力有限公司琼结县供电公司

【概况】 国网西藏电力有限公司琼结县供电公司位于西藏自治区山南市琼结县松赞路，承担琼结镇、加麻乡、拉玉乡、下水乡供电服务工作。公司下设1个业务支撑机构（供电服务中心），职工24人。公司负责运维3座35千伏变电站（其中，琼结变2＊3150千伏安，加麻变1＊3150千伏安，拉玉变1＊6300千伏安），变压器4台，总容量15.75兆伏安。35千伏线路3条，线路总长度46千米；10千伏线路8条，总长度近160千米。完成2022年乡政府重要会议、春节、藏历新年、新冠疫情期间等重要时期的保供电工作。

【电网建设与发展】 年底，启动建设1座110千伏变电站；主电网全覆盖，没有未通电户。

【安全生产】 全年公司系统未发生人身死亡、重伤、轻伤及交通事故。未发生责任性一般设备损坏事故、未发生火灾事故。未发生误调度、误操作事故。6月初，按照国网西藏电力有限公司关于印发2022年“安全生产

10月25日，国网西藏电力有限公司琼结县供电公司组织运维班人员在雪康一组排查线路故障 （国网西藏电力有限公司琼结县供电公司/供图）

月”暨“安全生产西藏行”活动方案通知要求，部署以“遵守安全生产法，当好第一责任人”为主题“安全生产月”活动。活动期间，公司开展“一把手”讲安全课、到加麻乡开展“安全生产宣传咨询日”宣传活动、公司全员到县人民政府学习心肺复苏应急技能等活动。按照春季安全大检查、大排查大整治等工作要求开展输配电线路巡视排查工作，截至6月底10千伏线路定期巡视每条/2次，处理缺陷15余次。其中树障清理43棵。按照山南公司“安全责任清单”编制要求，编制2022年度《国网琼结县供电公司安全责任清单》，召开专题会议，要求员工熟悉自身的岗位职责，并组织全员考试。结合对中小学、乡（镇）等开展安全用电宣传及安全用电检查工作，检查中学1所、小学5所、幼儿园15所，下整改通知书5份。公司每周组织全体员工开展安全知识培训，培训内容包括学习“总书记关于安全生产重要论述”专题片、典型违章400条、国网典型严重违章案例、西藏公司第一季度至第四季度典型违章案例、安规、违章通报、事故快报、安全责任清单、相关制度等。每月对3座35千伏变电站及公司办公场所开展消防器材使用情况检查工作，并对过期器材进行更换。

【营销工作】　全年完成供电量1818.13万千瓦时，售电量1501.75万千瓦时，综合线损率17.4%，供电户数5593户。3月20日，国网琼结县供电公司组织员工进村入户开展春季安全用电知识、电价文件等相关文件精神宣传工作，对安全用电、触电急救、家庭安全用电小常识、电力设施保护、违章窃电等方面进行讲解。为保证党的二十大会议期间正常用电，提前安排专业人员对琼结县人民政府、琼结县广播电视台等用户进行隐患排查工作，并下发整改通知书，提前制定保电应急预案。会议期间安排保电人员自备电源车。因新冠疫情期间全县处于静态管理，经与属地政府沟通，针对一批无法使用网上国网缴费的磁卡用户在停电不能缴费时，采取将电卡、现金、个人信息消毒密封装袋统一交予相关小区或社区志愿者，再转交公司营销人员代为缴费充电方式进行购电。

乡（镇）概况

琼结镇

【概况】　琼结镇位于琼结县南部，国土面积180平方千米，平均海拔3850米，琼结镇下辖雪康、仲堆、白日、雪巴、东嘎5个社区居委会，15个自然村，全镇共有1037户3692人，全镇耕地面积6816.5亩，草场面积44.06万亩，牲畜存栏数10156头，2022年，农牧民人均可支配收入达到21444元。琼结镇下辖1个司法所、1个文化旅游综合服务中心、1个农牧民综合服务中心、1个派出所、3个便民警务站、1所小学、5所双语幼儿园、1所卫生院、4所社区卫生室、1所农行营业所，辖区内有3座寺庙、1座拉康，共有在编僧尼57人。全镇共有党员510人（含预备党员8名），其中，农牧民党员460名（含预备党员7名），机关党支部党员50名（含预备党员1名），农牧民党员占农牧民人口总数的12%。

【经济建设】　召开增收工作调度会，分析研判农村居民人均可支配收入，找准收入增长点。对全镇劳动力就业状况进行摸排，实现企业用工需求与群众务工需求无缝对接。实现农牧民转移就业人数1324人，完成年度目标任务的85.9%；实现创收1895万元，完成年度目标任务的140.5%。

【项目建设】　雪康社区争取224.7万元项目资金，扩大琼果纳雄农民养殖专业合作社规模，合作社存栏牦牛622头。雪巴社区有劳务公司1家，建筑施工企业3家，建成茶馆、家具厂、油坊等个体经营场所41个，72名社区群众在县城实现稳定就业，年人均收入增收3.4万元。

【乡村振兴】　52名干部职工结对帮扶雪康社区建档立卡脱贫户共21户65人，琼结镇搬迁至多颇章13户52人，均为一般贫困户。适时召开脱贫户收入分析研判会，掌握“四项收入”变化、占比，对5户脱贫户开展帮扶慰问。向各结对帮扶责任人发出开展“宣传防疫知识、落实消费扶贫”的倡议书，开展消费帮扶行动，增加脱贫群众现金收入。9月份，结对帮扶186户脱贫户开展消费帮扶10.72万元。全年，干部入户帮扶次数均达4次以上，给予帮扶资金和支持消费扶贫资金10.72万元，解决实际困难9次（先后为9名脱贫户群众当地解决就业）。琼果纳雄畜牧养殖农民专业合作社收入40.8万元，其中工资发放23万元，人工工资12550元，雇佣牲畜费用1620元，分红5.5万元。东嘎社区牦牛合作社对86户兑现分红14.17万元，出栏牦牛36头，2头慰问社区群众，34头屠宰销售，收益25.97万元，带动社区全体脱贫户（12户）实现增收。仲堆社区为民生态牦牛养殖专业合作社为52户合作社成员兑现分红现金113463元，为100名投工投劳的群众兑现民工工资7万元。该合作社养殖牦牛163头，出栏26头，收益26万余元，带动11户脱贫户增收。

【综治维稳】 推进平安建设。落实维稳形势分析研判制度，召开维稳形势分析会11次。深化公共安全。完善“网格员+社区民警”“网格员+红袖标”“网格员+志愿者”联动机制，强化对学校等区域进行治安问题和安全隐患排查。累计排查道路交通安全、消防安全、食品安全、人员密集场所等安全隐患53次以上，整改6次。推进扫黑除恶专项斗争。建立扫黑除恶斗争信息报告、督导等常态化工作制度，开展扫黑除恶线索摸排、宣传24次。做好新时代信访矛盾工作。制定领导干部信访值班台账，全年累计接访群众30人次，排查调处各类矛盾纠纷6起，调解率100%。开展法治宣传教育。宣传党的二十大精神、宪法、党章、党内法规、民法典以及习近平总书记关于全面依法治国新理念新思想新战略，开展法治宣传教育30余场次，培养“法律明白人”15人。抓社区矫正。设立琼结镇社区矫正委员会，成立矫正小组，制订有针对性的矫正方案，有针对性地消除社区矫正对象可能重新犯罪的因素；落实严管期监督管理规定。强化安置帮教。召开上下半年安置帮教工作联席会议，对辖区内刑满释放安置帮教人员开展电话谈心和家访谈心，有针对性地开展帮教工作。

4月15日，琼结镇平安办联合镇派出所到田间地头宣传国家安全日、防范养老诈骗相关知识 （琼结镇/供图）

【举办活动】 开展喜迎党的二十大暨第三届农牧民才艺大赛、第一届“双联户”户长文化节等主题活动10场，雪阿吉拉姆藏戏巡演20场，举办义务植树活动、学习党的二十大精神暨推进文化全面振兴演讲比赛、开展党的二十大精神知识竞赛等活动16场次，开展亲子手工绘画活动1次，开展赠书、阅读活动2次。

7月10日，琼结镇开展喜迎党的二十大暨“琼结镇第一届双联户长文化节”系列活动 （琼结镇/供图）

【召开会议】 召开党委班子会议21次，召开理论学习中心组会议18次，召开机关党支部学习会议8次；4月6日，召开2022年党建工作安排部署会；召开4次党员大会；12月14日，召开党组织书记抓基层党建工作述职评议会议。

【新闻宣传】 新闻稿件被上级媒体采用情况为：国家级媒体1条、自治区级媒体15条、市级媒体8条、县级媒体105条；利用“琼果趣”公众号平台推送工作动态，宣传镇党委政府在贯彻落实中央重大决策方面取得的新成就、新做法，“琼果趣”微信公众号从创办至2022年年底，发布信息60余条，阅读量达4800人次；设立12人的骨干网评员队伍，累计转发、跟帖和评论800多条次。

【党风廉政建设】 开展公车管理使用、违规发放津贴补贴、奖金福利等违反中央八项规定精神问题监督检查10次；围绕构建乡村振兴工作格局等重点任务，开展监督检查6次，开展乡村振兴领域腐败和不正之风监督检查4次，针对问题已全部整改；对干部在岗在位、履职、坐班等情况开展监督检查110余次；组织干部职工学习12次；组织警示教育活动2次；观看党风廉政警示教育片2次，撰写心得体会40余篇；镇党委书记讲党课1次；开展党政领导班子改进作风狠抓落实专项整治工作1次，形成班子自查报告1篇；开展违反政治纪律行为排查处置工作2次，排查出的问题全部整改；开展对“一把手”和领导班子监督4次；针对就业创业、教育医疗、养老社保、生态环保、安全生产、食品药品安全等领域，下乡督导了解情况6次；开展疫情防控工作监督检查25次。

【代表工作】 琼结镇现有县级人大代表41人，其中，农牧民代表27名，各级党政领导干部14名，党员代表37名；镇级人大代表47人，其中，农牧民代表40名，各级党政领导干部7名，党员代表41名。

【镇第十五届人民代表大会第二次会议】 于2月22日召开，会议通过“三个专项报告”，收到意见建议8件。

下水乡

【概况】 下水乡位于琼结县北面约5千米处，平均海拔3560米，全乡面积120平方千米，属于二类地区，共有4个行政村，17个自然村，农行营业所1所，卫生院1所，双语幼儿园5所。全乡共有821户3230人，其中劳动力1472人。农牧民年人均可支配收入19854元，同比增长13%。村民收入来源为农牧业和外出务工，粮食主要为青稞、小麦等农作物。

【农牧业发展】 农业方面。总播种面积6065.85亩，粮食种植面积3751亩，经济作物播种面积1915亩，饲草作物面积400.8亩；粮、经、饲比例由2021年的63：26：11调整为2022年的61.8：31.6：6.6。粮食产量415万斤（小麦单产1196.12斤，青稞单产1074.1斤），其中蔬菜产量2406.83万斤、饲草产量144.81万斤。秋翻面积共计5396亩，其中唐布齐村2000亩包括人工种草地由唐布齐利民农机合作社进行深松。按照1307亩耕地的冬播需求，共筹备优质种子45.75万斤。筹措化肥款55829.4元，发放化肥39.78吨、筹备农家肥6232.95吨，大小农机保养和维修共34台。良种粮播种面积3751亩，共计665户，兑现资金46287.34元。耕地地力保护补贴面积3815亩，共计675户，兑现资金262662.69元。第二批实际种植粮食一次性补贴面积3751亩，676户，24992.91元。开展蝗虫幼崽灭杀工作8次，防治面积450余亩，安排人员定期对蝗灾易发点进行检查。完成秋收工作任务。牧业方面。维修牛羊圈3座；乡一级筹备饲草4.6吨、饲料14.4吨；群众筹备饲草352.5吨、饲料68吨。召开“春秋”两季重大动物疫病防控工作安排部署会并签订重大动物疫病防控责任书。完成“春秋”两季重大动物防疫工作和高致病性禽流感疫苗注射工作，完成牛口蹄疫免疫1864头、绵羊口蹄疫免疫1836只、山羊口蹄疫免疫881只、猪口蹄疫免疫202头，鸡疫免疫385只，牦牛及犏牛口蹄疫免疫53头，免疫率和免疫密度都达到99%。进行牲畜清点，经清点核实，未超载户646户，共兑现资金296311.12元。超载户108户，均签订减畜任务责任书。指导和完善4个黄牛改良点工作，签订黄牛改良目标管理责任书，全面完成黄牛改良任务520头。牲畜存栏8270头（只），新生仔畜1826头（只），仔畜成活数1820头（只），仔畜成活率达99.6%，肉产量75.39吨，奶产量158.4吨。

【经济建设】 “菜篮子”项目二期工程投入运营，年产量2154吨。农产品加工产业园工程形象进度达到95%。华丰光伏发电1200千瓦时、年产值1200万元。

【基础设施】 实现“庭院清洁卫生美、庭院绿化格局美、居室整洁靓化美”的农村新风貌。创建39户村级“美丽庭院”示范户。

【维稳工作】 开展扫黑除恶打非治乱专项斗争，深入群众家中宣传教育并填写调查问卷，鼓励检举揭发。抓好重大节日期间社会面管控工作，确保重大敏感节点社会安全。

【社会事业】 对民生资金兑现进行全面核查。深入27户27人分散供养五保户家中开展走访排查活动，收集五保老人生活诉求和意见建议3条，排查整改安全隐患7项。对183名残疾人员家庭进行全覆盖家访，收集民意建议，建立残疾人台账，收集民众诉求意愿4个方面60余条，组织残疾人及家庭成员就业培训50余人次，实现就业35余人，实现增收近百万元，为肢体残疾人申领发放拐杖18副，轮椅4套，坐便器3个，视力残疾发放眼镜1副，听力残疾发放助听器40余个。

2022年，下水乡干部到村上开展民生资金核查工作
（下水乡/供图）

【脱贫攻坚】 2021年10月至2022年9月，脱贫户人均可支配收入16844.03元，其中工资性收入10906.52元，占比64.7%；经营性净收入2134.3元，占比12.6%；转移性净收入3264.4元，占比20.5%；财产性净收入538.81元，占比3.19%；增速达到13.28%。18人（脱贫户）在“菜篮子”温室大棚就业，日工资为160元，就业人员累计创收86.4万元。

【生态环保】 开展城乡环境综合治理农村厕改工作，完成78个指标，完成率100%。对乡、各行政村周边卫生保洁实施统一标准，组织人工1200人次，清理渠道1000米，绿化树木356棵，清运垃圾60吨，清理河床共计42千米，清理卫生死角607处，重点院落整理23户。全民清理杂草垃圾，管理畜禽乱跑，治理污水乱放等，实现三有（有垃圾箱、垃圾池、垃圾填埋场），各村环境卫生显著提升。巡查、制止向河道扔垃圾等行为。成立联合执法检查队伍，对乡辖区内开展巡查，未发现有违章、违规建筑。投入2000万元实施措杰村人居环境提升项目，投入74万元实施唐布齐村新风貌项目。

【党的建设】 基层党建示范点创建。做好下水村党建促乡村振兴和唐布齐村党建促乡村治理两个党建示范点建设，打造唐布齐村“党建兴 瓜果香”党建品牌示范点，努力“创建民族团结示范点”“创建培养乡村人才示范点”及“创建增收就业示范点”三个示范点。“党群小茶馆”建设。规范唐布齐村和下水村“党群小茶馆”建设运营，加强对财务制度落实、日常运营管理、团结凝聚群众等方面的监督指导，“党群小茶馆”实现每月开展活动至少一次、关爱老人至少一次、厘清账目至少一次。新时代文明实践站建设。开展新时代文明实践站志愿者、巾帼志愿者、青年志愿服务队三支队伍志愿服务活动86次。党风廉政建设。班子成员撰写两次党风廉政“一岗双责”述职述廉报告，履行“一岗双责”。开展岗位廉政风险点排查，落实廉政风险防控措施。

下水乡干部在乡政府开展“作风怎么看、工作怎么干”大讨论（下水乡/供图）

拉玉乡

【概况】 拉玉乡位于琼结县西北方向，距县城17千米，平均海拔3690米。全乡下辖5个行政村，19个自然村，有农业银行营业所1所，卫生院1所，小学2所，幼儿园6所，寺庙2座，现有人口1105户4415人，劳动力2412人。乡党委设置基层党组织20个。其中村党委（白那、德庆、日玛岗）、2个村党总支（强吉、堆巴），15个党支部（1个乡机关党支部、1个非公经济组织联合党支部和13个村小组党支部），共有党员648名。全乡国土面积330平方千米，其中耕地面积6781.55亩，草场面积227505亩，粮食播种面积6764.55亩，粮食作物面积4883亩，经济作物面积1474亩，饲草料作物面积424.5亩，牲畜数量11467头（只、匹）。2022年人均可支配收入19506元，主要经济收入以农牧业特色种植和外出务工为主，是一个以农业为主、农牧结合的河谷农区乡。

【疫情防控】 统计每日外来人员。激活新冠疫情防控专班，7月29日至11月3日，排查登记外来人员917人。推进核酸检测。8月至12月，开展全员核酸检测34次，重点人员核酸检测56次，各村培养6名核酸检测工作人员，以村为单位自行开展核酸检测；设立防疫卡点，在乡主要入口、各村入口设立8个检查卡点。发挥志愿服务作用。在疫情防控、党的二十大维稳安保期间，各村成立外来人员排查组、矛盾纠纷排查组、安全隐患排查组、治安联防联控组，维护社会局势稳定。拉玉乡机关党支部、各村党组织成立31个志愿服务队，在疫情期间开展志愿服务270余次，受益群众9600人。完成复工复产任务。对辖区商店、超市、茶馆、餐馆进行有序开放，对各个项目的开复工方案进行严格审批，年底实现复工复产，辖区5个行政村创建为“无疫社区”。

【产业发展】 辖区5个行政村集体经济收入均超过5万元。德庆村生猪养殖合作社由茹巨公司承包，签订每年4万元的合同，山南市茹巨农业科技有限责任公司利润为脱贫户分红2万元，上缴村集体2万元；日玛岗村通过高山畜牧业合作社，年内新购入牦牛451头，年创收达到12万元以上；强吉村开发乡村民俗观光旅游，增收超过30万元；白那村依靠扶贫光伏农场发电补贴、白那藏鸡养殖合作社承包金，为村集体增收13万元以上；堆巴村成立堆巴村农机具合作社，通过土地流转800亩、机械出租等形式创收18万元。

【农牧业发展】 全乡粮食播种面积6781.55亩，粮食作物面积4883亩，经济作物面积1474亩，饲草料作物面积424.5亩。种植一级、二级种子田山冬7号500亩，“藏青3000”600亩。完成黄牛改良任务522头，完成率74%。完成牲畜疫苗接种。秋季疫苗接种黄牛3473头、犏牛1674头、羊6355只、山羊878只、猪163头、奶牛1182头。

【乡村治理】 完成880户“户厕改造”。推进“人居环境综合整治”，德庆村实现路面整洁、墙面统一、路面积水减少，村内环境卫生得到改善；强吉村开展人居环境整治，设立庭前屋后责任制，提升村内卫生环境；堆巴村成立垃圾分类积分兑换超市，建立垃圾积分兑换制度，实现生活垃圾处理减量化、资源化、无害化目标。拉玉乡推进“红旗”“黑旗”评比制度，促进各村开展人居环境整治。

【脱贫攻坚】 全乡脱贫户131户371人，人均年收入19506元，比2021年人均12548.43元增长55.45%，其中，工资性收入占63.56%，生产经营性收入占10.31%，财产性收入占4.32%，转移性收入占21.81%，超过13%的增收指标。农牧民转移就业完成1781人，完成任务数的102.29%，创收达到1738.49万元，完成任务数的114.14%。

【民生保障】 城乡居民基本医疗保险参保4212人，其中，低保对象、脱贫不稳定返贫致贫人员59人，全部以最高参保档次纳入基本医疗保险，参保率达到100%，重残43人、特困人员51人，6065人员541人、孤儿4人，全乡未参保1名，全乡参保率达99.9%；全乡参加基本养老保险人数4170人，其中，16岁以下人数353人，县中学总人数101人；拉玉乡总共为164人代缴养老保险，其中，残疾一级28人、残疾二级28人，“五保户”38人，“低保户”70人，实际参保人数1853人，参保率达95.6%。开展控辍保学工作，学前教育入园率及中小学适龄儿童入学率均达100%。

【宣讲活动】 学习和宣讲习近平总书记重要讲话精神，“三法”“自治区第十次党代会”“民主改革63周年宣讲提纲”“三个意识”、党的二十大精神等内容并进行应知应会理论测试3次。

8月2日，拉玉乡新时代文明实践志愿者开展“寻初心、守初心、践初心”助农志愿服务活动，帮助农牧民群众清除种子田野草杂草
（拉玉乡/供图）

【主题实践活动】 组织开展学雷锋、义务植树、“3·28”文艺会演、关爱留守儿童、护苗·绿书签、喜迎党的二十大文艺会演、红歌合唱比赛、蝶变新生的美丽乡村线上演讲比赛、党的二十大宣讲比赛等活动。打造惠民“小相馆”，免费为农牧民群众、学生提供拍摄全家福、证件照、儿童纪念照等服务；开展“六一”青春护航活动，讲解常见消防隐患预防和道路交通安全知识。拉玉小学给乡文化站赠送锦旗。新冠疫情期间，新时代文明实践所为农牧民群众、居家学生提供送生活物品上门、送书上门等志愿服务。在国庆、

重阳双节期间，志愿者为空巢老人提供生活礼包、卫生清洁、义诊赠药等志愿服务。

拉玉乡庆祝百万农奴解放纪念日暨喜迎党的二十大胜利召开演出 （拉玉乡/供图）

【文化事业】 强钦青稞酒参加山南市非物质文化遗产展览；强钦青稞酒、多吉铁艺参加琼结县非物质文化遗产展览；堆巴谐钦参加山南市非物质文化遗产日文艺演出活动；白那村文艺演出队参加县级民族团结文艺会演活动；德庆铁器制作技艺负责人多吉被评为市级非物质文化遗产传承人；拉玉果谐负责人格桑德吉、强钦青稞酒酿制技艺负责人洛桑多吉被评为县级2020年第二批非物质文化遗产传承人。举办临时展览一次，广场文体活动12次，特殊人群文化活动4次，开展流动文化服务5次，图书流通120册，开展培训6次，文化市场执法活动6次，文物安全排查18次，开展村级文艺演出活动40场次，开展免费开放活动10场次，文化站免费开放资金进度90%。

【安全生产】 开展安全生产专题宣传教育16场次，参与3600余人次，干部群众宣传教育覆盖率达到100%。定期开展安全生产大排查大处置，对排查发现的各类安全隐患及时处置。安全生产工作小组开展安全生产法制教育3次；向中小学生传授灭火器的使用方法，讲解灭火器相关的知识，引导中小学生养成安全用火习惯。

加麻乡

【概况】 加麻乡土地面积375平方千米，平均海拔4200米，下辖6个行政村，20个自然村，共有1078户，4433人，耕地面积7727.3亩，主要农作物有青稞、小麦、土豆、油菜。全乡天然草场面积39万亩，人工草场面积1550亩，饲养的主要牲畜有牛、羊、牦牛、藏鸡。2022年农村人均可支配收入达到19310元。全乡有1所小学，5所村级双语幼儿园，农行营业所1所、邮政营业所1所、小学附属幼儿园1所。乡辖区内有一座寺庙，日追4所、拉康1座。

【疫情防控】 在两处重要卡扣设置出入检查防控点，卡点累计派出志愿服务工作人员800人次，派出爱心帮扶、志愿秋收等志愿服务人员1800人次，未出现外来输入病例情况，截至年底，60岁以上老人疫苗接种率达到95%，80岁以上老人疫苗接种率达到92%。

【产业发展】 投资1020万元实施各类产业项目扶持壮大工程，特日牧场完成改制集体经营、金珠塞隆合作社改制、扎西平若糌粑生产车间扩建项目进展顺利、白松半细毛羊养殖合作社种羊出栏量达到预期水平。特日村高山畜牧养殖合作社毛营业收入113万元，纯利润达到40万元；金珠村塞隆农畜产品加工合作社营业收入60万元，村集体创收15万元；扎西平若水磨糌粑加工有限公司总收入127万余元，纯收入53万元；白松村半细毛羊养殖合作社营业收入达到78万元，纯利润22万元。

【农牧业发展】 农业基础设施更加完善，粮食、蔬菜、肉蛋奶产量分别达到16075万斤、8500万斤、4478.55万斤，均创历史新高。积极推广二级种子田300亩（其中“藏青3000”200亩、山冬7号冬小麦100亩），青稞单产达到550-590斤，冬小麦单产达到600-700斤。全乡黄牛改良任务910头，完成658头，完成率达到72.3%。

【乡村治理】 每季度开展美丽村庄建设成效督查和“美丽庭院评比”活动。户厕改造34户，户厕改造完成率达98%；新增垃圾分类投放点6处；乡道沿线昌嘎村至白松村人居环境整治示范带建设项目完工，分别被评为山南市2022年度农牧区人居环境整治“十佳乡镇”和“县人居环境整治先进乡镇”。

【经济发展】 农牧民人均可支配收入达到20207元，同比增长13.2%。脱贫户人均可支配收入达到14980.72元，同比增长13.5%，完成年度目标任务的100.2%。实现农牧民转移就业人数1769人，完成年度目标任务的100%。实现创收1555.26万元，完成年度目标任务的100%，劳务输出规模逐步提升。全乡各类产业项目营业378万元，纯利润134万元，带动群众48人稳定就业增收。

【社会保障】 居民养老保险累计参保2990人，续保2266人，新增参保31人。低保16户34人，发放低保救助资金93969.7元，特困人员15户15人，发放救助资金110295元；残疾人生活补贴共计发放218人419800元。家庭签约医生集中开展群众免费体检活动1场次，受益3918人次。兑现生态岗位工资357人次1249500元。全年共兑现各类惠民惠农资金680.54万元，受众4354人次。

【就业培训】 全年新增劳动力转移就业123人；组织开展应届大学毕业生就业培训暨就业政策宣讲会4场次，受益66人；组织开展农牧民就业创业技能培训9场次，受益330人。

【教育事业】 学前教育入园率及中小学适龄儿童入学率均达100%；做好应届高校毕业生就业工作，应届高校毕业生66人，就业62人。

8月5日，加麻乡文化站组织中小学生开展首届“文明齐步走、小手拉大手、树立新风貌”朗诵比赛　（加麻乡/供图）

【文化事业】 全乡专兼职干部群众文艺队伍130人。组织各村文艺队、干部兼职文艺队、县艺术团及藏戏团演出30余场次。举行主题活动42场次。新时代文明实践所（站）志愿者1200人开展各类志愿服务活动360次。

2月28日，加麻乡行政村文艺演出队“感恩新时代·迈进新征程”专场演出　（加麻乡/供图）

【安全生产】 开展安全生产专题宣传教育22场次，参与4000余人次，干部群众宣传教育覆盖率达到100%。开展安全生产大排查大处置，对排查发现的隐患及时处置。乡统筹解决消防器材换新、老化线路更新及安全头盔、广角镜、安全反光条等安全用品经费3万余元。全年未发生有人员伤亡及重大财产损失的安全生产事故。

领导名录

县级各部门

【中共琼结县委员会】

书　　记　韩　亮

常务副书记　陈永涛(7月离任)

常务副书记、县政府常务副县长

王晓静(7月任职)

副书记、琼结县驻村工作总领队

覃森茂(5月任职)

【琼结县人民代表大会常务委员会】

主　　任　蒋芝辉

副 主 任　达尔杰(藏族)

白玛加措(藏族)

嘎珍(女,藏族)

孟军军

【琼结县人民政府】

县委副书记、县长　秦梅鸯宗(女,藏族)

县委常务副书记、常务副县长　王晓静(7月任职)

县委常委、常务副县长　叶建勇

县委常委、副县长　褚春明(7月任职)

副 县 长　李鲲鹏

扎西土登

维色加措

孟再波

旦增旺堆

【中国人民政治协商会议琼结县委员会】

主　　席　仁增多吉(藏族)

副 主 席　尼玛加措(藏族,4月离任)

郝高君

央金(女,藏族)

田泽钊

纪检、巡察办、人民法院、人民检察院

【琼结县纪委监委】

县委常委,县纪委书记、监委主任

白玛多吉(藏族)

纪委副书记、监委副主任　石尚智

尼玛曲珍(女,藏族)

监 委 委 员　赵小龙

纪 委 常 委　扎西尼玛(藏族)

【中共琼结县委巡察工作领导小组办公室】

主　　任　赵俊花(女)
副 主 任　次仁多吉(藏族)
组　　长　平措卓玛(女,藏族)
副 组 长　徐洪娟(女)

【琼结县人民法院】

院　　长　解松娟(女)
副 院 长　李学英(女)
政治部主任　单增卓嘎(女,藏族)
审判管理办公室主任　尼玛央珍(女,藏族)
立案庭庭长　兰琳琳(女)
综合审判庭庭长　金　晶
执行局局长　李　盾
加麻法庭庭长　索朗江村(藏族)

【琼结县人民检察院】

检 察 长　旺久(藏族)
副检察长　林海燕(女)
检察业务部主任　卢　艳(女)
检察综合部主任　阿旺曲珍(女,藏族)

党群系统工作部门

【中共琼结县委组织部】

县委常委、组织部部长、直属机关工委书记
　　李国霞(女)
常务副部长　加　措(12 月任职)
　　谭长周(12 月离任)
副部长、老干部局长　赵颖彪(5 月任职)
　　巴桑次仁(藏族,5 月离任)
副部长、公务员局长　边巴顿珠(12 月任职)

【中共琼结县委宣传部】

县委常委、宣传部部长　边巴(藏族)
常务副部长　曲　杰(藏族,12 月任职)
副部长兼任广播电视局局长
　　熊起樊(女,藏族,5 月任职)
副部长兼任政府新闻办公室主任
　　洛桑旦增(藏族,12 月任职)
副部长兼任新闻出版局局长
　　王　静(藏族,5 月任职)
网评中心主任　田雨路

【中共琼结县委统战部(琼结县民宗局)】

县委常委、统战部部长　米玛次仁(藏族)
常务副部长　央　金(女,藏族)
　　群　培(藏族)
副部长、民宗局副局长　罗布扎西(藏族)
　　张甜甜(女,回族,6 月任职)

【中共琼结县委政法委员会】

县委常委、政法委书记,公安局长、督察长
　　董惠军
常务副书记　李　峰(藏族)
副 书 记　魏晓虎
　　土旦久美(藏族,4 月离任)

【中共琼结县委办公室】

县委常委、县委办主任　蔡小东
常务副主任　巴桑旺堆(藏族,5 月任职)
副主任、保密局局长、档案局局长
　　李远周(5 月任职)
副主任、机要局局长　平措顿珠(藏族)
档案馆馆长　张梦瑗(女)

【中共琼结县委国家安全委员会办公室】

主　　任　蔡小东(4 月任职)
常务副主任　罗　鹏

副　主　任　普布央宗(女,藏族)

【琼结县总工会】

主　　　席　杨　林(女)
副　主　席　拉　珍(女,藏族,3月任职)

【共青团琼结县委员会】

书　　　记　欧浩洲
副　书　记　曲珍旺姆(女,藏族)

【琼结县妇女联合会】

主　　　席　米玛玉珍(女,藏族,6月离任)
副　主　席　卿　倩(女)

【琼结县工商联】

主　　　席　央　金(女,藏族)
副　主　席　张健康(8月任职)

政府工作部门

【琼结县人民政府办公室】

主　　　任　益西加措(藏族,5月任职)
副　主　任　周代忠
　　　　　　张　恒
四级主任科员　索朗白玛(女,藏族)
　　　　　　　旦增卓玛(女,藏族,6月任职)
　　　　　　　索朗央金(女,藏族,12月任职)

【琼结县人力资源和社会保障局】

局　　　长　洛桑尼玛(藏族)
副　局　长　畅志超
　　　　　　拉巴卓玛(女,藏族,5月任职)

【琼结县文化局】

局　　　长　其　米(女,藏族)
副　局　长　旦增卓玛(女,藏族)
　　　　　　刘洪涛

【琼结县发展和改革委员会】

主　　　任　努　海(藏族)
副　主　任　卓玛次仁(女,藏族)
　　　　　　刘明川
　　　　　　洛桑旦增(藏族)
　　　　　　刘蓝宇
　　　　　　陶瑞勇(10月离任)

【琼结县统计局】

局　　　长　达娃旺姆(女,藏族)
副　局　长　李海梅(女)
　　　　　　强巴曲珍(女,藏族,5月任职)

【琼结县教育局】

局　　　长　罗　布(藏族)
副　局　长　何　风(土家族)
　　　　　　刘　超(5月任职)

【琼结县公安局】

县委常委、政法委书记,公安局党委书记、局长(三级高警长)　董惠军

党委副书记、政委(一级警长)　冉韩军

党委委员、副局长(二级警长)　洛松贡嘎(藏族)

党委委员、副局长(二级警长)　达瓦次仁(藏族)

党委委员、办公室主任(三级警长)　侯海欧

党委委员、拉玉乡派出所所长(警长)
　　　　　　任静亮(3月任职)

党委委员、国保大队大队长(四级警长)
　　　　　　罗布泽仁(藏族,3月任职)

【琼结县民政局】

局　　　长　索朗巴珠(藏族)

副　局　长　魏　巍(女)
　　　　　　巴桑卓嘎(女,藏族)

【琼结县退役军人事务局】

局　　　长　索郎多吉(藏族)
副　局　长　杨玉明
　　　　　　边巴卓玛(女,藏族)

【琼结县司法局】

局长、党支部书记　旦增旺姆(女,藏族)
副局长、党支部副书记　平措卓玛(女,藏族)
副局长、纪检委员　巴桑曲珍(女,藏族)
副　局　长　柴丽萍(女)

【琼结县财政局】

局　　　长　张善胜
副　局　长　米玛次旦(女,藏族)
　　　　　　巴桑次仁(藏族)

【琼结县自然资源局】

局　　　长　岳　易(5月任职)
　　　　　　赵丽芳(女,5月离任)
副　局　长　布　琼(藏族)
　　　　　　扎西顿珠(5月任职)
　　　　　　巴桑拉吉(女,藏族,5月任职)
　　　　　　旦增卓玛(女,藏族,5月离任)
　　　　　　张　恒(5月离任)

【山南市生态环境局琼结县分局】

局　　　长　旦增曲扎(藏族)
副　局　长　拉　珍(女,藏族)
　　　　　　德　央(女,藏族,6月离任)
　　　　　　彭靖宇(6月离任)
　　　　　　赵建华(6月任职)
　　　　　　如给叶(女,回族,6月任职)

【琼结县住房和城乡建设局】

局　　　长　唐　涛
副　局　长　曹凡凡(女,5月任职)
　　　　　　扎西达杰(藏族,5月任职)
　　　　　　达娃卓玛(女,藏族,5月离任)
　　　　　　刘　超(5月离任)
　　　　　　刘　明(7月离任)

【琼结县交通运输局】

局　　　长　杨少华(女)
副　局　长　次仁罗布(藏族)
　　　　　　次仁曲宗(藏族)

【琼结县水利局】

四级调研员、局长　次仁朗杰(藏族)
副　局　长　边　珍(女,藏族,5月离任)
　　　　　　龙桂芳(5月离任)
　　　　　　米玛次仁(藏族,5月任职)
　　　　　　赵　敏(女,5月任职)
　　　　　　刘可臣(11月离任)

【琼结县农业农村局】

党组书记、局长　次仁普拉(藏族)
党组成员、副局长　扎　西(藏族)
　　　　　　　　洛桑顿珠(藏族)
　　　　　　　　杨金芝(女)
党组成员、县农牧综合服务中心副主任
　　　　　　　　龚永强(7月离任)
县农牧综合服务中心主任　拉　巴(藏族)
县科协主席　索朗扎西(藏族)
县农牧综合服务中心副主任　齐　敏(女)

【琼结县商务局】

局　　　长　黄永亮
副　局　长　桑杰罗布(藏族)

康卓拉姆(女,藏族)

【琼结县卫生健康委员会】

卫健委主任　格桑多吉(藏族,3月任职)
卫健委副主任　索朗仁增(藏族,5月离任)
白玛措姆(女,藏族)
刘　倩(女,藏族,5月任职)

【琼结县医疗保障局】

局　　长　云旦扎西(藏族,5月任职)
副 局 长　巴　桑(女,藏族)
闫玉萍(女)

【琼结县市场监督管理局】

局　　长　罗　琼(藏族,5月离任)
索朗仓巴(藏族,5月任职)
副 局 长　次仁旺堆(藏族)
张冬雪(女)
扎桑措姆(女,藏族)

【琼结县应急管理局】

局　　长　索朗仓巴(藏族,5月离任)
罗　琼(藏族,5月任职)
副 局 长　拉　珍(女,藏族,5月离任)
刘　玉
巴桑央宗(女,藏族)
布琼次仁(藏族,5月任职)

【琼结县旅游发展局】

局长、一级主任科员　索朗次吉(女,藏族)
副局长、三级主任科员　宋明霞(女)
旦增多吉(藏族)
副 局 长　次仁拉姆(女,藏族)

【琼结县林业和草原局】

局　　长　冯　树(土家族)
副 局 长　朗　杰(藏族)
扎西曲珍(女,门巴族)

【琼结县乡村振兴局】

局　　长　旦增达娃(藏族)
副 局 长　巴　桑(藏族)
益西吉宗(女,藏族)
王　珂(5月任职)
程　宇(8月任职)

【琼结县行政审批和便民服务局】

局　　长　龙桂芳(苗族,5月任职)
云旦扎西(藏族,5月离任)
副 局 长　索朗仁增(藏族,5月任职)
尼　玛(女,藏族)
大厅主任　黄殿龙

【琼结县信访局】

局　　长　拉巴次仁(藏族)
副 局 长　阿旺旦巴(藏族,12月离任)
李江丽(女)
扎西多吉(藏族,12月任职)

【琼结县创先争优强基础惠民生活动领导小组办公室】

县委常委、组织部部长、县直属机关工委书记
李国霞(女)
组织部常务副部长　谭长周
县委组织部一级主任科员　余海峰

人大常委会工作部门

【琼结县人大常委会办公室】

主　　任　李艾华

副　主　任　尼　珍(女,藏族,5 月任职)

【琼结县人大常委会法制委员会】

主任委员　扎西顿珠(藏族)

【琼结县人大常委会财经委员会】

主任委员　次仁罗布(藏族)

【琼结县人大常委会教科委】

主任委员　白玛伦珠(藏族)

政协工作部门

【政协琼结县委员会办公室】

主　　任　王建平

副　主　任　索朗扎西(藏族)

【政协琼结县委员会专门委员会(综合委员会)】

主任委员　拉姆次仁(女,藏族)

直属事业单位

【国家税务总局琼结县税务局】

局　　长　闫　洁(女)

副　局　长　邓贻丹(女)

纪检组组长　次仁拉吉(女,藏族,12 月离任)

刘　漫(12 月任职)

【琼结县气象局】

局　　长　拉巴次仁(藏族)

副　局　长　巴　桑(藏族)

巴桑扎西(藏族)

【琼结县藏语文工作委员会办公室(编译局)】

主任(局长)　琼吉(女,藏族,8 月离任)

副主任(副局长)　旦培(藏族)

单增群宗(女,藏族)

【琼结县卫生服务中心】

主　　任　巴桑片多(女,藏族)

副　主　任　洛桑卓玛(女,藏族,10 月离任)

王显坤(10 月任职)

强巴次仁(藏族,10 月任职)

谭志彬(7 月任职)

石　亮(7 月任职)

【琼结县机关后勤服务中心】

主　　任　彭　伟

副　主　任　刘夕瑜

【琼结县广播电视台】

台　　长　邱　锋

副　台　长　白玛曲珍(女,藏族)

刘　玲(女)

军　事

【西藏琼结县武装部】

部　　长　吕　方(12 月离任)

政　　委　刘　涛

【武警琼结中队】

中　队　长　高　洋(6 月离任)

马小奥(7 月任职)

政治指导员　柯　峰

副中队长　贡布朗杰(门巴族)

金融系统

【中国农业银行琼结县支行】

行　　长　洛桑扎西(藏族,3月任职)
副 行 长　次仁卓嘎(藏族,7月离任)
　　　　　巴桑仓木决(藏族,12月任职)
　　　　　马娇娇(9月任职)
纪检委员　多吉占堆(藏族)

县直以上企事业单位

【琼结县中学】

县教育局党组成员、县中学党支部书记
　　　　　卢世俊(藏族)
校　　长　王宗虎
县中学党支部副书记、副校长　刘定红(女)
副 校 长　拉巴次仁(藏族)

【邮政公司西藏自治区琼结分公司】

总 经 理　李秀芳

【琼结县移动公司】

经　　理　平措热旦(藏族)
网 格 长　索朗曲珍(女,藏族)

【琼结县电信局】

局　　长　桑　吉
政企客户经理　扎西旺堆
渠道支撑经理　桑　珠
综维主管　尼玛次仁

各乡(镇)

【琼结镇】

县政府副县长、镇党委书记　旦增旺堆(藏族)
镇党委副书记、镇政府镇长　贺汝金
镇党委副书记、镇人大主席　罗布次仁(藏族)
镇党委副书记　崔　霜
镇纪委书记　陈　明
镇党委宣传委员　珠　杰(藏族)
镇党委组织委员　张玉婷(女)
镇党委政法、统战委员,镇政府副镇长
　　　　　巴洛旦(藏族)
镇党委委员、镇人武部长　谢　伟
镇政府副镇长　土登尼玛(藏族)
　　　　　洛桑云旦(藏族)

【拉玉乡】

乡党委书记　扎西罗布(藏族)
乡党委副书记、乡政府乡长　司勇宏
乡党委副书记、乡人大主席　多吉(藏族)
乡党委副书记　罗布次仁(藏族)
乡党委委员、宣传委员　贺迎春(女)
乡党委委员、组织委员　贺　诚
乡政法委员、统战委员,乡政府副乡长
　　　　　嘎玛顿珠(藏族)
乡纪委书记　王雪飞(女,5月任职)
乡党委委员、乡人武部长
　　　　　达瓦次仁(藏族,5月任职)
乡政府副乡长　嘎　多(女,藏族)
　　　　　贺　钊(11月任职)

【下水乡】

乡党委书记　田泽钊

乡党委副书记、乡政府乡长　多吉泽丁(藏族)

乡党委副书记、乡人大主席　次仁加措(藏族)

乡党委副书记　旦增克珠(藏族)

乡纪委书记　吾金措姆(女,藏族)

乡党委组织委员　曲　宗(女,藏族)

乡党委宣传委员　黄尚波

乡党委委员、乡人武部长　彭　正

乡党委统战政法委员　侯莉慧

【加麻乡】

乡党委书记　董昊辛(6月离任)

邵　伟(7月任职)

乡党委副书记、乡人大主席　扎西加措(藏族)

乡党委副书记、乡政府乡长　白玛罗布(藏族)

乡党委副书记　刘　玲(女)

乡党委委员、乡纪委书记　罗布次仁(藏族)

乡党委委员、乡武装部长　米玛扎西(藏族)

乡党委组织委员　吴顺喜

乡党委宣传委员　丁　盟

乡党委政法委员、统战委员、乡政府副乡长　洛桑丹增(藏族)

荣誉录

集体荣誉

自治区级获奖集体一览表

获奖单位	获奖名称	表彰时间	授予单位
琼结县	第十批全国民族团结进步示范区示范单位	2022 年	国家民委
琼结县	第六批生态文明建设示范区	2022 年	生态环境部
加麻乡人民政府	第六批中国传统村落名录	2022 年	住房和城乡建设部
加麻乡人民政府	西藏自治区生态文明建设示范区	2022 年	西藏自治区人民政府

市级获奖集体一览表

获奖单位	获奖名称	表彰时间	授予单位
县人民法院	全区优秀法院	2022 年	西藏自治区高级人民法院
琼结县	2022 年国家乡村振兴示范县	2022 年	农业农村部发展规划司、乡村振兴规划财务司
县委统战部	全区统战信息工作先进单位	2022 年	中共西藏自治区委员会统战部
琼结县新时代文明实践中心	全区新时代文明实践示范中心	2022 年	西藏自治区精神文明建设指导委员会
县委组织部	全区组织系统信息工作先进集体	2022 年	西藏自治区党委组织部

续表

获奖单位	获奖名称	表彰时间	授予单位
县公安局	西藏自治区公安厅疫情防控集体三等功	2022 年	西藏自治区公安厅
琼结县	第一批自治区民族团结进步模范县	2022 年	西藏自治区民委
琼结县	西藏自治区生态文明建设示范区	2022 年	西藏自治区生态建环境厅
琼结县	2022 年度全市劳动力转移就业先进县区	2022 年	中共山南市委员会、山南市人民政府
琼结县	2022 年度全市粮食安全先进县区	2022 年	中共山南市委员会、山南市人民政府
县教育局	全区实施妇女儿童发展规划先进单位	2022 年	西藏自治区人民政府妇女儿童工作委员会
县教育局	全区教育系统先进集体	2022 年	西藏自治区教育厅
琼结县中学	西藏非物质文化遗产进校园示范基地	2022 年	西藏自治区文化厅、西藏自治区教育厅
琼结镇完全小学	西藏自治区防震减灾示范学校	2022 年	西藏自治区地震局
琼结县拉玉乡小学	山南市教育系统民族团结示范学校	2022 年	中共山南市委员会、山南市人民政府
县水利局	全区水利系统先建集体	2022 年	西藏自治区人力资源和社会保障厅、西藏自治区水利厅
琼结县	评为 2022 年度全市粮食安全先进县区	2022 年	中共山南市委员会、山南市人民政府
琼结县	山南市创先争优强基础惠民生活动优秀组织单位	2022 年	中共山南市委员会、山南市人民政府
琼结县	2022 年度全市劳动力转移就业先进县区	2022 年	中共山南市委员会、山南市人民政府
加麻乡人民政府	西藏自治区 2021 年幸福宜居示范村	2022 年	西藏自治区农村人居环境整治工作领导小组
加麻乡人民政府	2022 年山南市民族团结进步模范集体	2022 年	中共山南市委员会、山南市人民政府
拉玉乡人民政府	山南市民族团结进步模范单位	2022 年	中共山南市委员会、山南市人民政府
下水乡	山南市农村人居环境整治季度成效“十佳乡镇”	2022 年	山南市委农村人居环境政治工作专班，山南市农村人居环境政治工作领导小组
加麻乡	山南市农村人居环境整治季度成效“十佳乡镇”	2022 年	山南市委农村人居环境政治工作专班，山南市农村人居环境政治工作领导小组

县级获奖集体一览表

获奖单位	获奖名称	表彰时间	授予单位
县人民检察院	“学习之星”	2022 年	山南市人民检察院
县公安局	山南市公安机关“决战 2022”第二届全警实战大比武警情处置单项团体第一名	2022 年	西藏自治区山南市公安局
县公安局	山南市公安机关“决战 2022”第二届全警实战大比武体能单项团体第一名	2022 年	西藏自治区山南市公安局
县公安局	山南市公安机关“决战 2022”第二届全警实战大比武总团体第二名	2022 年	西藏自治区山南市公安局
琼结镇司法所	山南市“七五”普法先进集体	2022 年	中共山南市委员会宣传部、山南市司法局、山南市法治宣传教育工作领导小组办公室
琼结镇完全小学六(3)太阳花中队	山南市优秀少先队集体	2022 年	共青团山南市委员会、山南市教育局、山南市少工委
琼结镇完全小学六(3)太阳花中队	2022 年度“红领巾奖章”三星章	2022 年	共青团山南市委员会、山南市教育局、山南市少工委
琼结镇完全小学	山南市教育系统民族团结示范学校	2022 年	山南市教育局
县税务局	2022 年度山南市税务系统抗击疫情先进集体	2022 年	国家税务总局山南市税务局
县信访局	2022 年度“三农”工作先进单位	2022 年	中共琼结县委员会、琼结县人民政府
县委宣传部	民族团结进步模范单位	2022 年	中共琼结县委员会、琼结县人民政府
县自然资源局党支部	党的二十大精神线上知识竞赛	2022 年	中共琼结县委员会
县委办	琼结县第二批县级民族团结进步模范单位	2022 年	中共琼结县委员会、琼结县人民政府
县文化局	2022 年度提案办理先进集体	2022 年	中共琼结县委员会、琼结县人民政府

个人荣誉

获自治区级表彰的先进个人一览表

姓名	性别	民族	工作单位	获奖名称	表彰时间	授予单位
次仁顿珠	男	藏族	琼结镇完全小学	“全国优秀少先队辅导员”称号	2022 年	共青团中央、教育部、全国少工委
扎西拉姆	女	藏族	县委办档案馆	关于印发国家级档案专家、全国档案工匠型人才、全国青年档案业务骨干入选名单的通知	2022 年	国家档案局
王若东	男	汉族	琼结县中学	中华民族共同体意识网络培训优秀学员	2022 年	中国教师研修网

获市级表彰的先进个人一览表

姓名	性别	民族	工作单位	获奖名称	表彰时间	授予单位
洛桑旦增	男	藏族	县委宣传部副部长、县政府新闻办主任	全区新时代文明实践工作先进个人	2022 年	西藏自治区精神文明建设指导委员会
尹延康	男	汉族	县委组织部	全区组织系统信息工作先进个人	2022 年	西藏自治区党委组织部
张甜甜	女	回族	县委统战部	全区统战系统“优秀信息员”	2022 年	中共西藏自治区委员会统战部
次仁顿珠	男	藏族	琼结镇完全小学	“全区优秀少先队辅导员”称号	2022 年	共青团西藏自治区委员会、西藏自治区教育厅、少先队西藏自治区委员会
格桑次仁	男	藏族	琼结县加麻乡小学	西藏自治区乡村教师从教25 年终身奖	2022 年	西藏自治区教育厅
扎西巴珠	男	藏族	琼结县加麻乡小学	西藏自治区乡村教师从教25 年终身奖	2022 年	西藏自治区教育厅
洛桑多吉	男	藏族	琼结县加麻乡小学	西藏自治区乡村教师从教25 年终身奖	2022 年	西藏自治区教育厅
边单次仁	男	藏族	琼结县加麻乡小学	西藏自治区乡村教师从教25 年终身奖	2022 年	西藏自治区教育厅
巴桑群宗	女	藏族	琼结县加麻乡小学	西藏自治区乡村教师从教25 年终身奖	2022 年	西藏自治区教育厅

续表

姓名	性别	民族	工作单位	获奖名称	表彰时间	授予单位
平措欧珠	男	藏族	琼结县加麻乡小学	西藏自治区乡村教师从教25年终身奖	2022年	西藏自治区教育厅
德吉卓嘎	女	藏族	琼结县拉玉乡小学	西藏自治区乡村教师从教25年终身奖	2022年	西藏自治区教育厅
大普布次仁	男	藏族	琼结县拉玉乡强吉小学	西藏自治区乡村教师从教25年终身奖	2022年	西藏自治区教育厅
尼玛次央	女	藏族	琼结县拉玉乡强吉小学	全区优秀教师	2022年	西藏自治区教育厅
尼玛扎西	男	藏族	县教育局	全区优秀教育工作者	2022年	西藏自治区教育厅
巴桑片多	女	藏族	县卫生服务中心	拉萨市抗击新冠肺炎疫情优秀援助医疗队员	2022年	中共拉萨市委员会、拉萨市人民政府
李颜丽	女	汉族	县卫生服务中心	拉萨市抗击新冠肺炎疫情优秀援助医疗队员	2022年	中共拉萨市委员会、拉萨市人民政府
王丽华	女	汉族	县卫生服务中心	拉萨市抗击新冠肺炎疫情优秀援助医疗队员	2022年	中共拉萨市委员会、拉萨市人民政府
查　朵	女	藏族	县卫生服务中心	拉萨市抗击新冠肺炎疫情优秀援助医疗队员	2022年	中共拉萨市委员会、拉萨市人民政府
归桑措姆	女	藏族	县卫生服务中心	拉萨市抗击新冠肺炎疫情优秀援助医疗队员	2022年	中共拉萨市委员会、拉萨市人民政府

获县级表彰的先进个人一览表

姓名	性别	民族	工作单位	获奖名称	表彰时间	授予单位
兰琳琳	女	汉族	县人民法院	全市法院优秀法官	2022年	山南市中级人民法院
李　盾	女	汉族	县人民法院	全市法院办案标兵	2022年	山南市中级人民法院
尹延康	男	汉族	县委组织部	全市组织系统信息工作先进个人	2022年	中共山南市委员会组织部
葛汝斌	男	汉族	县委组织部	山南市“十佳网宣员”	2022年	中共山南市委员会组织部
廖俊鑫	男	汉族	县卫生服务中心	全市组织系统“十佳网宣员”	2022年	中共山南市委员会组织部
伦珠泽仁	男	藏族	县委宣传部二级主任科员	全市优秀新闻通讯员	2022年	中共山南市委员会宣传部
柴丽萍	女	汉族	县司法局	2022年山南市“七五”普法先进个人	2022年	中共山南市委员会宣传部、山南市司法局、山南市法治宣传教育工作领导小组办公室
丁乃萧	男	汉族	县委统战部	全市统战系统“优秀信息员”	2022年	中共山南市委员会统战部

续表

姓名	性别	民族	工作单位	获奖名称	表彰时间	授予单位
次仁白玛	女	藏族	县广播电视台	“中国梦　劳动美”喜迎二十大演讲比赛三等奖	2022年	山南市总工会
罗布泽仁	男	藏族	县公安局	山南市公安机关“决战2022”第二届全警实战大比武警情处置警务指挥个人三等功	2022年	山南市公安局
索朗曲珍	女	藏族	县公安局	山南市公安机关“决战2022”第二届全警实战大比优秀个人	2022年	山南市公安局
索朗曲珍	女	藏族	县公安局	山南市公安局嘉奖	2022年	山南市公安局
次仁顿珠	男	藏族	琼结镇完全小学	“山南市优秀少先队辅导员”称号	2022年	共青团山南市委员会、山南市教育局、山南市少工委
杨镇宇	男	汉族	琼结县中学	市级优秀示范课	2022年	山南市教育局
扎　桑	男	藏族	琼结县中学	汉语书法优秀学员奖	2022年	山南市图书馆
曲尼昂姆	女	藏族	琼结镇完全小学	道德与法治教学竞赛一等奖	2022年	山南市教育局
旦增曲珍	女	藏族	琼结镇完全小学	小学教学竞赛决赛藏文组一等奖	2022年	山南市教育局
白玛卓嘎	女	藏族	琼结镇完全小学	山南市第六届藏语文教育教学论文大赛三等奖	2022年	山南市教育局
拉　珍	女	藏族	琼结镇完全小学	山南市第六届藏语文教育教学论文大赛三等奖	2022年	山南市教育局
卓玛央吉	女	藏族	琼结镇完全小学	山南市小学教师教学竞赛决赛优秀奖	2022年	山南市教育局
巴桑次仁	男	藏族	琼结镇完全小学	山南市第六届藏语文教育教学论文大赛三等奖	2022年	山南市教育局
格桑卓嘎	女	藏族	琼结县拉玉乡小学	2022年山南市第六届藏语文教师教育教学论文大赛荣获三等奖	2022年	山南市教育局
拉　珍	女	藏族	山南市生态环境局琼结县分局	2022年度优秀公务员	2022年	山南市生态环境局
伍　蕾	女	藏族	县委办机要局	琼结县“七五”普法工作先进个人	2022年	中共琼结县委员会
旦增达娃	男	藏族	县乡村振兴局	2022年度县级优秀公务员	2022年	中共琼结县委员会、琼结县人民政府
米玛拉珍	女	藏族	县乡村振兴局	2022年度县级优秀公务员	2022年	中共琼结县委员会、琼结县人民政府
吴　镭	男	汉族	县乡村振兴局	2022年度县级优秀公务员	2022年	中共琼结县委员会、琼结县人民政府

续表

姓名	性别	民族	工作单位	获奖名称	表彰时间	授予单位
平措卓玛	女	藏族	县乡村振兴局	县级优秀专技人员	2022 年	中共琼结县委员会、琼结县人民政府
曲　杰	男	藏族	县委宣传部常务副部长	2022 年度优秀公务员	2022 年	中共琼结县委员会、琼结县人民政府
王　静	女	汉族	县委宣传部副部长、新闻出版局局长	2022 年度优秀公务员	2022 年	中共琼结县委员会、琼结县人民政府
央　宗	女	藏族	县委宣传部专业技术人员	2022 年度优秀事业单位工作人员	2022 年	中共琼结县委员会、琼结县人民政府
田雨路	男	汉族	县委宣传部网评中心组主任	2022 年度优秀事业单位工作人员	2022 年	中共琼结县委员会、琼结县人民政府
土旦久美	男	藏族	县委政法委	2022 年度优秀公务员	2022 年	中共琼结县委员会、琼结县人民政府
晋　美	男	藏族	县委政法委	2022 年度优秀公务员	2022 年	中共琼结县委员会、琼结县人民政府
周代忠	男	汉族	县政府办	2022 年度县级优秀公务员	2022 年	中共琼结县委员会、琼结县人民政府
张　恒	男	汉族	县政府办	2022 年度县级优秀公务员	2022 年	中共琼结县委员会、琼结县人民政府
索朗白玛	女	藏族	县政府办	2022 年度县级优秀公务员	2022 年	中共琼结县委员会、琼结县人民政府
洛桑次仁	男	藏族	县政府办	2022 年度县级优秀公务员	2022 年	中共琼结县委员会、琼结县人民政府
王建平	男	汉族	县政协办	三等功（2020－2022 年度优秀公务员）	2022 年	中共琼结县委员会、琼结县人民政府
贡觉班旦	男	藏族	县政协办	2022 年度优秀公务员	2022 年	中共琼结县委员会、琼结县人民政府
扎　桑	女	藏族	县政协办	2022 年度优秀工勤人员	2022 年	中共琼结县委员会、琼结县人民政府
扎西顿珠	男	藏族	县自然资源局	2022 年度优秀公务员	2022 年	中共琼结县委员会
巴桑拉吉	女	藏族	县自然资源局	2022 年度优秀公务员	2022 年	中共琼结县委员会
平措旺姆	女	藏族	县自然资源局	优秀专业技术人员	2022 年	中共琼结县委员会
尼　珍	女	藏族	县人大办	2022 年度优秀公务员	2022 年	中共琼结县委员会、琼结县人民政府
曲　珍	女	藏族	县人大办	2022 年度优秀公务员	2022 年	中共琼结县委员会、琼结县人民政府
陆　娟	女	汉族	县人大办	2022 年度优秀公务员	2022 年	中共琼结县委员会、琼结县人民政府

续表

姓名	性别	民族	工作单位	获奖名称	表彰时间	授予单位
米玛次旦	女	藏族	县财政局	2022 年度优秀公务员	2022 年	中共琼结县委员会、琼结县人民政府
刘　朕	男	汉族	县财政局	2023 年度优秀事业单位工作人员	2022 年	中共琼结县委员会、琼结县人民政府
琼　吉	女	藏族	县藏语委办（编译局）	2022 年度优秀公务员	2022 年	中共琼结县委员会、琼结县人民政府
德吉拉珍	女	藏族	县广播电视台	优秀事业单位工作人员	2022 年	中共琼结县委员会、琼结县人民政府
白玛曲宗	女	藏族	县广播电视台	优秀事业单位工作人员	2022 年	中共琼结县委员会、琼结县人民政府
扎西达嘎	男	藏族	县广播电视台	优秀新闻工作者	2022 年	琼结县人民政府
尼玛央珍	女	藏族	县人民法院	2022 年度优秀公务员	2022 年	中共琼结县委员会
兰琳琳	女	汉族	县人民法院	2022 年度优秀公务员	2022 年	中共琼结县委员会
李学英	女	汉族	县人民法院	2022 年度优秀公务员	2022 年	中共琼结县委员会
杨　林	女	汉族	县总工会	2022 年度优秀公务员	2022 年	中共琼结县委员会
卢　艳	女	藏族	县人民检察院	2022 年度优秀公务员	2022 年	中共琼结县委员会
阿旺曲珍	女	藏族	县人民检察院	2022 年度优秀公务员	2022 年	中共琼结县委员会
拉巴扎西	男	藏族	县人民检察院	2022 年度优秀公务员	2022 年	中共琼结县委员会
次仁曲宗	女	藏族	县交通局	2022 年度优秀公务员	2022 年	中共琼结县委员会
巴桑次仁	男	藏族	县交通局	2022 年度优秀公务员	2022 年	中共琼结县委员会
桑杰罗布	男	藏族	县商务局	2022 年度优秀公务员	2022 年	中共琼结县委员会、琼结县人民政府
旦增旺姆	女	藏族	县司法局	2022 年度优秀公务员	2022 年	中共琼结县委员会、琼结县人民政府
戴新华	女	汉族	县司法局	2022 年度优秀公务员	2022 年	中共琼结县委员会、琼结县人民政府
李海梅	女	汉族	县统计局	2022 年度优秀公务员	2022 年	中共琼结县委员会、琼结县人民政府
曲珍旺姆	女	藏族	团县委	2022 年度优秀公务员	2022 年	中共琼结县委员会
边巴卓玛	女	藏族	县退役军人事务局	2022 年度优秀公务员（三等功）	2022 年	中共琼结县委员会
格桑多吉	男	藏族	县卫健委	2022 年度优秀公务员	2022 年	中共琼结县委员会、琼结县人民政府
桑旦曲扎	男	藏族	县卫健委	2022 年度优秀公务员	2022 年	中共琼结县委员会、琼结县人民政府

续表

姓名	性别	民族	工作单位	获奖名称	表彰时间	授予单位
刘洪涛	男	汉族	县文化局	2022 年度优秀公务员	2022 年	中共琼结县委员会、琼结县人民政府
亚　古	男	藏族	县文化局	2022 年度优秀专技人员	2022 年	中共琼结县委员会、琼结县人民政府
贡觉措姆	女	藏族	县文化局	2022 年度优秀专技人员	2022 年	中共琼结县委员会、琼结县人民政府
次仁卓嘎	女	藏族	县文化局	2022 年度优秀专技人员	2022 年	中共琼结县委员会、琼结县人民政府
次仁曲宗	女	藏族	县文化局	2022 年度优秀工勤人员	2022 年	中共琼结县委员会、琼结县人民政府
海　燕	女	汉族	县文化局	2022 年度优秀专技人员	2022 年	中共琼结县委员会、琼结县人民政府
朗　杰	男	藏族	县林草局	2022 年度优秀公务员	2022 年	中共琼结县委员会、琼结县人民政府
王　芳	女	汉族	县林草局	优秀事业工作人员	2022 年	中共琼结县委员会、琼结县人民政府
巴桑卓嘎	女	藏族	县民政局	2022 年度优秀公务员	2022 年	中共琼结县委员会、琼结县人民政府
益西措姆	男	藏族	县民政局	琼结县优秀事业单位工作人员	2022 年	中共琼结县委员会、琼结县人民政府
索朗扎西	男	藏族	县旅游发展局	2022 年度优秀公务员	2022 年	中共琼结县委员会
宋明霞	女	汉族	县旅游发展局	2022 年度优秀公务员	2022 年	中共琼结县委员会
强巴洛旦	男	藏族	琼结镇人民政府	2022 年度优秀公务员	2022 年	中共琼结县委员会、琼结县人民政府
土登尼玛	男	藏族	琼结镇人民政府	2022 年度优秀公务员	2022 年	中共琼结县委员会、琼结县人民政府
洛桑云旦	男	藏族	琼结镇人民政府	2022 年度优秀公务员	2022 年	中共琼结县委员会、琼结县人民政府
张玉婷	女	汉族	琼结镇人民政府	2022 年度优秀公务员	2022 年	中共琼结县委员会、琼结县人民政府
拉　珍	女	藏族	琼结镇人民政府	2022 年度优秀事业人员	2022 年	中共琼结县委员会、琼结县人民政府
贵桑旺姆	女	藏族	琼结镇人民政府	2022 年度优秀事业人员	2022 年	中共琼结县委员会、琼结县人民政府
邱灿宁	女	汉族	琼结镇人民政府	2022 年度优秀公务员	2022 年	中共琼结县委员会、琼结县人民政府
拉巴欧珠	男	藏族	加麻乡特日村	2022 年度优秀科技专干	2022 年	中共琼结县委员会、琼结县人民政府
曲　吉	女	藏族	加麻乡特日村	2022 年度优秀乡村振兴专干	2022 年	中共琼结县委员会、琼结县人民政府

续表

姓名	性别	民族	工作单位	获奖名称	表彰时间	授予单位
多　吉	男	藏族	加麻乡特日村	优秀党支部书记	2022年	中共琼结县委员会、琼结县人民政府
邓超超	男	汉族	加麻乡人民政府	2022年度优秀公务员	2022年	中共琼结县委员会、琼结县人民政府
刘　玲	女	汉族	加麻乡人民政府	2022年度优秀公务员 2022年度"三等功"	2022年	中共琼结县委员会、琼结县人民政府
罗布占堆	男	藏族	加麻乡人民政府	2022年度优秀公务员	2022年	中共琼结县委员会、琼结县人民政府
巴桑桑珠	男	藏族	加麻乡卫生院	2022年优秀事业工作人员	2022年	中共琼结县委员会、琼结县人民政府
索朗曲珍	女	藏族	加麻乡金珠村	2022年度优秀乡村振兴专干	2022年	中共琼结县委员会、琼结县人民政府
丁　盟	男	汉族	加麻乡人民政府	2022年度优秀公务员	2022年	中共琼结县委员会、琼结县人民政府
普布桑珠	男	藏族	加麻乡人民政府	2022年度优秀公务员 2022年度"三等功"	2022年	中共琼结县委员会、琼结县人民政府
扎西罗布	男	藏族	拉玉乡人民政府	2022年度优秀公务员	2022年	中共琼结县委员会、琼结县人民政府
多　吉	男	藏族	拉玉乡人民政府	2022年度优秀公务员	2022年	中共琼结县委员会、琼结县人民政府
罗布次仁	男	藏族	拉玉乡人民政府	2022年度优秀公务员	2022年	中共琼结县委员会、琼结县人民政府
贺　诚	男	汉族	拉玉乡人民政府	2022年度优秀公务员	2022年	中共琼结县委员会、琼结县人民政府
贺　钊	男	汉族	拉玉乡人民政府	2022年度优秀公务员	2022年	中共琼结县委员会、琼结县人民政府
杨海迪	女	汉族	拉玉乡人民政府	2022年度优秀公务员	2022年	中共琼结县委员会、琼结县人民政府
崔莹洁	女	汉族	拉玉乡人民政府	2022年度优秀公务员	2022年	中共琼结县委员会、琼结县人民政府
益西群宗	女	藏族	拉玉乡人民政府	优秀事业单位工作人员	2022年	中共琼结县委员会、琼结县人民政府
央　宗	女	藏族	拉玉乡人民政府	优秀事业单位工作人员	2022年	中共琼结县委员会、琼结县人民政府
普　赤	女	藏族	拉玉乡卫生院	2022年度优秀医务人员	2022年	中共琼结县委员会、琼结县人民政府
次旦卓嘎	女	藏族	拉玉乡人民政府	优秀工勤人员	2022年	中共琼结县委员会、琼结县人民政府

附　录

统计数据

农村基本情况及农业生产条件

项　　目	单位	对比	2021 年	2022 年	加麻乡	琼结镇	下水乡	拉玉乡	菜篮子
一、农村基层组织情况		—	—	—	—	—	—	—	—
乡镇个数	个	—	4	4	1	1	1	1	—
其中:镇个数	个	—	1	1	—	1	—	—	—
村委会个数	个	—	15	15	6	—	4	5	—
居委会个数	个	—	5	5	—	5	—	—	—
二、农村基础设施		—	—	—	—	—	—	—	—
自来水受益村数	个	—	15	15	6	—	4	5	—
通汽车村数	个	—	15	15	6	—	4	5	—
通电话村数	个	—	15	15	6	—	4	5	—
通电村数	个	—	15	15	6	—	4	5	—
通邮村数	个	—	15	15	6	—	4	5	—
能收看电视的村数	个	—	15	15	6	—	4	5	—

续表

项 目	单位	对比	2021 年	2022 年	加麻乡	琼结镇	下水乡	拉玉乡	菜篮子
通有线电视的村数	个	—	3	3	1	—	1	1	—
通宽带的村数	个	—	15	15	6	—	4	5	—
三、乡村人口与从业人员		—	—	—	—	—	—	—	—
乡村户数	户	4	3978	3982	1043	1037	797	1105	—
农业户	户	4	3978	3982	1043	1037	797	1105	—
牧业户	户	—	—	—	—	—	—	—	—
半农半牧户	户	—	—	—	—	—	—	—	—
乡村人口数	人	2	15621	15623	4341	3692	3175	4415	—
1. 男	人	-18	7404	7386	2051	1737	1499	2099	—
2. 女	人	20	8217	8237	2290	1955	1676	2316	—
其中:农业人口	人	2	15621	15623	4341	3692	3175	4415	—
牧业人口	人	—	—	—	—	—	—	—	—
半农半牧人口	人	—	—	—	—	—	—	—	—
乡村劳动力资源数	人	37	8866	8903	2466	1903	2102	2432	—
占乡村人口的比重	%	—	56.76	56.99	56.81	51.54	66.20	55.08	—
1. 男	人	3	4261	4264	1147	913	1037	1167	—
2. 女	人	34	4605	4639	1319	990	1065	1265	—
其中:劳动年龄内	人	-27	8224	8197	2413	1903	1702	2179	—
乡村从业人员数	人	273	7325	7598	2404	1545	1702	1947	—
占劳动力资源数的比重	%	2.72	82.62	85.34	97.49	81.19	80.97	80.06	—
其中:劳动年龄内	人	273	7325	7598	2404	1545	1702	1947	—
(一)按性别分		—	—	—	—	—	—	—	—
1. 男	人	22	3779	3801	1143	867	837	954	—
其中:从事农业的人数	人	131	1010	1141	579	166	268	128	—
2. 女	人	251	3546	3797	1261	678	865	993	—
其中:从事农业的人数	人	108	1265	1373	654	192	346	181	—
(二)按国民经济行业分		—	—	—	—	—	—	—	—
1. 农业从业人员	人	239	2275	2514	1233	358	614	309	—
2. 工业从业人员	人	-10	139	129	17	68	35	9	—
3. 建筑业从业人员	人	-31	3480	3449	781	721	851	1096	—
4. 交通运输仓储业及邮政业从业人员	人	-26	439	413	207	102	85	19	—

续表

项　　目	单位	对比	2021 年	2022 年	加麻乡	琼结镇	下水乡	拉玉乡	菜篮子
5. 信息传输、计算机服务和软件业从业人员	人	—	—	—	—	—	—	—	—
6. 批发与零售业从业人员	人	55	288	343	95	114	57	77	—
7. 住宿和餐饮业从业人员	人	41	487	528	71	182	50	225	—
8. 其他行业从业人员	人	5	217	222	—	—	10	212	—
四、农业用地情况		—	—	—	—	—	—	—	—
1. 耕地	公顷	—	1826. 74	1826. 74	515. 82	454. 43	404. 39	452. 1	—
2. 园林	公顷	—	—	—	—	—	—	—	—
3. 林地	公顷	0	26740	26740	5945	6333	4086	10376	—
4. 草地	公顷	0	91753	91753	36062	29376	11147	15168	—
5. 设施农业用地	公顷	17. 54	51. 25	68. 79	0. 86	—	1. 39	3. 37	63. 17
五、农业机械化情况		—	—	—	—	—	—	—	—
(一)农用机械总动力合计	千瓦	-347. 489	91410. 05	91062. 56	17651. 03	18123. 35	29483. 06	25805. 12	—
1. 柴油发动机动力	千瓦	-347. 489	91410. 05	91062. 56	17651. 03	18123. 35	29483. 06	25805. 12	—
2. 汽油发动机动力	千瓦	—	—	—	—	—	—	—	—
3. 电动机动力	千瓦	—	—	—	—	—	—	—	—
4. 其他机械动力	千瓦	—	—	—	—	—	—	—	—
(二)主要农业机械与设备		—	—	—	—	—	—	—	—
大中型拖拉机	台	238	2602	2840	677	711	444	1008	—
	千瓦	5962. 32	36179. 64	42141. 96	8956. 71	9406. 53	10442. 88	13335. 84	—
马力	匹	—	—	86	18	18	32	18	—
小型拖拉机	台	-338	2774	2436	671	370	479	916	—
	千瓦	-5351. 525	32208. 45	26856. 92	7397. 78	4079. 26	5280. 98	10098. 9	—
马力	匹	—	—	60	15	15	15	15	—
大中型拖拉机配套农具	台	—	—	—	—	—	—	—	—
小型拖拉机配套农具	台	—	—	—	—	—	—	—	—
农用排灌电动机	台	—	—	—	—	—	—	—	—
农用排灌电动机	千瓦	—	—	—	—	—	—	—	—
农用排灌柴油机	台	—	—	—	—	—	—	—	—
农用排灌柴油机	千瓦	—	—	—	—	—	—	—	—
联合收割机	台	8	64	72	12	11	28	21	—
联合收割机	千瓦	657. 09	5049. 45	5706. 54	1296. 54	808. 50	2058. 00	1543. 50	—

续表

项 目	单位	对比	2021 年	2022 年	加麻乡	琼结镇	下水乡	拉玉乡	菜篮子
马力	匹	—	—	447	147	100	100	100	—
自走式机动割晒机	台	—	—	—	—	—	—	—	—
自走式机动割晒机	千瓦	—	—	—	—	—	—	—	—
机动脱粒机	台	-19	1072	1053	348	177	188	340	—
农用运输车	辆	-27	305	278	—	64	199	15	—
农用运输车	千瓦	-1615.37	17972.51	16357.14	—	3829.06	11701.20	826.88	—
马力	匹	—	—	236	—	81	80	75	—
机电井	眼	7	61	68	4	—	35	29	—
节水灌溉机械	套	—	—	—	—	—	—	—	—
农用水泵	台	—	—	—	—	—	—	—	—
(三)农机作业情况		—	—	—	—	—	—	—	—
机耕面积	公顷	-3.16	1652.46	1649.3	479.09	363.54	386.67	420	—
机播面积	公顷	-1.29	1428.41	1427.12	288.48	345.31	373.33	420	—
机收面积	公顷	0.83	1565.34	1566.17	473.94	340.83	373.33	378.07	—
六、农业主要能源及物耗		—	—	—	—	—	—	—	—
1. 乡、村办水电站	个	—	—	—	—	—	—	—	—
装机容量	千瓦	—	—	—	—	—	—	—	—
发电量	千瓦/小时	—	—	—	—	—	—	—	—
2. 农村用电量	千瓦/小时	-1893272	5724465	3831193	1196454	887373	786786	960580	—
每户年平均农村用电量	千瓦/小时	-476.90	1439.03	962.13	1147.13	855.71	987.18	869.30	—
3. 农用化肥施用量(折纯)	吨	-1.32	188.12	186.80	49.72	46.59	43.54	46.95	—
其中:氮肥(尿素)	吨	-9.32	62.95	53.63	14.72	14.58	11.31	13.02	—
磷肥(二铵)	吨	0.96	30.55	31.51	8.90	7.75	7.61	7.25	—
钾肥	吨	0.45	14.90	15.35	4.50	3.91	3.31	3.63	—
复合肥	吨	6.59	79.72	86.31	21.60	20.35	21.31	23.05	—
4. 农用塑料薄膜使用量	吨	-4.25	5.25	1.00	0.25	0.25	0.25	0.25	—
其中:地膜使用量	吨	-4.25	5.25	1.00	0.25	0.25	0.25	0.25	—
地膜覆盖面积	公顷	-56.55	69.87	13.32	3.33	3.33	3.33	3.33	—
5. 农用柴油使用量	吨	70.00	720.00	790.00	—	—	—	—	—
6. 农药使用量	吨	-0.14	1.82	1.68	0.43	0.41	0.39	0.45	—
七、农田水利建设情况		—	—	—	—	—	—	—	—

续表

项　　目	单位	对比	2021年	2022年	加麻乡	琼结镇	下水乡	拉玉乡	菜篮子
有效灌溉面积	公顷	—	1826.74	1826.74	515.82	454.43	404.39	452.1	—
旱涝保收面积	公顷	—	—	—	—	—	—	—	—
机电排灌面积	公顷	—	513.88	513.88	—	—	297.94	215.94	—
八、合作组织		—	—	—	—	—	—	—	—
农村专业合作组织	个	4	52	56	18	12	15	11	—
经济人	人	4	52	56	18	12	15	11	—
其中:签订订单的农业户	个	—	—	—	—	—	—	—	—
签订订单的牧业户	个	—	—	—	—	—	—	—	—
九、自然灾害情况		—	—	—	—	—	—	—	—
受害面积合计	公顷	6.92	56.67	63.59	11.33	12.82	0.67	38.77	—
成灾面积合计	公顷	—	—	—	—	—	—	—	—
粮食减产面积	公顷	0.01	—	0.01	—	0.01	—	—	—
减产粮食	吨	0.06	—	0.06	—	0.06	—	—	—
减产油料	吨	0.42	—	0.42	—	—	0.42	—	—
死亡人口	人	—	—	—	—	—	—	—	—
死亡大牲畜	头	—	—	—	—	—	—	—	—
死亡羊	只	—	8	8	8	—	—	—	—
倒塌民房	间	—	—	—	—	—	—	—	—
损坏民房	间	-3	3	—	—	—	—	—	—
成灾人口合计	人	—	—	—	—	—	—	—	—
缺粮人口	人	—	—	—	—	—	—	—	—
牛粪	吨	139.80	2190.06	2329.86	293	662	521.26	853.6	—
薪柴	立方	83.90	1205.14	1289.04	174	276	441.40	397.64	—
沼气	立方	—	—	119	119	—	—	—	—
十、农村人居环境建设和环境综合整治		—	—	—	—	—	—	—	—
贸易市场村	个	—	—	—	—	—	—	—	—
绿化建设村	个	—	6	6	—	—	1	5	—
农家书屋村	个	—	15	15	6	—	4	5	—
综合文化体育设施	个	—	15	15	6	—	4	5	—
村级广播站	个	—	15	15	6	—	4	5	—
观看流动电影的村	个	—	15	15	6	—	4	5	—

续表

项　目	单位	对比	2021 年	2022 年	加麻乡	琼结镇	下水乡	拉玉乡	菜篮子
卫生站村	个	—	15	15	6	—	4	5	—
太阳能公共照明村	个	—	15	15	6	—	4	5	—
硬化道路村	个	—	15	15	6	—	4	5	—
农村垃圾污水治理村	个	—	—	—	—	—	—	—	—

主要产品生产情况（面积）

项　目	单位	对比	2021 年	2022 年	加麻乡	琼结镇	下水乡	拉玉乡	菜篮子
甲	甲	乙	1	2	3	4	5	6	7
农作物总播种面积	公顷	40. 50	1834. 88	1875. 38	515. 83	454. 44	355. 76	451. 35	98. 00
一、粮食作物合计	公顷	7. 38	1219. 28	1226. 66	341. 67	309. 40	250. 06	325. 53	—
(一)谷物	公顷	7. 38	1212. 61	1219. 99	339. 67	307. 47	248. 59	324. 26	—
1. 小麦	公顷	6. 65	293. 34	299. 99	79	77	70. 46	73. 53	—
(1)春小麦	公顷	—	—	—	—	—	—	—	—
(2)冬小麦	公顷	6. 65	293. 34	299. 99	79	77	70. 46	73. 53	—
2. 玉米	公顷	—	—	—	—	—	—	—	—
其中:杂交玉米	公顷	—	—	—	—	—	—	—	—
3. 其他谷物	公顷	0. 73	919. 27	920	260. 67	230. 47	178. 13	250. 73	—
其中:青稞	公顷	0. 73	919. 27	920	260. 67	230. 47	178. 13	250. 73	
(二)豆类合计	公顷	—	6. 67	6. 67	2	1. 93	1. 47	1. 27	—
豌豆	公顷	—	6. 67	6. 67	2	1. 93	1. 47	1. 27	—
二、油料作物	公顷	73. 33	119. 99	193. 32	55. 93	46. 06	42. 93	48. 40	—
油菜籽	公顷	73. 33	119. 99	193. 32	55. 93	46. 06	42. 93	48. 40	—
三、蔬菜(含菜用瓜)	公顷	40. 52	261. 46	301. 98	67. 07	51. 67	36. 12	49. 12	98
其中:土豆	公顷	44. 55	154. 54	199. 09	66. 21	51. 67	34. 71	46. 50	—
四、其他农作物	公顷	-80. 72	234. 14	153. 42	51. 16	47. 31	26. 65	28. 30	—
其中:青饲料	公顷	-80. 72	234. 14	153. 42	51. 16	47. 31	26. 65	28. 30	—

主要产品生产情况（产量）

项　目	单位	对比	2021 年	2022 年	加麻乡	琼结镇	下水乡	拉玉乡	菜篮子
甲	甲	乙	1	1	2	3	4	5	6
一、粮食作物合计	吨	79. 90	11368. 15	11448. 05	3215	2999. 93	2071. 56	3161. 56	—

续表

项　　目	单位	对比	2021年	2022年	加麻乡	琼结镇	下水乡	拉玉乡	菜篮子
粮食亩产	吨	1.21	1243.15	1244.36	1254.63	1292.79	1104.57	1294.94	—
(一)谷物	吨	96.89	11331.15	11428.04	3209	2994.14	2067.15	3157.75	—
1. 小麦	吨	75.85	2937.20	3013.05	794	804.15	632.15	782.75	—
(2)冬小麦	吨	75.85	2937.20	3013.05	794	804.15	632.15	782.75	—
小麦亩产	吨	4.12	1335.06	1339.18	1340.08	1392.47	1196.23	1419.38	—
2. 玉米	吨	—	—	—	—	—	—	—	—
其中:杂交玉米	吨	—	—	—	—	—	—	—	—
3. 其他谷物	吨	21.04	8393.95	8414.99	2415	2189.99	1435	2375	—
其中:青稞	吨	21.04	8393.95	8414.99	2415	2189.99	1435	2375	—
青稞亩产	吨	1	1217.48	1218.48	1219.48	1220.48	1221.48	1222.48	—
(二)豆类合计	吨	16.99	37	20.01	6	5.79	4.41	3.81	—
豌豆	吨	16.99	37	20.01	6	5.79	4.41	3.81	—
豌豆亩产	吨	339.63	739.63	400	400	400	400	400	—
二、油料作物	吨	268.13	444.10	712.23	204.30	166.53	165.00	176.40	—
油菜籽	吨	268.13	444.10	712.23	204.30	166.53	165	176.40	—
油菜籽亩产	吨	2.25	493.47	491.22	487.01	482.07	512.46	485.95	—
四、蔬菜	吨	70.68	8334.78	8264.10	1700	1350.43	942.35	1399.26	2872.06
蔬菜亩产	吨	601.47	4250.32	3648.85	3379.55	3484.76	3478.59	3798.21	3907.56
其中土豆	吨	1247.35	3997.60	5244.95	1683.32	1350.43	938.95	1272.25	—
五、其他农作物	吨	2051.54	5844.29	3792.75	1121.95	1099.90	724.25	846.65	—
其中:青饲料	吨	2051.54	5844.29	3792.75	1121.95	1099.90	724.25	846.65	—
青饲料亩产	吨	31.86	3328.04	3296.18	2924.03	3099.84	3623.51	3988.93	—

蔬菜及特种作物生产情况（面积）

项　　目	单位	对比	2021年	2022年	加麻乡	琼结镇	下水乡	拉玉乡	菜篮子
甲	乙	1	2	3	4	5	6	7	8
一、蔬菜合计	公顷	40.52	261.46	301.98	67.07	51.67	36.12	49.12	98.00
1. 叶菜类	公顷	-6.81	7.34	0.53	—	—	—	—	0.53
其中：菠菜	公顷	-1.82	1.94	0.12	—	—	—	—	0.12
芹菜	公顷	-2.23	2.42	0.19	—	—	—	—	0.19
油菜	公顷	-0.47	0.47	—	—	—	—	—	—

续表

项　　目	单位	对比	2021 年	2022 年	加麻乡	琼结镇	下水乡	拉玉乡	菜篮子
2. 白菜类	公顷	-12.84	19.45	6.61	—	—	—	—	6.61
其中：大白菜	公顷	-3.68	7.64	3.96	—	—	—	—	3.96
3. 甘蓝类	公顷	2.83	1	3.83	—	—	—	—	3.83
其中：卷心菜	公顷	-0.40	0.40	—	—	—	—	—	—
4. 瓜菜类	公顷	-12.45	15.72	3.27	—	—	—	—	3.27
其中：黄瓜	公顷	-4.43	5.18	0.75	—	—	—	—	0.75
南瓜	公顷	-1.24	3.04	1.80	—	—	—	—	1.80
5. 根茎类	公顷	30.19	181.22	211.41	66.21	51.67	36.12	47.94	9.47
其中：白萝卜	公顷	-15.21	18.52	3.31	—	—	1.41	1.44	0.46
胡萝卜	公顷	-0.74	0.74	—	—	—	—	—	—
土豆	公顷	44.55	154.54	199.09	66.21	51.67	34.71	46.50	—
6. 茄果类	公顷	36.42	29.16	65.58	—	—	—	—	65.58
其中：茄子	公顷	-1.77	3.03	1.26	—	—	—	—	1.26
西红柿	公顷	29.58	18.31	47.89	—	—	—	—	47.89
辣椒	公顷	8.62	7.82	16.44	—	—	—	—	16.44
7. 葱蒜类	公顷	0.08	4.15	4.23	—	—	—	—	4.23
其中：大葱	公顷	-0.04	4.01	3.97	—	—	—	—	3.97
蒜头	公顷	-0.14	0.14	—	—	—	—	—	—
8. 菜用豆类	公顷	-0.04	1.17	1.13	—	—	—	—	1.13
其中：四季豆	公顷	—	—	—	—	—	—	—	—
豇豆	公顷	-0.04	1.17	1.13	—	—	—	—	1.13
9. 水生菜类	公顷	—	—	—	—	—	—	—	—
其中：莲藕	公顷	—	—	—	—	—	—	—	—
10. 其他蔬菜(蘑菇)	公顷	3.14	2.25	5.39	0.86	—	—	1.18	3.35

蔬菜及特种作物生产情况（产量）

项　　目	单位	对比	2021 年	2022 年	加麻乡	琼结镇	下水乡	拉玉乡	菜篮子
甲	乙		1	1	2	3	4	5	
一、蔬菜合计	吨	-70.68	8334.78	8264.10	1700	1350.43	942.35	1399.26	2872.06
1. 叶菜类	吨	-175.83	190.75	14.92	—	—	—	—	14.92
其中：菠菜	吨	-43.15	47.15	4	—	—	—	—	4

续表

项　目	单位	对比	2021 年	2022 年	加麻乡	琼结镇	下水乡	拉玉乡	菜篮子
芹菜	吨	-65.03	67.30	2.27	—	—	—	—	2.27
油菜	吨	-11.25	11.25	—	—	—	—	—	—
2. 白菜类	吨	-439.62	605.40	165.78	—	—	—	—	165.78
其中：大白菜	吨	-127.33	170.45	43.12	—	—	—	—	43.12
3. 甘蓝类	吨	71	6.50	77.50	—	—	—	—	77.50
其中：卷心菜	吨	74.50	3	77.50	—	—	—	—	77.50
4. 瓜菜类	吨	-715.02	808.74	93.72	—	—	—	—	93.72
其中：黄瓜	吨	-300.05	313	12.95	—	—	—	—	12.95
南瓜	吨	-59.78	100.23	40.45	—	—	—	—	40.45
5. 根茎类	吨	477.20	5002.29	5479.49	1683.32	1350.43	942.35	1304.92	198.47
其中：白萝卜	吨	-693.16	761.40	68.24	—	—	3.40	32.67	32.17
胡萝卜	吨	-8	8	—	—	—	—	—	—
土豆	吨	1247.35	3997.60	5244.95	1683.32	1350.43	938.95	1272.25	—
6. 茄果类	吨	425.97	1513.65	1939.62	—	—	—	—	1939.62
其中：茄子	吨	-27.61	98.91	71.30	—	—	—	—	71.30
西红柿	吨	-18.90	1225.26	1206.36	—	—	—	—	1206.36
辣椒	吨	472.47	189.48	661.95	—	—	—	—	661.95
7. 葱蒜类	吨	-33.58	111.65	78.07	—	—	—	—	78.07
其中：大葱	吨	-32.24	110.05	77.81	—	—	—	—	77.81
蒜头	吨	-1.60	1.60	—	—	—	—	—	—
8. 菜用豆类	吨	-21.45	33.75	12.30	—	—	—	—	12.30
其中：四季豆	吨	—	—	—	—	—	—	—	—
豇豆	吨	-21.45	33.75	12.30	—	—	—	—	12.30
9. 水生菜类	吨	—	—	—	—	—	—	—	—
其中：莲藕	吨	—	—	—	—	—	—	—	—
10. 其他蔬菜	吨	340.65	62.05	402.70	16.68	—	—	94.34	291.68

设施农业生产情况（面积）

项　目	单位	对比	2021 年	2022 年	加麻乡	琼结镇	下水乡	拉玉乡	菜篮子
一、蔬菜	公顷	7.44	92.60	100.04	0.86	—	—	1.18	98
其中：生姜	公顷	—	—	—	—	—	—	—	—

续表

项　　目	单位	对比	2021 年	2022 年	加麻乡	琼结镇	下水乡	拉玉乡	菜篮子
辣椒	公顷	8.62	7.82	16.44	—	—	—	—	16.44
芹菜	公顷	-2.36	2.42	0.06	—	—	—	—	0.06
油菜	公顷	-0.47	0.47	—	—	—	—	—	—
菠菜	公顷	-1.82	1.94	0.12	—	—	—	—	0.12
菜芽	公顷	—	—	—	—	—	—	—	—
黄瓜	公顷	-4.43	5.18	0.75	—	—	—	—	0.75
西红柿	公顷	29.58	18.31	47.89	—	—	—	—	47.89
其他	公顷	-21.68	56.46	34.78	0.86	—	—	1.18	32.74
设施大棚个数	个	26	462	488	10	—	54	29	395
设施使用面积	公顷	22.54	51.25	73.79	0.86	—	1.39	3.37	68.17
设施占地面积	公顷	22.54	51.25	73.79	0.86	—	1.39	3.37	68.17

设施农业生产情况（产量）

项　　目	单位	对比	2021 年	2022 年	加麻乡	琼结镇	下水乡	拉玉乡	菜篮子
一、蔬菜	吨	-925.98	3918.83	2992.85	16.68	—	—	104.11	2872.06
亩产		—	—	—	—	—	—	—	—
其中：生姜	吨	—	—	—	—	—	—	—	—
辣椒	吨	472.47	189.48	661.95	—	—	—	—	661.95
芹菜	吨	-65.30	67.30	2	—	—	—	—	2
油菜	吨	-11.25	11.25	—	—	—	—	—	—
菠菜	吨	—	47.15	4	—	—	—	—	4
菜芽	吨	—	—	—	—	—	—	—	—
黄瓜	吨	-300.05	313	12.95	—	—	—	—	12.95
西红柿	吨	-18.90	1225.26	1206.36	—	—	—	—	1206.36
其他	吨	-959.80	2065.39	1105.59	16.68	—	—	104.11	984.80
五、其他作物	吨	—	—	—	—	—	—	—	—

林业生产情况

项　　目	单位	对比	2021 年	2022 年	加麻乡	琼结镇	下水乡	拉玉乡	菜篮子
一、荒山荒(沙)地造林面积	公顷	—	—	—	—	—	—	—	—
1. 人工造林	公顷	—	—	—	—	—	—	—	—

续表

项　　目	单位	对比	2021 年	2022 年	加麻乡	琼结镇	下水乡	拉玉乡	菜篮子
其中：竹林面积	公顷	—	—	—	—	—	—	—	—
乔木林面积	公顷	—	—	—	—	—	—	—	—
2. 飞播造林	公顷	—	—	—	—	—	—	—	—
3. 无林地和疏林地新封	公顷	—	—	—	—	—	—	—	—
按经济成分分		—	—	—	—	—	—	—	—
(1)公有经济造林	公顷	—	—	—	—	—	—	—	—
1. 国有经济造林	公顷	—	—	—	—	—	—	—	—
2. 集体经济造林	公顷	—	—	—	—	—	—	—	—
(2)非公有经济造林	公顷	—	—	—	—	—	—	—	—
按林种用途分		—	—	—	—	—	—	—	—
(1)用材林	公顷	—	—	—	—	—	—	—	—
其中：速生丰产林面积	公顷	—	—	—	—	—	—	—	—
(2)经济林	公顷	—	—	—	—	—	—	—	—
(3)防护林	公顷	—	—	—	—	—	—	—	—
(4)薪炭林	公顷	—	—	—	—	—	—	—	—
(5)特种用材林	公顷	—	—	—	—	—	—	—	—
二、有林地造林面积	公顷	—	—	—	—	—	—	—	—
1. 林冠下造林	公顷	—	—	—	—	—	—	—	—
2. 飞机营林	公顷	—	—	—	—	—	—	—	—
3. 有林地和灌木林地新封	公顷	—	—	—	—	—	—	—	—
三、更新造林	公顷	—	—	—	—	—	—	—	—
四、低产低效林改造面积	公顷	—	—	—	—	—	—	—	—
五、四旁(零星)植树	株	6474	62406	68880	20868	17862	13400	16750	—
六、年末实有封田(沙)育林面积	公顷	—	—	—	—	—	—	—	—
七、幼林抚育作业面积	公顷	—	—	—	—	—	—	—	—
八、幼林抚育实际面积	公顷	—	—	—	—	—	—	—	—
九、成林抚育面积	公顷	—	—	—	—	—	—	—	—
其中：中龄、幼龄林抚育面积	公顷	—	—	—	—	—	—	—	—
十、抚育改造出材量	公顷	—	—	—	—	—	—	—	—
其中：中龄、幼龄林抚育出材量	公顷	—	—	—	—	—	—	—	—
十一、林木种子采集量	公顷	—	—	—	—	—	—	—	—

续表

项　　目	单位	对比	2021 年	2022 年	加麻乡	琼结镇	下水乡	拉玉乡	菜篮子
十二、当年苗木产量	株	—	—	—	—	—	—	—	—
十三、育苗面积(苗圃)	公顷	-1	4	3	—	—	3	—	—
其中:本年新增育苗面积	公顷	—	—	—	—	—	—	—	—
十四、年末实有母树林面积	公顷	—	—	—	—	—	—	—	—
十五、年末实有种子园面积	公顷	—	—	—	—	—	—	—	—
十六、主要林产品产量	吨	—	—	—	—	—	—	—	—
2. 其他	吨	—	—	—	—	—	—	—	—
十七、竹木采伐	立方米	—	—	—	—	—	—	—	—
1. 木材	立方米	-10.70	30.23	19.53	19.20	—	—	0.33	—
其中：村及村以下采伐	立方米	-10.70	30.23	19.53	19.20	—	—	0.33	—
2. 竹材	根	—	—	—	—	—	—	—	—
其中：村及村以下采伐	根	—	—	—	—	—	—	—	—

畜牧业生产情况

项　　目	单位	对比	2021 年	2022 年	加麻乡	琼结镇	下水乡	拉玉乡	菜篮子
牲畜总头数	头	-617	43690	43073	12310	10156	9175	11432	—
上一年存栏数	头	1164	42526	43690	13453	10748	8270	11219	—
一、大牲畜	头	748	12271	13019	3495	3520	2391	3613	—
其中:从事农事劳役的	头	-1484	3804	2320	595	667	637	421	—
当年成畜死亡	头	114	329	443	199	65	91	88	—
当年生仔畜	头	-528	6025	5497	1713	1061	1379	1344	—
1. 牛	头	808	12075	12883	3473	3484	2341	3585	—
肉牛	头	884	6038	6922	1311	1690	1331	2590	—
奶牛	头	917	2540	3457	1509	1093	343	512	—
役用牛	头	-993	3497	2504	653	701	667	483	—
1. 能繁殖的母畜	头	333	8319	8652	2642	2311	1655	2044	—
当年购入的牛	头	-279	1498	1219	403	512	35	269	—
当年生子畜	头	-512	5999	5487	1708	1061	1377	1341	—
1-2 岁	头	1909	4090	5999	2655	1151	1372	821	—
2-3 岁	头	130	3960	4090	1455	658	905	1072	—
当年出售的牛	头	-402	839	437	—	158	129	150	—

续表

项　　目	单位	对比	2021 年	2022 年	加麻乡	琼结镇	下水乡	拉玉乡	菜篮子
成畜死亡	头	123	307	430	192	64	86	88	—
年初存栏数	头	1271	10804	12075	3519	3075	2124	3357	—
出栏	头	-49	5080	5031	1965	942	980	1144	—
(1)黄牛	头	-55	5014	4959	1039	917	1509	1494	—
能繁殖的母畜	头	-2	3352	3350	807	709	1167	667	—
当年购入的黄牛	头	-36	264	228	22	109	10	87	—
当年生仔畜	头	-227	2524	2297	484	385	1029	399	—
1—2 岁	头	355	2169	2524	633	426	1225	240	—
2—3 岁	头	-174	2343	2169	425	297	765	682	—
当年出售黄牛	头	84	117	201	—	99	85	17	—
成畜死亡	头	107	194	301	114	45	69	73	—
年初存栏数	头	-174	5188	5014	1037	873	1539	1565	—
出栏	头	-573	2651	2078	390	306	915	467	—
(2)良种及改良乳牛	头	435	3821	4256	1421	1275	755	805	—
能繁殖的母畜	头	-267	3404	3137	1207	804	467	659	—
当年购入母牛	头	138	18	156	—	49	7	100	—
当年生仔畜	头	-21	2192	2171	845	406	340	580	—
1—2 岁	头	856	1336	2192	1318	472	67	335	—
2—3 岁	头	88	1248	1336	679	310	126	221	—
当年出售乳牛	头	-508	706	198	—	59	38	101	—
成畜死亡	头	15	68	83	63	12	8	—	—
年初存栏数	头	-87	3908	3821	1552	1025	486	758	—
出栏	头	88	1523	1611	913	134	32	532	—
(3)牦牛	头	442	3174	3616	1002	1265	67	1282	—
能繁殖的母畜	头	610	1522	2132	618	781	17	716	—
当年购入牦牛	头	-374	1196	822	381	341	18	82	—
当年生仔畜	头	-241	1255	1014	376	270	8	360	—
1—2 岁	头	684	571	1255	697	250	63	245	—
2—3 岁	头	212	359	571	349	39	14	169	—
当年出售牦牛	头	31	1	32	—	—	—	32	—
成畜死亡	头	-2	42	40	10	7	8	15	—

续表

项　　目	单位	对比	2021 年	2022 年	加麻乡	琼结镇	下水乡	拉玉乡	菜篮子
年初存栏数	头	1516	1658	3174	917	1155	78	1024	—
出栏	头	430	892	1322	662	494	29	137	—
（4）犏牛	头	-14	66	52	11	27	10	4	—
繁殖母畜	头	-8	41	33	10	17	4	2	—
当年购入犏牛	头	-7	20	13	—	13	—	—	—
当年生仔畜	头	-23	28	5	3	—	—	2	—
1—2 岁	头	14	14	28	7	3	17	1	—
2—3 岁	头	4	10	14	2	12	—	—	—
当年出售犏牛	头	-9	15	6	—	—	6	—	—
成畜死亡	头	3	3	6	5	—	1	—	—
年初存栏数	头	16	50	66	13	22	21	10	—
出栏	头	6	14	20	—	8	4	8	—
2. 马	匹	-39	110	71	10	18	37	6	—
能繁殖母畜	匹	-1	36	35	3	15	17	—	—
当年购入马	匹	-4	5	1	—	—	1	—	—
当年生仔畜	匹	-16	17	1	—	—	1	—	—
1—2 岁	匹	3	14	17	—	3	12	2	—
2—3 岁	匹	-9	23	14	4	6	4	—	—
3—4 岁	匹	10	9	19	—	9	10	—	—
当年出售马	匹	5	30	35	—	9	24	2	—
成畜死亡	匹	1	5	6	—	1	5	—	—
年初存栏数	匹	-13	123	110	10	28	64	8	—
出栏	匹	—	—	—	—	—	—	—	—
3. 驴	头	-21	86	65	12	18	13	22	—
当年生仔畜	头	—	9	9	5	—	1	3	—
当年购入驴	头	-8	9	1	—	1	—	—	—
1—2 岁	头	-5	9	4	—	—	1	3	—
2—3 岁	头	-4	13	9	5	—	4	—	—
当年出售驴	头	9	15	24	6	4	6	8	—
成畜死亡	头	-10	17	7	7	—	—	—	—
年初存栏数	头	-14	100	86	20	21	18	27	—

续表

项　目	单位	对比	2021 年	2022 年	加麻乡	琼结镇	下水乡	拉玉乡	菜篮子
出栏	头	—	—	—	—	—	—	—	—
4. 骡	头	—	—	—	—	—	—	—	—
当年购入骡	头	—	—	—	—	—	—	—	—
当年生仔畜	头	—	—	—	—	—	—	—	—
1—2 岁	头	—	—	—	—	—	—	—	—
2—3 岁	头	—	—	—	—	—	—	—	—
3—4 岁	头	—	—	—	—	—	—	—	—
当年出售骡	头	—	—	—	—	—	—	—	—
成畜死亡	头	—	—	—	—	—	—	—	—
年初存栏数	头	—	—	—	—	—	—	—	—
出栏	头	—	—	—	—	—	—	—	—
二、猪	头	-111	1268	1157	121	18	347	671	—
其中：藏香猪	头	29	645	674	121	1	—	552	—
能繁殖母猪	头	230	587	817	103	12	248	454	—
当年购入猪	头	124	405	529	144	76	226	83	—
当年生仔畜	头	-41	966	925	98	15	320	492	—
当年出售猪	头	4	155	159	100	4	15	40	—
成畜死亡	头	-27	49	22	—	1	3	18	—
年初存栏数	头	-775	2043	1268	185	10	456	617	—
出栏	头	-558	1942	1384	206	78	637	463	—
三、羊	只	-1254	30151	28897	8694	6618	6437	7148	—
能繁殖母畜	只	-2435	17563	15128	5565	3762	2825	2976	—
当年购入羊	只	182	1693	1875	—	52	1527	296	—
当年生仔畜	只	-1333	12057	10724	4386	2024	2269	2045	—
当年出售羊	只	340	316	656	308	36	237	75	—
成畜死亡	只	-281	647	366	108	89	18	151	—
年初存栏数	只	695	29456	30151	9719	7614	5608	7210	—
出栏	只	738	12092	12831	4995	2947	2712	2177	—
1. 山羊	只	-671	4601	3930	1023	1055	1059	793	—
能繁殖母畜	只	-706	3064	2358	655	630	480	593	—
当年购入山羊	只	-145	476	331	—	52	227	52	—

续表

项　　目	单位	对比	2021 年	2022 年	加麻乡	琼结镇	下水乡	拉玉乡	菜篮子
当年生仔畜	只	-561	2038	1477	458	298	462	259	—
当年出售山羊	只	7	41	48	—	—	44	4	—
成畜死亡	只	12	34	46	13	23	4	6	—
年初存栏数	只	360	4241	4601	1157	1491	1026	927	—
出栏	只	306	2079	2385	579	763	608	435	—
2. 绵羊	只	-583	25550	24967	7671	5563	5378	6355	—
能繁殖母畜	只	-1729	14499	12770	4910	3132	2345	2383	—
当年购入绵羊	只	327	1217	1544	—	—	1300	244	—
当年生仔畜	只	-772	10019	9247	3928	1726	1807	1786	—
当年出售绵羊	只	333	275	608	308	36	193	71	—
成畜死亡	只	-293	613	320	95	66	14	145	—
年初存栏数	只	335	25215	25550	8562	6123	4582	6283	—
出栏	只	432	10014	10446	4416	2184	2104	1742	—
四、活家禽	只	971	7661	8632	2768	420	571	4873	—
活鸡	只	971	7661	8632	2768	420	571	4873	—
其中：肉鸡	只	-4	2376	2372	830	135	267	1140	—
蛋鸡	只	975	5285	6260	1938	285	304	3733	—
五、禽蛋	吨	3.04	54.47	57.52	17.45	2.57	3.90	33.60	—
鸡蛋	吨	3.04	54.47	57.52	17.45	2.57	3.90	33.60	—
六、当年出售和自宰的肉用猪	头	-558	1942	1384	206	78	637	463	—
出栏率	%	953.73	95.06	1048.79	111.35	780	82.40	75.04	—
七、当年出售和自宰的肉用牛	头	-49	5080	5031	1965	942	980	1144	—
出栏率	%	125.84	47.02	172.86	55.84	30.63	52.31	34.08	—
八、当年出售和自宰的肉用羊	只	738	12093	12831	4995	2947	2712	2177	—
出栏率	%	143.04	41.05	184.10	51.39	38.71	63.80	30.19	—
其中：出售和自宰的的肉用绵羊	只	432	10014	10446	4416	2184	2104	1742	—
其中：出售和自宰的的肉用山羊	只	306	2079	2385	579	763	608	435	—
本年出栏数	只	131	19115	19246	7166	3967	4329	3784	—
出栏率	%	-0.48	44.95	44.47	53.27	36.91	52.35	35.02	—
本年成畜死亡数	只	-194	1025	831	307	155	112	257	—
成畜死亡率	%	4.73	2.41	7.14	2.28	1.13	1.35	2.38	—

续表

项　目	单位	对比	2021年	2022年	加麻乡	琼结镇	下水乡	拉玉乡	菜篮子
上一年存栏数	只	751	42526	43277	13453	10748	8270	10806	—
九、出售和自宰的家禽	只	-145	1574	1429	301	71	57	1000	—
其中:鸡	只	-145	1574	1429	301	71	57	1000	—
十、当年肉类总产量	吨	-33.44	903.78	870.34	322.46	161.16	190.90	195.82	—
1. 当年猪牛羊总产量	吨	-33.33	901.42	868.09	321.93	161.03	190.81	194.32	—
其中：猪肉	吨	-27.90	97.1	69.2	10.30	3.90	31.85	23.15	—
牛肉	吨	-15.75	635.03	619.28	241.70	115.87	121.00	140.71	—
羊肉	吨	10.32	169.29	179.61	69.93	41.26	37.96	30.46	—
(1)绵羊	吨	6.05	140.17	146.22	61.82	30.57	29.45	24.38	—
(2)山羊	吨	4.27	29.12	33.39	8.11	10.69	8.51	6.08	—
2. 家禽肉产量	吨	-0.12	2.36	2.25	0.53	0.13	0.09	1.50	—
其中:鸡	吨	-0.12	2.36	2.25	0.53	0.13	0.09	1.50	—
十一、奶类产量	吨	39	1255	1294	555.80	290.20	189.60	258.40	—
其中：牛奶产量	吨	39	1255	1294	555.80	290.20	189.60	258.40	—
羊奶产量	吨	—	—	—	—	—	—	—	—
十二、羊毛产量	吨	-0.73	20.82	20.08	6.09	4.53	4.41	5.05	—
绵羊毛产量	吨	-0.48	19.21	18.73	5.74	4.17	4.04	4.78	—
其中：细羊毛	吨	-0.48	19.21	18.73	5.74	4.17	4.04	4.78	—
半细羊毛	吨	—	—	—	—	—	—	—	—
山羊毛	吨	-0.26	1.61	1.35	0.35	0.36	0.37	0.27	—
其中：山羊粗毛	吨	-0.26	1.61	1.35	0.35	0.36	0.37	0.27	—
十三、牛毛产量	吨	-0.83	2.64	1.81	0.51	0.63	0.03	0.64	—
十四、牛绒产量	吨	0.15	0.68	0.83	0.23	0.29	0.02	0.29	—
十五、牛皮产量	吨	-49	5080	5031	1965	942	980	1144	—
十六、羊皮产量	张	738	12093	12831	4995	2947	2712	2177	—
其中:绵羊皮产量	张	432	10014	10446	4416	2184	2104	1742	—
十七、牛犊皮	张	—	—	—	—	—	—	—	—
十八、羔皮	张	—	—	—	—	—	—	—	—
十九、马尾	公斤	—	—	—	—	—	—	—	—
二十、牛尾	公斤	218	453	671	331	251	16.50	72.50	—

耕地面积

项　　目	单位	对比	2021 年	2022 年	加麻乡	琼结镇	下水乡	拉玉乡
甲	乙		1	2	3	4	5	6
一、年初耕地总资源	公顷	—	1826.75	1826.75	515.82	454.43	404.39	452.11
二、年内增加	公顷	—	—	—	—	—	—	—
其中：新开荒地	公顷	—	—	—	—	—	—	—
园地改为耕地	公顷	—	—	—	—	—	—	—
三、年内减少	公顷	—	—	—	—	—	—	—
其中：国家基建占地	公顷	—	—	—	—	—	—	—
其他基建占地	公顷	—	—	—	—	—	—	—
退耕还林还草占地	公顷	—	—	—	—	—	—	—
耕地改园地	公顷	—	—	—	—	—	—	—
四、年末耕地总资源	公顷	—	1826.75	1826.75	515.82	454.43	404.39	452.11
(一)常用耕地面积	公顷	—	1826.75	1826.75	515.82	454.43	404.39	452.11
其中：水田	公顷	—	—	—	—	—	—	—
水浇地	公顷	—	1826.75	1826.75	515.82	454.43	404.39	452.11

草场建设情况

项　　目	单位	对比	2021 年	2022 年	加麻乡	琼结镇	下水乡	拉玉乡
甲	乙		1	2	3	4	5	6
草场建设	公顷	—	—	—	—	—	—	—
总草场面积	公顷	-1	91753	91752	36062	29376	11147	15167
其中：可利用草场面积	公顷	2	89987	89989	35408	28789	10925	14867
已利用草场面积	公顷	—	—	—	—	—	—	—
围草场面积	公顷	—	—	—	—	—	—	—
其中：网围栏面积	公顷	—	—	—	—	—	—	—
当年禁牧面积	公顷	—	—	—	—	—	—	—
草场灌溉面积	公顷	—	—	—	—	—	—	—
人工种草场面积	公顷	—	—	—	—	—	—	—

劳动力外出务工情况

项目	单位	对比	2021年	2022年	加麻乡	琼结镇	下水乡	拉玉乡
一、外出务工人员	人	302	6469	6771	2006	1545	1273	1947
其中：本区	人	581	4021	4602	1837	587	654	1524
本县	人	86	1297	1383	113	599	408	263
本乡	人	-39	817	778	56	351	211	160
区外	人	-326	334	8	—	8	—	—
二、外出务工人员情况	人	302	6469	6771	2006	1545	1273	1947
1. 男	人	315	3299	3614	946	867	824	977
2. 女	人	-13	3170	3157	1060	678	449	970
三、外出务工人员按从事行业分	人	302	6469	6771	2006	1545	1273	1947
1. 农牧渔林及服务业	人	314	1564	1878	1020	358	191	309
2. 工业	人	5	123	128	16	68	35	9
3. 建筑业	人	-89	3372	3283	615	721	851	1096
4. 交通运输及邮电通信业	人	-7	422	415	209	102	85	19
5. 信息、传输、计算机和软件	人	—	—	—	—	—	—	—
6. 批零贸易	人	56	269	325	83	114	51	77
7. 住宿和餐饮业	人	18	502	520	63	182	50	225
8. 其他行业	人	5	217	222	—	—	10	212
四、外出务工人员收入情况	—	—	—	—	—	—	—	—
1. 外出务工得到的总收入	元	21824591	196760890	218585481	38039778	59205198	47701217.48	73639288
其中：年内已得到的收入	元	21824591	196760890	218585481	38039778	59205198	47701217.48	73639288
尚未得到的收入	元	—	—	—	—	—	—	—
人均务工收入	元	1867	30416	32283	18963	38321	37471	37822

索　引

使用说明

一、本索引采用内容分析索引法，按索引条目汉语拼音字母顺序排列。

二、索引标目后的数字表示内容所在的页码。

A

安全播出　153
安全工作　148
安全生产　115，174，182，183

B

办文办会　50
帮扶行动　89
帮扶援助　171
保障性住房建设　140
编纂统计资料　118
博物馆接待　153

C

财务管理　63，131
财务培训　131
财政决算　131
财政收支　130
残疾人事业　168
藏汉翻译　72
产业发展　41，47，66，112，180，182
常务委员会会议　75
车辆管理　63，71
成果运用　85
成立党支部　137
诚信建设体系　113
城市管理和综合执法　140
城乡居民基本医疗保险　158
城镇职工医疗保险　159
传染病医院　161
创建全区树立农牧民新风貌行动示范县　87
促进消费活动　128
村(社区)干部报酬待遇　54

D

打击违法犯罪 104
大病救治 162
大型活动 149
“大走访、大调研、大化解” 104
代表工作 178
代表活动 61
代表履职平台 61
待遇保障 171
党的建设 105,107,124,136,139,147,179
党风廉政建设 51,57,68,83,90,107,124,139,163,166,178
党建工作 50,56,68,84,163,166,169,171
党建及党风廉政建设 143
党群小茶馆 53
党外人士工作 58
党务建设 66
党组织建设 52
档案工作 51
“道路交通安全百日整治” 103
德育工作 144
登记注册 113
地方病和寄生虫防治 161
地理位置 40
地震灾害 115
地质灾害治理项目 120
电梯维保 71
电网建设与发展 174
调查研究 77
动物资源 40
督查督办 50
督查工作 68
队伍建设 49,83,86,102,109,118,148,157
对口援藏 45,47
对外文化交流 150

F

发挥协调职能 63
法律服务 93
法庭工作 108
法治宣传 106
法治政府建设 110
反腐倡廉 81
防范化解安全风险 115
防雷安全监管 166
防汛抗旱 123
防止返贫 88
非公有制经济发展 98
非物质文化遗产 151
服务保供企业 127
服务代表依法履职 62
服务实体经济 134
服务乡村振兴 134
福利事业 168
妇儿工委工作会议 97
妇女儿童保健 162
妇女儿童关爱行动 97
妇女儿童权益保障 97
妇幼保健 162
复商复市 127

G

改进作风狠抓落实工作 79
“改进作风狠抓落实”专题教育活动 84
概况 46,50,51,52,55,57,59,62,64,67,69,69,70,71,72,74,79,81,83,86,87,90,91,93,95,96,99,103,104,106,109,112,113,114,116,117,119,121,122,124,126,128,130,132,133,135,136,137,139,140,142,147,149,153,155,158,160,164,167,170,171,174,176,178,180,182
干部队伍建设 54
高校毕业生就业创业 172
工程质量和安全生产监管 139
工作培训及宣传 89
公共法律服务 111
公共文化服务体系 150
公路建设 135
公路应急抢险保通 136
公务接待 70
公益诉讼检察 105
供销合作社 126
共青团琼结县委员会 186
挂牌国有建设用地 119
“关爱女职工 情暖妇女节”活动 93
关爱青少年群体 95
管理维护工作 71
规范办文程序 62
国防动员 90
国家安全教育 52
国家安全人民防线 102
国家税务总局琼结县税务局 189

国家乡村振兴示范县创建 87
国民经济和社会发展 41

H

“和平积习”大起底大扫除活动 90
河湖长制 123
“弘扬劳模精神 展现劳模风采”宣讲活动 94
“户户通”“寺寺通” 154
护理工作 161
花艺比赛 94
环境保护宣传 141
环境移动执法检查 140
环境质量检测 141
环境治理 67
会务服务 70
会务工作 67
火灾事故 115

J

机要保密 51
机制创建 170
基层政协工作 78
基层治理 54
基层组织建设 95
基础建设 117
基础设施 143,147,179
基础设施建设 121,122
疾病预防控制 157,161
纪律作风建设 62
纪念活动 171
技能培训 172
加麻乡 191
家庭教育 97
坚持县委全面领导 59
监测分析 118
监测站网布局 165
监督检查 82
监督执法 117
监管措施 113
检务公开 106
减税降费 133
减灾救灾 116
建立“三项机制” 53
建设成果 45
健康体检 162
“交朋友”活动 77
教学研究 144
教育发展 48,146
教育扶贫 143
教育教学 145
教育经费 143
教育实践活动 95
教育事业 41,183
教育信息化 146
教育医疗援藏 86
接受监督 108
结对帮扶 50,72,119,127,134
金融知识宣传 134
经济发展 46,183
经济建设 64,176,179
经营情况 133
精神文明 56
精文减会 50
景区创建 129
就业创业 48
就业培训 183
举办活动 177
决定和任免 61
军民共建 92

K

抗击疫情 94,116
科技科普 122
科技兴警 103
科普宣传 166
快递“下乡进村”工程 135
宽带网络覆盖和无线网络覆盖情况 137
矿产资源 40
困难职工帮扶 95

L

拉玉乡 190
劳动技能竞赛 94
劳动监察 173
离退休干部工作 53
理论武装 55,107
理论学习 50,59
联席会议制度 70
练兵备战 91
“两癌”筛查 162
疗休养活动 94
路政执法 136
旅游宣传 129
旅游资源 128
旅游资源及特产 40
落实安全生产责任 115
落实县委工作部署 60

M

慢性病和精神卫生工作 161
矛盾纠纷排查调处 69
矛盾纠纷排查化解 110
灭火救援 116
民商事审判 107
民生保障 66,181
民事检察 105
民营经济工作 98
民营企业招聘 98
民主参与 61
民主监督 78
民主生活会 76
民族 41
民族工作 57
民族基本情况 57
民族团结 49
民族团结工作 77
目标完成情况 136

N

纳税服务 133
内地办学 147
能力建设 62
农村劳动力转移 122
农村饮水安全 123
农村住房安全保障工作 140
农牧业发展 41,178,181,182
农田水利建设 123
农业产业结构调整 121
农业现代化 121

P

盘活存量 131
培养工作人员 63
品牌建设 114
平安边界联检 170
平安建设 49,100
普法宣传 108
普法宣传教育 101
普法依法治理 109

Q

其他会务工作 63
气候条件 40
气象服务 165
气象要素 164
气象灾害普查 166
气象灾害致灾因子信息 166
强基惠民 45,55
《琼结年鉴》编纂 72
琼结县财政局 187
琼结县藏语文工作委员会办公室(编译局) 189
琼结县创先争优强基础惠民生活动领导小组办公室 188
琼结县电信局 190
琼结县发展和改革委员会 186
琼结县妇女联合会 186
琼结县工商联 186
琼结县公安局 186
琼结县广播电视台 189
琼结县机关后勤服务中心 189
琼结县纪委监委 184
琼结县交通运输局 187
琼结县教育局 186
琼结县林业和草原局 188
琼结县旅游发展局 188
琼结县民政局 186
琼结县农业农村局 187
琼结县气象局 189
琼结县人大常委会办公室 188
琼结县人大常委会财经委员会 189
琼结县人大常委会法制委员会 189
琼结县人大常委会教科委 189
琼结县人力资源和社会保障局 186
琼结县人民代表大会常务委员会 184
琼结县人民法院 185
琼结县人民检察院 185
琼结县人民政府 184
琼结县人民政府办公室 186
琼结县商务局 187
琼结县市场监督管理局 188
琼结县水利局 187
琼结县司法局 187
琼结县统计局 186
琼结县退役军人事务局 187
琼结县卫生服务中心 189
琼结县卫生健康委员会 188
琼结县文化局 186
琼结县乡村振兴局 188
琼结县信访局 188
琼结县行政审批和便民服务局 188
琼结县医疗保障局 188

琼结县移动公司 190
琼结县应急管理局 188
《琼结县志》(2001－2010)工作 73
琼结县中学 190
琼结县住房和城乡建设局 187
琼结县自然资源局 187
琼结县总工会 186
琼结镇 190
全面从严治党 109
确权登记 120

R

人才队伍建设 53
人才培养 160
人才人事 172
人工影响天气 165
人居环境整治 89
人口 41
日常监督 84
日常养护 135
荣誉奖励 171

S

“三会”(人代会、常委会、主任会)会务工作 63
三届二次全体委员会议 74
“三区三线”划定 119
扫黑除恶 102,104
“扫黄打非” 56
森林病虫害防治 125
森林草原防火 125
森林资源管理 124
山南市生态环境局琼结县分局 187
社会保险 173
社会保障 44,183
社会救助 167
社会事业 179
社会销售品零售总额 126
社会用字工作 72
社会治理 44,49
社情民意工作 78
深化改革 47,66
深化结对机制 53
审批宅基地及设施农用地 120
生态环保 179
生态环保督察整改 141
生态环境 44,48
生态文明高地建设 140
生态效益补偿 125
师资队伍 143
“十四五”时期矿产规划编制 120
实战实训 117
食品药品监管 114
“食药环”工作 103
市场安全 151
市场保供 127
市场监测 127
市场监管 126,150
市场经济调控 131
市场运营 138
“书香政协”工作 78
鼠疫防治 162
“双联户”工作 102
双拥工作 91
水利工程质量安全与管理 124
水利规划 122
税费收入 133
税收法治 133
司法服务 108
司法监督与宣传教育 60
思想政治建设 62,90,91
思想政治引领 95
思政教育 148
诉讼服务 108

T

特殊人群监管 111
提案工作 75
提案交办会议 75
提高文稿质量 62
提高政治素质 63
提升服务水平 138
提升工作效率 63
提升网络质量 138
体育卫生艺术 146
体制改革 130
天葬台管理 170
统计法培训 118
统计执法 118
土地矿产卫片执法 120
脱贫攻坚 65,138,166,179,181

W

外事工作 68
网格包保工作 79
网上祭英烈活动 80
网信网评 56

为企业办实事 127
维护青少年合法权益 96
维护社会稳定 100,106
维护稳定 52,67
维稳工作 76,103,179
维稳和通信保障 137
卫生惠民工程 157
卫生监督 158
卫生体系改革 158
未成年人检察 105
委员意见建议 76
文化产业 151
文化旅游 41,48
文化事业 42,182,183
文化艺术 149
文件处理 67
文史宣传工作 78
文体活动 97
文物管理与保护 153
稳岗就业增收 88
“我为群众办实事”活动 120
“我为群众办实事”实践活动 76
“五送”系列活动 94
武警琼结中队 189
物资交流会 126

X

西部计划志愿者管理与服务 96
西藏琼结县武装部 189
下水乡 190
乡村建设信息采集 89
乡村旅游 129
乡村振兴 45,47,52,66,71,106
乡村治理 101,181,183
项目建设 65,86,112,126,128,135,139,170,176
项目建设和涉农统筹整合资金使用 88
项目实施 156
项目手续 119
项目用地征地 119
消防维保 71
消防宣传 117
消费维权 114
校园安全 145
协商座谈会 77
协助推进行政体制改革 86
协作交流 78
新就业形态劳动者集中入会仪式 94
新闻宣传 178
《信访工作条例》宣传 70
信访积案化解 70
信息工作 50,68
信息化建设 84
兴边富民 67
刑事检察 105
刑事审判 107
行政检察 105
行政事务管理 169
行政许可 116
行政执法 114,124
宣传工作 71
宣传贯彻《工会法》 94
宣传教育 73,83,116
宣讲党的二十大精神 79
宣讲活动 181
宣讲区市“两会”精神 79
学教工作 58
学前教育 142
学习宣传贯彻落实党的二十大精神 95
巡察督查 82
巡察工作 84
巡察监督 50

Y

养护工程 135
业务开展 136
业务培训 117
业务指导 73
医保基金宣传检查 159
医保政策宣传 159
医疗救助 159
医疗卫生 43
医疗业务 161
易地扶贫搬迁后续扶持 88
疫情防控 44,49,54,56,66,71,76,104,106,109,127,131,134,137,138,155,160,180,182
疫情防控专项监督 82
疫情救助 169
意见建议办理 61
意识形态 47
应急广播 154
“迎新春 送温暖”慰问 93
营销工作 175
邮政公司西藏自治区琼结分公司 190
有奖知识竞答 94

有线和无线电视 154
舆论引导 56
援藏工作 160
援藏抗疫 86

Z

灾情数据采集及承灾体信息收集 166
责任追究制度 70
增减挂钩项目 120
增收工作 129
招商引资 66
招生工作 147
召开会议 177
阵地建设 56
镇第十五届人民代表大会第二次会议 178
征管改革 133
政法工作会议 99
政府集中采购 69
政务服务 69
政协琼结县委员会办公室 189
政协琼结县委员会专门委员会（综合委员会） 189
政治监督 82
政治建设 104
执法检查 115
执行案件 107
执行任务 91
植物资源 40
志愿服务行动 95
制度建设 147
中共琼结县委办公室 185
中共琼结县委国家安全委员会办公室 185
中共琼结县委统战部(琼结县民宗局) 185
中共琼结县委宣传部 185
中共琼结县委巡察工作领导小组办公室 185
中共琼结县委员会 184
中共琼结县委政法委员会 185
中共琼结县委组织部 185
中国农业银行琼结县支行 190
中国人民政治协商会议琼结县委员会 184
重大会议及活动 158
重大纪检会议 81
重点保障 131
重点工程建设 125
重要会议 46,64
重要活动 65
主题党日活动 80,136
主题实践活动 181
主要经营指标完成情况 137
助力经济发展 60
助力民生福祉 60
助力民族团结 60
助力生态文明建设 60
助力乡村振兴 148,157
住房公积金 140
驻村帮扶 116
驻村工作 78
专题学习 79
专题学习会议 78
专题议政性常委会会议 77
专项治理 82,114
转移就业 172
资源管理 122
自办节目 153
自然灾害 115
自然灾害预防 115
自治区、市年鉴供稿 73
宗教工作 57
宗教管理 49
宗教界基本情况 57
综合协调 67
综治维稳 177
走访慰问活动 79
组织保障 56
组织建设 49
组织生活会 63
作风建设 49